研究&方法

多層次分析理論
與HLM操作實務
含縱貫性研究與創造力應用

蕭佳純 ———— 著

五南圖書出版公司 印行

自 序

　　一般而言，教育組織包含了機構層面（institution）與個人層面（individual）。換言之，教育組織的機構層面包含組織的目標與權責結構等，它是靜態的，規範了組織中成員的行為。個人層面則指組織中的成員，它是動態的，它推動了靜態的權責結構，賦予權責結構活動力。因此，教育組織是一個具有活動力的有機體，它透過權責機構與成員之間的交互作用交流，形成一具有生命力的有機整體。也因為教育組織是一個開放的組織體，所以必須透過與環境的交互作用及不斷地調適才能確保其永續發展。由此可知，一般教育組織行為的研究可約略分為機構層面與個人層面。再者，這幾年隨著多層次分析（multilevel analysis）的興起，研究多層次的文獻正快速累積中。在互動論（interactionism）的觀點下，個體行為乃是由個人因素與環境因素所交互決定。互動論是當今行為研究重要的主軸之一，它明白地指出，若我們單獨以個人因素或是環境因素分析個體行為時，都無法了解為何會產生每一特定行為的真貌，也因此，多層次分析逐漸受到教育研究學者的重視。所謂多層次分析，又稱為跨層次分析，乃是將不同分析層次的變數同時納入研究架構之中。由於過去組織行為研究並未重視多層次研究，故經常忽略構念（construct）的概念層次、測量層次、異層構念間關係命題之模型建立，故可能造成不同組織層次間的混淆，而導致爭議。

　　跨層次理論研究取向乃是研究方法典範邊移新趨勢，當其研究議題為：微觀的行為在不同脈絡下有不同的現象或不同的層次有不一致的意義；合適的跨層次理論進行時機，乃在宏觀及微觀層次皆有成熟構念及歷程，也就是不同層次皆有完整理論發展時；應以內

I

生來源構念（endogenous construct）爲研究的主題，而非在一堆已界定的構念中尋求組合時，則爲合適研究現象。跨層次模式的應用是未來研究的趨勢，也是我們了解真實組織運作的方法之一，畢竟真實組織的現象是巢套，鑲崁於層層現象中，因此跨層次研究方法是我們了解教育組織一個良好的方法。尤其社會科學研究問題所蒐集的資料有相當高比率是屬於「階層性」或是「多層次」之結構。以教育研究而言，絕大部分以學生爲對象的研究，幾乎都不是以個別學生爲抽樣單位，而是先以學校爲抽樣單位，被抽中的學校再以班級爲抽樣單位，被抽中的班級的所有（或部分）學生就是研究之對象。因此可以預見的是，多層次分析將在教育領域的相關研究中掀起一股熱潮。

過去這幾年，個人投入相當多心力於多層次研究中，更努力將「階層線性模式」作一通透的了解，並進一步將此一統計分析技術與相關理論應用於個人相當有興趣的研究主題中，其中有關於學生創造力與教師創意教學的相關主題，個人更是做了系統性地研究。所以本書的撰寫乃是將階層線性模式的相關理論、原理與分析步驟等先作一完整的介紹，並且將個人過去研究成果作一系列性的整理，以創造力相關主題爲議題；對象則包含了教師以及學生，研究層級則包含了學校層面、教師層面以及學生個人層面，應用的統計方法則爲階層線性模式中的二層次分析、三層次分析、縱貫性分析、後設分析以及調節式中介效果分析等。

在此導論中，作者擬將本書各章做個綜覽的介紹。首先在第一章，作者簡單介紹了多層次分析的理論基礎、層次誤用的陷阱、多層次模式的建立、分析單位的測量，在最後一部分更搜羅了目前國內應用 HLM 的相關研究有哪些。整體來說，此章對於多數對多層次分析有興趣的研究者提供一個全盤性的了解，尤其在分析單位的

測量部分，更提醒著研究者可能犯下的錯誤。第二章則討論了階層線性模式（HLM）的起點：迴歸的基礎。第三章則以階層線性模式（HLM）的原理爲主題，討論了高層資料的聚合程序與效果衡量，最後也提出了基本模型。整體而言，本書前三章乃是多層次模型、階層線性模式（HLM）的概念基礎篇。

　　第四章開始，本書結合研究者過去的研究做爲實例分析，分別導入不同的分析模型。首先第四章爲二層次分析、第五章爲三層次分析、第六章爲縱貫性分析，這三章除了介紹分析模型與步驟之外，在實例分析部分也都以學生創造力爲依變項，分別討論了學生個人因素、教師因素以及學校因素對於學生創造力的影響；甚至在第六章更是以縱貫性資料來了解學生創造力的動態歷程發展。第七章則爲後設分析，因爲目前有關於創造力的相關研究要進行後設分析還相當不易，所以作者也以自己所發表的文章作爲實例介紹。第八章則介紹了多層次分析的調節式中介效果，當前的中介效果更是已經發展到多重中介效果（multiple mediation）和多層次中介效果。這些效果使得研究者可以探討多層次數據間各層變量之間的相互影響，彌補了簡單中介效應中容易忽略組織層面自變項的缺陷。中介變項與調節變項的組合效果，亦即調節式中介效果（moderated mediation）與中介式調節效果（mediated moderation）。

　　最後，作者需強調的是，本書絕無意在已經是一大堆有關於階層線性模式、創造力的書單中、研究中，又多增加一列以階層線性模式與創造力爲題的書。本書主要目的除了是將近年來的研究成果與各位教育先進分享，並接受各界的指教與回應之外，最要緊的是拋出一重要訊息，即是在教育組織行爲研究中，以及多層次分析的浪潮下，有著相當廣闊、亟待討論、開發的處女地。有感於目前與多層次分析相關的工具書，多數皆過於艱澀難懂、缺乏操作步驟的

示範，以及論文發表的實例對應。因此本書以理論的介紹作為出發，了解每一個模式如何應用於教育領域中，並且輔佐以作者過去所發表的期刊文章作為實例，希望對於研究學子有所助益。

Contents

自　序

Contents

Chapter 07　後設分析於階層線性模式的應用　177

Chapter 08　階層線性模式的其他應用：中介、調節、調節式中介　207

多層次研究簡介

壹、為什麼需要多層次分析

　　試想一種情形，如果我們想知道影響教師教學表現的因素時，研究會如何進行呢？研究生假設從過去的文獻以及理論基礎中爬梳出兩個影響因素，一個是教師的信念、一個是學校氣氛。接下來問題又來了，那要如何設計研究呢？如果採用調查研究法，問卷共包含教師信念量表、教學表現量表以及學校氣氛量表，假設研究生方便地請託同儕，協助在同儕任教的學校找 15 位教師發問卷，一共發 30 所學校後達到 450 份的問卷。然後，要如何分析呢？假設兩位研究生皆採用多元迴歸的分析方式，研究生 A 以 450 份教師的問卷進行分析，回答學校氣氛會如何影響教師的教學表現；而研究生 B 則將每所學校的 15 位教師問卷填答的學校氣氛加總平均，以樣本數等於 30 的分析來回答同樣的問題。上述的兩種分析方式皆是錯誤，卻也是多數研究生會採用的方法，因為教師或學生巢套（nested）於學校，所以會產生群集效果，如果還是沿用傳統的多元迴歸方程式分析，則可能造成樣本資料的獨立性（independence）消失，違反多元迴歸的假設。而且分析層次互用的結果，研究者可能以較大分析單位的特性，推論較小分析單位的特性而發生「生態謬誤」（ecological fallacy）狀況，研究生 B 即是如此；或者以較小的分析單位的特性，推論較大分析單位的特性而發生「個體謬誤」（individualistic fallacy），研究生 A 即是如此。除了違反獨立性的假設之外，就理論層面來說，這樣的分析方式也違反了互動論的觀點，因為「互動論」（interactionism）觀點認為，組織現象在本質上是一種多層次現象（multilevel phenomena），宏觀的（macro）系統會影響微觀（micro）的過程，例如：外在環境會影響組織的決策，組織決策也會影響部門的運作（Merton & Lazarsfeld, 1950）；也就是說，學校氣氛可能與教師信念產生交互作用而對教學表現產生影響，此時，多層次分析（multilevel analysis）正可以解決上述研究的窘境。

　　在研究上與實務上我們經常要處理個體與組織層級的隸屬關係，或者系絡巢套關係的資料；也就是說，組織現象有鑲嵌的本質，以致研究資料難免有群集的

特性，例如：在教育領域的研究中，我們不僅要關注學生的態度與表現，更重要的是學校因素如何影響他們的學業表現；同樣的，學生的學業成績可能受到來自於學校環境、班級氣氛或教師教導方式等因素的影響。因此，當研究中同時考量多層次系絡的情況時，多層次分析就成為資料分析方法的一個選擇。如果分析時忽略資料非獨立性的特性時，對組織現象的探討往往容易失準。以上述的例子來說，理想的研究設計應該要以隨機抽樣的方式找到受測者來提供資料，然而現實是，我們常常無法隨機抽樣，以至於所蒐集到的資料常常是叢集資料（clustered data）。例如：做個人層次研究時，數十位學生叢集於一個班級或一位教師之中；做教師層次研究時，數位教師叢集於一所學校中，上述的例子即是如此。多層次分析即是將不同的分析單位整合在一個線性模式中來同時進行分析時，必須將傳統的一般線性模式擴充到多層次的方法，這是一種將迴歸原理應用到多層次資料結構分析的統計技術，且由於模型的提出必須要有充分的理論依據或邏輯推論，資料分析方法及結果的解釋均與研究設計有關，因此多層次分析也是一種統計方法學（statistical methodology）（Courgeau, 2003）。

　　多層次分析模型提供一個概念架構與適合的分析工具來研究組織、政治、社會與發展、變遷的過程。使用多層次分析，一定要知道群聚、巢套的觀念。有關於個體和組織的關係，至少有三種不同的關係（Zaccarin & Rivellini, 2002）：第一是自然群聚，這種現象在本質上自然呈現層級節制的特徵；例如：在教育研究中學校之內的學生、個體在地方之內的地理分析、在長期研究中的個體之內的重複量數、多階段抽樣（Kreft & de Leeuw, 1998; Snijders & Bosker, 1999）等。第二是工作群聚，在理論基礎上，某些被認知的單位人員之內的相關性；例如：人們在相同的環境、社會、經濟因素，以及和空間聯繫的現象，可以發現具有組織單位的層級結構，例如：同一學校內的教師。第三是理論群聚：理論的影響是指個體的群聚現象是來自於社會學理論，群聚只是社會學所界定，但是並沒有明確劃定的界線，或是沒有將下級單位歸為上級單位的明確規則。在這裡，系絡是一個很廣泛的概念，指的是很多社會、經濟和文化因素，例如：價值觀、行為、

規範、傳統等，例如：同一學區的學校是受到同樣地方文化的影響（Zaccarin & Rivellini, 2002）。

整體而言，透過多層次模型解釋層級資料結構之優勢可以有以下二個幾點：第一，指出傳統使用單一層次模型分析所可能產生違反獨立性假設的問題；第二，提供研究系絡變數對結果影響的研究架構。通常應用多層次分析模型至少有下列三種情況：第一種情況重視個體如何群聚在社會系絡之內的資料；例如：夫妻、家庭、學校、鄰里或組織。這類的研究興趣集中在社會系絡效果影響個體結果的強度；在個體背景與個體結果之間關係的特殊系絡性；或者社會系絡可測量特徵與個體背景之間的互動。第二種應用則是關注個體隨著時間成長或變遷，這種情況是時間序列資料巢套在個體之內，通常這種類型研究重視平均的成長、個體成長曲線變化，以及預測成長曲線差異的個體層次的特徵。第三種應用則是結合前面兩種情況，受社會系絡影響的個體隨著時間而變化，其目標在評估個體發展軌跡的個體背景與社會系絡互動與相關聯的效果。

上述提到，當誤用層次的時候，會發生原子謬誤或是生態謬誤的問題。事實上，層次如果誤用還會產生相當多的陷阱。分析層次的議題可區分為理論層次、資料蒐集層次和資料分析層次，不論採哪一層次的分析，正確的作法是先要思考是否有理論支持；也就是說，構念 A 和 B 的關係在該一層次必須要有意義，所謂的有意義，例如：個人層次的人格特質是有意義的，但若是加總平均到群體層次，沒有所謂的群體個人特質，因此個人特質僅適合在個人層次分析。其次，蒐集到的資料在適當的條件下可以被轉換到另一層次，然後，在分析和推論時，原則上要謹守在該一層次。因為，如果採用某一層次的資料分析結果，推論到另一層次的現象，很容易產生謬誤，從事實徵研究時，研究者如未能警覺，可能會落入這樣的陷阱（林鉦棽，2006）。以下，我們就來談談層次誤用的陷阱，也讓大家對於層次的概念有更進一步的了解。

早在 1924 年，心理學家 Floyd Allport 就提出「群體謬誤」（group fallacy）的警告。他指出，描述群體行為時，可把群體視為一個加總的整體，但去解釋此

一群體行為時，則不能視為一個整體，必須從其下一層的組成元素（即個人）去看才有意義，因為從組成元素去看，才能正確解釋群體行為的產生過程（Allport, 1924）。在實證研究上，首見於 1939 年 Thorndike 的模擬數字，他提出以下兩個論點：第一，分析層次愈高（例如：以學區為單位），相關係數通常會愈高，因為低層次（例如：個人）的異常值（outlier）會在彙總的過程裡被中和掉。同理，一個變項的信度在高層次會高於低層次。第二，在高層次和低層次算出來的相關係數不會相同，除非各樣本的代表性和各樣本特性的分布在高層次完全相同，例如：臺南市 37 個行政區的青少年犯罪率相同，家庭社經地位分布比率也相同，這樣的條件，在理論上或可成立，但實際上幾無存在的可能。

　　Robinson（1950）則利用人種與不識字之間的關係來陳述層次誤用的危險，Robinson 花了不少文字說明高、低層次相關係數兩者在概念上和數學公式上的關係。簡言之，由於在彙總程序中，研究者把有意義的低層次上的變異平準化（average out）後，使得高層次構念間的關係無法表達出真正的關係結構。Robinson（1950）對高層次的相關係數稱為生態（ecological）係數（相對於個人層次的相關係數），於是後人把以高層次測得的關係往下推論到低層次的關係所犯的錯誤，稱為「生態謬誤」（ecological fallacy）。另一個原因是在宏觀的相關係數通常大於微觀的係數，如果實徵研究者迷信統計上的顯著性，往往會取用宏觀的統計數字（即所謂的 ecological correlation）。另外一種是「原子謬誤」（atomistic fallacy），是指以較小分析單位的特性，推論較大分析單位的特性，例如：以教師填答的學校氣氛與教學表現的關聯，推論說這個學校的氣氛會影響教師的教學表現，這就是一種原子謬誤。但是，微觀層次的資料，要往上轉換成宏觀層次的資料，首先要有理論基礎，且要符合「組內一致、組間有差異」的條件才能轉換，否則就可能落入原子謬誤的陷阱。例如：上例若要加總平均每位教師填答的學校氣氛作為一所學校氣氛的代表，則必須先確認大家所填答的量表具有學校內的一致性以及教師間的差異性。最後，了解了層次使用的重要性之後，本文須特別強調的是，所謂的分析單位（unit of analysis）是指研究要去解

釋的層級（class），也就是依變項的層級；而分析層次（level of analysis）則是指理論構念、所衡量的變項、資料分層、研究設計所代表的層級。

貳、從一般線性模式（general linear modeling, GLM）到多層次分析

　　既然多層次分析可以改善一般線性模式（GLM）分析時的缺失，研究者自應了解多層次分析與 GLM 之間的差異。多層次分析與 GLM 的最大差異在於多層次分析模式引進了不同層次的誤差項，而 GLM 模式只有一個誤差項，而且是屬於個體層次。迴歸是基於 X 與 Y 的共變關係，利用 X 資訊來預測 Y 的變化，藉以降低 Y 無法被解釋的變異（PRE 可削減百分比）。因此，迴歸的前提是 X 與 Y 之間具有顯著的共變關係（在統計上以顯著的相關係數來衡量），但是如果模型中有一個以上的解釋項，此時 β_1 是指當其他解釋項對依變項的影響力被估計完畢之後，X_1 對 Y 的邊際解釋力（marginal effect）。以統計術語來說，多元迴歸方程式中的斜率參數是指當「其他解釋項」的效果維持固定時的淨解釋力，此時「其他解釋項」的混淆或干擾效果（confounding effects）係透過統計方法排除（partial-out）或被統計加以控制，使得 X_1 對 Y 的解釋不受其他解釋項的干擾，因此又稱為非零階的淨效果（partial effects）。相關係數的公式如下所示，須留意的是，這雖然是 GLM 的公式，對於多層次分析的層次一解釋時也是適用的。

相關係數公式

$$\text{Covariance} = \frac{\sum (X - \bar{X})(Y - \bar{Y})}{N - 1}$$

$$r = \frac{\text{cov}(x, y)}{S_x S_y} = \frac{\sum (X - \bar{X})(Y - \bar{Y})}{\sqrt{\sum (X - \bar{X})^2 (Y - \bar{Y})^2}} = \frac{SP_{xy}}{\sqrt{SS_x SS_y}}$$

$$\text{variance} = \frac{\sum (X - \overline{X})^2}{N-1} = \frac{SS_x}{N-1}$$

殘差、解釋比例、百分比的公式如下：

$$\text{residuals} = (Y_i - \overline{Y}) - (Y_i' - \overline{Y}) = Y_i - Y_i'$$

$$SS_y = \sum (Y_i - \overline{Y})^2 = \sum (Y' - \overline{Y})^2 + \sum (Y_i - Y')^2 = SS_{reg} + SS_{res}$$

$$1 = \frac{SS_{reg}}{SS_y} + \frac{SS_{res}}{SS_y} = \frac{\sum (Y_i' - \overline{Y})^2}{\sum (Y_i - \overline{Y})^2} + \frac{\sum (Y_i - Y_i')^2}{\sum (Y_i - \overline{Y})^2}$$

$$R^2 = 1 - \frac{SS_{res}}{SS_y} = \frac{SS_{reg}}{SS_y} = PRE$$

　　過去，研究者若要探討個體與總體等不同層次的跨層級資料，共有兩種類型的迴歸分析可以處理，一個是將總體層次的資料解構（disaggregated）或是進行虛擬化（dummy）處理，使成為個體層次資料來進行個體層次的迴歸分析；其次，是將個體層次的資料聚合（aggregated）成總體層次的變項，進行總體層次的迴歸分析。這樣的分析方法是取決於研究目的，如果我們想研究的是個體與總體等不同層次的跨層級資料對個體層次結果變項的影響時，解構方式的個體層次迴歸分析就會遇到資料獨立性與同質性假設被違反的可能，因為此時群體中的個人隨機誤差非獨立，尤其以個人變項自由度作為群體變項自由度的情形下，所得到估計的迴歸係數標準誤被低估的情形就會發生，因此導致容易拒絕虛無假設的型 I 錯誤膨脹結果。這是因為忽略了相同總體層次下的個體資料間存在高度相關，亦即個體與總體層次的資料彼此間具有「巢套、叢集、鑲嵌（nested、clustered、embedded）」的結構特性。例如：如果我們對學生的學業表現有興趣，所謂的獨立性是指學生彼此之間的學業成績沒有相關。但是事實上，因為班級巢套的關係，所以學生彼此之間的學業成績都會受到班級讀書氣氛的影響；換言之，違反了獨立性的假設。Kenny 與 Judd（1986）就曾提出造成非獨立的原因

歸為三類：第一是源於群組，例如：受測者之間的同學關係，使得觀察值失去獨立性；第二是有時間的先後順序關係，常見於教育情境中的前後測實驗，使得個體產生自相關；第三是因為地理環境，受測者因為鄰近而相互影響或者是受到所處地點的影響；例如：同一學區中的鄰近學校。

　　本文將 GLM 與 HLM 主要差異的比較列於表 1-1，階層化資料與傳統迴歸分析資料最大的不同，在於以一般線性模式為基礎的傳統迴歸所使用的分析數據必須符合獨立且同質母體的假設。多層次分析的因應方法，是透過隨機效果的設計，在迴歸模式中引進不同層次的誤差項，透過總體層次誤差項的變異數估計來捕捉內屬關係的組內相關，據以進行參數的估計與檢定，因此所得到的結果較為正確。

表 1-1　GLM 與 HLM 差異比較表

項目	GLM	HLM（兩層為例）
樣本組成	所有樣本相互獨立	樣本非獨立（巢套）
誤差項	單一層次誤差	個體層次誤差 總體層次誤差
交互作用項	同一層級	L1 同一層級 L2 同一層級 L1 與 L2 跨層級
模式適配指標	R^2 adjusted R^2	Pseudo R^2 deviance

參、多層次分析在教育上的應用

　　多層次組織理論的研究取向雖是研究方法典範遷移的新趨勢，然而尚須在下列條件下，才是適合研究的議題選擇：第一，當微觀的行為在不同脈絡下有不同的現象，或不同的層次有不一致的意義，則是合適研究的現象；若是組織脈絡並

沒有對低層次個體行為有任何的影響，則此種泛層普存的現象，不需要多層次組織取向的分析。例如：不同學校的校長領導並不會對各自學校的教師教學效能產生影響，則不需要使用多層次分析。但是組織的本質是階層巢套的系統，所以實際現象很少沒有受到其他層次影響的獨立現象存在。第二，合適的多層理論進行的時機，是在微觀及巨觀層次皆有成熟的構念及歷程的建構，也就是不同層次的理論皆具有完整的發展，因此多層理論的中間典範，並非將微觀與巨觀分開描述後再一起研究（House, Rousseau, & Thomas-Hunt, 1995），亦即「meso ≠ macro + micro」。第三，應以內生來源構念（endogenous construct）為研究的主題，而非在一堆已界定的構念中尋求組合；亦即從組織現象中建構內源構念（依變項），並界定該構念層次與測量方式，以及層間構念關聯命題（Kozlowski & Klein, 2000）。經常有研究者擅自組合個人層次的資料以匯集為高層次資料，而其中的適當性卻缺乏討論，例如：將學生的人格特質加總平均為班級人格特質，然而何謂「班級人格特質」？這其中的邏輯是大有問題的。

　　除了上述的重點之外，在這裡，作者想要跟研究生談談剛剛提到的，人口統計變項在多層次分析上的應用。林鉦棽、彭台光（2008）曾提出三種描述人口統計的方法，分別是類別法、關係法、組成法。所謂類別法，例如：性別、學歷等，也稱為簡單人口變數效果，在統計上以虛擬變項的方式處理，可惜的是，普遍來說解釋力都不高。關係法是以特定員工與所屬群體全部同事之間的人口統計相似性或相異性為分析變數，也稱為關係人口學、人口相似性或是人口相異性，例如：性別比例、平均年齡等，但是這個方法是以個體的特質為描述方式，因此仍然是屬於以個體層次為出發點的方法。最後一個方法是組成法，主要是描述一個群體的人口組成特徵，因此可以視為團體的結構特質，例如：教育水準、工作經驗、能力水平等。在多層次分析的應用上，多數是以關係法或是組合法為大宗，由此可知，人口統計變項也可以透過適當的資料處理方式來併入多層次分析。最後，本文須再次強調應用多層次分析時理論基礎的重要性。以往作者在參與多場論文口試時發現，多數學生所謂的「第二章：文獻探討與理論基礎」，

其實只有做到相關研究的回顧，充其量只能說是由過去研究的結果進行假設推導，但是對於理論的推導還相當缺乏，這也是目前很多研究的通病。

若再進一步具體來說，到底什麼時候適合用多層次分析？關於這個問題，最簡單的判斷方法是檢視研究樣本是否來自叢集抽樣（cluster sampling）。如果資料蒐集過程涉及多階段叢集取樣，使得資料具有鑲嵌特性，造成樣本獨立性的違反，導致 GLM 不能使用，此時，用來偵測資料是否違反獨立性的具體統計指標是組內相關係數（intraclass correlation coefficient, ICC）。對於 HLM 使用時機的判斷，Luke（2004）提出了三個觀點。第一個觀點是理論層次，所研究的理論架構與研究問題是否屬於多層次的範疇，例如：研究者的研究變數是否涵蓋不同層次，或是研究者所關心的現象其影響機制是否牽涉不同層次。第二個觀點是統計層次的判斷，亦即研究者所使用的統計方法的假設是否獲得支持？例如：如果使用一般最小平方法（OLS）的迴歸分析，其資料獨立性的假設是否符合，如果資料鑲嵌並未造成獨立性假設違反，未必一定要使用 HLM；相反的，如果獨立性假設違反，OLS 結果必然受到威脅。第三個層次則是實證層次的考量，也就是蒐集的資料所計算的組內相關係數是否顯著或很大？如果 ICC 足夠大，事實上也正隱含著資料的獨立性假設嚴重被違反，亦不可以運用一般的迴歸分析或是變異數分析來進行理論驗證的假設考驗。

教育研究的資料除了多有組織層級的階層式結構外，還有一種屬於縱貫性研究或重複量數的研究設計之階層式結構。例如：發展心理學者可能會在一年（或更長的時間）之內每個月測量幼兒的詞彙量，以了解個別幼兒詞彙之成長曲線是否受到幼兒性別或其他屬於幼兒層級的變項之影響。這個研究問題是屬於兩個層級的資料結構，第一層資料是個別幼兒內部的多次測量之數據，依變項是每個月的詞彙量，自變項是測量時間；第二層資料是幼兒本身，依變項是個別幼兒詞彙量成長曲線的截距及斜率，自變項是幼兒之性別。社會科學研究者幾乎都同意影響個體行為的變因不是僅限於個體層次的變項，個體所屬群體的特徵也會影響個體行為。例如：每個學生學業表現除了受到個人能力、動機等變因之影響外，

也會受到所屬班級或學校讀書風氣之影響。個人能力、動機之影響屬於個體效應，班級或學校的讀書風氣之影響屬於群體效應或背景效應。

　　時至今日，由於多層次分析技術的漸趨成熟（如 WABA、CLOP、HLM 等分析方法），相當多研究者逐漸藉由多層次分析模式探討不同脈絡因素對個體行為的影響，而其中最為研究者注意的分析方法為階層線性模式（hierarchical linear modeling, HLM）（Hofmann, 1997）。如果以階層線性模式為標題或關鍵字進行查詢，在國內教育領域的實證研究部分，可約略分為以下九大主題，自 2012 年開始，應用多層次分析的相關研究愈來愈多，可見此一方法逐漸受到研究學者的重視，以下僅列出在這些領域中首見或是較具代表性的文章，提供讀者參考。

一、教師創意表現、創造力教學

邱皓政、溫福星（2007）。脈絡效果的階層線性模型分析：以學校組織創新氣氛與教師創意表現為例。**教育與心理研究**，**30**(1)，1-35。

陳玉樹、胡夢鯨（2008）。任務動機與組織創新氣候對成人教師創意教學表現之影響：階層線性模式分析。**教育心理學報**，**40**(2)，179-198。

徐志文、張雨霖、巫宜錚、許芳彬（2011）。以階層線性模式分析學校組織創新氣氛、教師教學效能對創造力教學之影響。**創造學刊**，**2**(2)，87-112。

陳玉樹、周志偉（2009）。目標導向對創造力訓練效果之影響：HLM成長模式分析。**課程與教學**，**12**(2)，19-45。

余舜基（2018）。創意自我效能、組織創新氣候對國中教師創意教學表現影響之跨層次研究，**教育學報**，**46**(1)，143-164。

二、學校環境與校長領導

曾明基、張德勝（2010）。超額教師在學校新環境適應困擾的影響因素：階層線性模式分析。**臺北市立教育大學學報**，**41**(2)，1-28。

蕭佳純、崔念祖（2011）。國民小學教師組織公民行為與學校創新經營關係之研

究──以學習型學校為調節變項。**嘉大教育研究學刊**，**27**，81-112。

陳順利（2007）。學校效能階層模式建構之探究。**學校行政**，**49**，16-44。

吳勁甫（2007）。競值架構應用在國民小學校長領導行為之衡量。**學校行政**，**52**，163-192。

鄭雅婷（2015）。教師組織信任、學校組織氣氛對工作滿意度的影響：階層線性模式分析。**新竹教育大學教育學報**，**32**(2)，35-58。

三、自我概念、心理健康

胡蘭沁、董秀珍（2012）。多元智能、父母管教方式對自我概念影響之階層線性模式分析──新移民子女與本籍生之比較。**教育研究學報**，**46**(1)，69-96。

蕭佳純、董旭英（2011）。TEPS資料庫中國中生心理健康情形之縱貫性分析。**諮商輔導學報**，**23**，75-97。

巫博瀚、陸偉明（2010）。延宕交叉相關與二階層線性成長模式在臺灣青少年自尊的發現。**測驗學刊**，**57**(4)，541-565。

林俊瑩、陳成宏、黃章健（2014）。班級族群組成與學生心理幸福。**教育研究與發展期刊**，**10**(2)，61-86。

四、學生創造力與思考能力

蕭佳純（2011）。學生創造力影響因素之研究：三層次分析架構。**特殊教育學報**，**33**，151-177。

蕭佳純（2012）。國小學生內在動機、學科知識與創造力表現關聯之研究：教師創造力教學的調節效果。**特殊教育研究學刊**，**37**(3)，89-113。

廖榮啓（2008）。探討班級及課程評鑑因素對資優生在科學高層思考能力影響之研究。**科學教育學刊**，**16**(5)，459-475。

白華枝、張麗君、蕭佳純（2015）。影響幼兒語言能力之語文環境之跨層次分析──以家庭及教室語文環境為例。**當代教育研究季刊**，**23**(1)，1-35。

五、學業成就

林俊瑩、吳裕益（2007）。家庭因素、學校因素對學生學業成就的影響──階層線性

模式的分析。**教育研究集刊**，**53**(4)，107-144。

宋曜廷、黃璐瑩、郭念平、曾芬蘭（2012）。以縱貫學業表現檢驗大魚小池效應與見賢思齊效應。**中華心理學刊**，**54**(3)，315-330。

吳銘達、鄭宇珊（2010）。教師教學行為、學生學習動機對學習成效之影響：階層線性模式分析。**中等教育**，**61**(3)，32-51。

陳奕樺、楊雅婷（2016）。臺灣國小行動學習計畫的學生自評學習效益影響因素探討。**教育科學研究期刊**，**61**(3)，99-129。

陳順利（2013）。學校效能系統化階層模式再建構：並據以檢證導師工作滿意度和學生學業成績關聯性。**教育政策論壇**，**16**(1)，139-177。

六、教師知識管理

蕭佳純、胡夢鯨（2007）。影響成人教育工作者知識管理能力因素之跨層次分析。**教育學刊**，**29**，1-36。

蕭佳純、方斌（2012）。教師心理契約實踐對知識創造行為關聯性之階層線性分析。**教育學誌**，**27**，133-173。

七、縱貫性研究

蕭佳純、涂志賢（2012）。大學生就業力發展之縱貫性分析。**教育研究集刊**，**58**(1)，1-37。

蕭佳純、陳雯蕙（2012）。大學生就業力發展之縱貫性分析：跨領域學程之探討。**教育政策論壇**，**15**(2)，129-162。

蕭佳純（2014）。國小學童參與科展的歷程、內在動機與科技創造力成長的縱貫性分析。**教育實踐與研究**，**27**(2)，33-66。

蕭佳純、蘇嘉蓉（2014）。青少年自尊成長趨勢及相關因素探討。**教育研究集刊**，**60**(3)，75-110。

蕭佳純（2015）。初任教師創意教學的縱貫性研究。**當代教育研究**，**23**(1)，37-69。

蕭佳純（2015）。國小學童科學創造力成長歷程之縱貫性分析。**科學教育學刊**，**23**(1)，23-51。

蕭佳純（2016）。教師創意教學發展之縱貫性研究。**特殊教育研究學刊**，**41**(1)，63-90。

蕭佳純（2017）。在職進修教師創意教學自我效能發展之縱貫性研究。**教育科學研究期刊**，**62**(3)，25-55。

蕭佳純（2017）。科學創造力課程成效之縱貫性分析。**科學教育學刊**，**25**(1)，27-53。

蕭佳純（2018）。創造力融入式課程對學生創造力成長趨勢影響之縱貫性分析。**課程與教學季刊**，**21**(1)，79-104。

八、後設分析

劉仿桂（2010）。臺灣兒童與青少年人際關係團體輔導成效之後設分析研究。**諮商輔導學報**，**22**，69-121。

蕭佳純（2019）。國內運用創造力教學模式對學生創造力影響之後設分析。**特殊教育研究學刊**，**44**(3)，1-28。

九、學生評量教學

黃瓊蓉（2004）。使用階層線性模式分析學生評量教學績效之資料。**測驗學刊**，**51**(2)，163-184。

曾明基、邱于真、張德勝、羅寶鳳（2011）。學生認知歷程對學生評鑑教師教學的影響：階層線性模式分析。**課程與教學**，**14**(3)，158-180。

Chapter

02

模式設定與資料蒐集

壹、模式的設定

　　社會科學研究問題所蒐集的資料，有相當高比率是屬於「階層性」或是「多層次」之結構。以教育研究而言，絕大部分以學生為對象的研究，幾乎都不是以個別學生為抽樣單位，而是先以學校為抽樣單位，被抽中的學校再以班級為抽樣單位，被抽中班級的所有（或部分）學生就是研究之對象。此種取樣方式所得到的資料結構就如同表 2-1 及圖 2-1 的三階層資料，屬於第一層的學生嵌套在（nested within）第二層的班級（如學生代號 1、2、3 只屬於甲校的 A 班），而屬於第二層的班級又嵌套在第三層的學校（如 A、B、C 三班只屬於甲校）。當然，在學校層級之上還可以有更高之層級，如縣市或國家層級。而其研究架構設計，如表 2-1 及圖 2-1 所示。

表 2-1　三層次組織層級研究資料蒐集設計

層級	樣本來源								
學校	甲校			乙校			丙校		
班級	A	B	C	D	E	F	G	H	I
學生	1-30	31-60	61-90	91-120	121-150	151-180	181-210	211-240	241-270

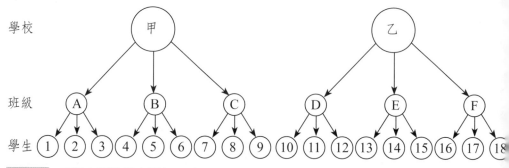

圖 2-1　三層次組織研究層級設計簡化圖示（2 校，每校 3 班，每班 3 人）

　　就階層性之資料結構而言，研究者可以對每個層次分別提出感興趣的研究問題，也可以探討不同層次的變項之間有何交互作用。教育研究經常對學生層級之變項（如學生性別）與班級（或學校）層級之變項（如教師性別）有無交互作用的問題感興趣。例如：「各班男女生數學成就之差異程度是否會因為所屬班級數學教師之性別而有不同」這樣的研究問題，就是屬於兩個層級的資料結構，第一層是個別學生，依變項是數學成就，自變項是學生性別；第二層是班級，依變項是各班男女生數學成就之差距，自變項是數學教師之性別。而在多層次分析的模式建構時，研究者可以建構哪些模型呢？Kozlowski 與 Klein（2000）提出一個較為完整的架構，稱之為「模式界定」（model specification）程序。他們把各種不同的實徵架構區分為三種主要的類型，分別是「單一層次模式」（single-level model）、「跨層次模式」（cross-level model），以及「同源對應多層次模式」（homologous multilevel model）。

一、單一層次模式

　　所謂單一層次模式指的是資料的分析單位為單一層次，又可包含以下的獨立模式、池中蛙模式以及雜音模式，茲分述如下。

（一）獨立模式

　　所謂跨層次是表示在資料蒐集上，而非理論建構中，在單一層次模式中，X 與 Y 都是屬於同一分析層次的構念（X 與 Y 皆在個體層次、群體層次或組織層次），但隨著資料的特性與擷取點的不同，Kozlowski 與 Klein（2000）又將這細分為個人層次模式（individual level model）與單位層次模式（unit level model）。所謂跨層次的概念表現只是在資料蒐集上，而非理論建構中。舉例而言，當我們想要研究學校組織文化對學校教師異動率的影響時，必須注意兩個構念都是屬於組織層次的構念，但是我們並無法直接取得構念的分數，例如：學校組織文化是來自學校內部教師的評量，加以彙總而成；而異動率則是由異動教師數目與全部教師人數計算得來，所以都是透過資料蒐集方式來構成組織層次的構念。

（二）池中蛙模式

另一種模式為「池中蛙模式」（frog pond model）模式（Firebaugh, 1979），強調個體在群體中的相對位置，這種模式又稱為「部分效應模式」（parts effect）（Dansereau et al., 1984）或是「群內效應模式」（within-group model）（Glick & Roberts, 1984）。雖然在 Kozlowski 與 Klein（2000）的分類中，他們將這個模式歸類於跨層次模式中（即第二大類），嚴格來說，它應該是屬於單一層次分析的特例，原因在於，雖然它牽涉到不同分析層次之間構念的計算程序（例如：經由個體在 X 的分數減組織整體 X 的平均分數，以計算個體在組織中的相對位置），但所得的分數仍是屬於個體的特質；換言之，我們所關注的重點是個體在群體中的相對位置（另一種形式的個體特質）對依變項的影響。

（三）雜音模式

若懷疑組織層次的變項對個體層次的依變項可能存在雜音效果，則可予以控制。雜音模式（nuisance model）極容易受到誤解，就模式的意義而言，研究者主要的用意其實是分析個體層次的自變項與個體層次的依變項之間的關係，但是研究者懷疑組織層次的變數對個體層次的依變項可能存在著雜音效果（nuisance effect）（Schwab, 2005），這時候研究者就必須將這一個雜音加以控制，以便得到較為正確的關係。例如：想知道學生動機與學業成績之間的關係，這是屬於個體層次的議題，但是若擔心教師的教學會對學生成績產生影響，則可以對教師的教學進行控制，這就是雜音模式。

二、跨層次模式

Kozlowski 與 Klein 所提出的第二大類分析模式是跨層次模式（cross-level model），此部分有四種子型式，首先是「直接效果模式」（direct effects model），此時，高分析層次的自變項對低分析層次的依變項有直接的影響效果，例如：班級氣氛（班級層次）對學生學習動機（個人層次）的影響。第二是「混合前因模式」（mixed determinants model），此時，我們從各種不同分析層

次的自變項中，探討其對個體層次依變項的影響，例如：學生動機對學生成績的影響。與第二種模式相反的為「混合效果模式」（mixed effects model），此時依變項存在於各種不同分析層次中，而自變項只集中於某一特定的分析層次，例如：教師信念對於教學績效以及學校效能的影響，此時自變項存在於個體層次，而依變項同時存在於個體及組織層次。第四種模式中，高分析層次的變數則是扮演著低分析層次中自變項與依變項的調節因子（moderator），稱為「調節效果模式」（moderating effects model），例如：群體凝聚力（群體層次）將干擾「教師動機」對教師組織公民行為的預測（個人層次之命題）。而上述的第一及第四模式又稱為下行歷程，所謂下行歷程是指組織系統中的任一階層，都被鑲嵌（embedded）或包含（included）於更高層次的脈絡之中，例如：學生是鑲嵌在班級內，而班級則在學校內，學校則位於地區之中。下行歷程即在描述高層的脈絡因素對組織系統中較低層行為現象的影響。另一方面，所謂的上行歷程則是因為許多不同層次的高階組織現象，其描述的理論基礎是個體層次的行為特徵（認知、情感、行為），經由社會互動、交換，而顯露於高層次的衍生特性（emergent properties）。因此，上行歷程是在描述低層特性如何衍生成高層的集體現象。

三、同源對應多層次模式

　　第三類研究模式較為少見，稱為「同源對應多層次模式」（homologous multilevel model）。這種模式比較複雜，它同時處理不同層次之間構念彼此的對應，以及在不同層次中、不同構念之間的關係。具體而言，前者是指構念本身在不同層次的類比對應結構（例如：同一變數在學校層次、班級層次、個人層次的對應）與不同層次之構念間關係的類比（例如：A、B兩者關係在組織層次、部門層次、個人層次的對應）。因此，每一個層次的自變項皆對應至同層次的依變項，但在每一個變數中，在不同層次之間仍有其層次上的對應效果。例如：教師教學自我效能對教學績效的影響，而對應到組織層次，會有教師的集體效能對學

校效能的影響，這是較爲複雜的處理程序。

　　除了上述的模式建構基礎之外，作者進一步提出須注意的是，建構組織多層次模型，自然涉及連接微觀與巨觀的描述，進而更細緻地表現各分層間的關係歷程（例如：個體與團體、團體與組織）。所以多層次理論模型的建構，必須先確認不同層次的現象，進而表現不同分層間構念彼此可能的連結與運作。而在剛剛提到的上行歷程底下的衍生機制，可區分爲組合（composition）及編纂（compilation）兩種原型，而實際上不同組織現象的上行歷程，常是介於兩者之間的混合型式。因此，組合（composition）的基本假設是「同質異構」（isomorphism）的觀念，係指不同層次現象，其組成成員及成員間關係是相同的，主張不同層次的差異是一連續性量的遞變，而研究所強調的在於提取不同層次所顯露的共同特徵，該跨層次的共同特徵稱作「共享特性」（shared properties）。例如：組織氣候（上層）即爲心理氣候（低層）「組合」後的共享特性（James, 1982; Kozlowski & Klein, 2000）。另外編纂（compilation）的基本假設是「異質異構」（heteromorphism）的特性，係指相同的變項在不同的組織層次有不同的特性，主張不同層次的差異是一不連續性質的轉變，強調現象包含不同層次所獨有的特徵，亦即結合低層不同的特徵以產生上層（功能等同）的特性，稱作「配置特性」（configural properties）。例如：學校效能則是以教師效能「編纂」後的「配置特性」，兩者功能等同但有不同的前置因素與歷程（Kozlowski & Klein, 2000），其中，教師效能受專業知識、教師信念影響；而學校效能則決定於角色互動的協調性、各處室效能所影響。因此，在描述上行歷程的運作就必須確認衍生的方式是組合還是編纂，亦即是組合之共享特性與編纂之配置特性的差異，由此看來，同源對應多層次模式也有上行歷程的影子在其中。

貳、高層次構念的建構

　　既然已了解多層次分析的模型建構及所謂的上行、下行歷程，研究生應該想進一步了解，到底高層次構念要如何蒐集與計算？以下就高層次構念的類型與效果衡量來進行介紹。

一、高層次構念的類型

　　Kozlowski 與 Klein（2000）認為，高層次構念的特質可以分成「共通單位」（global unit）特性、「共構單位」（configural unit）特性以及「共享單位」（shared unit）特性三種。但是他們的分類並不足以描繪出高層次構念的全貌，為了更完整釐清高層次變數的特質，林鉦棽（2004）拓展 Kozlowski 與 Klein（2000）所提出的分類架構，提出第四種分類：「共塑單位」（formative unit），以下本書就引用林鉦棽（2004）的介紹就這四項變數分別說明。

（一）共通單位變數

　　共通單位變數，是指「客觀的、描述性的、易觀察的組織層次構念」（Kozlowski & Klein, 2000），它並非來自於個人的知覺、行為或是態度，而是單位層次的特徵，在 Kozlowski 與 Klein（2000）的研究中稱此類變數為「共通法」（global approach），而 Chen、Mathieu 與 Bliese（2004）則命名為「彙總模式」（aggregate model）；換句話說，這是「確認的」、「一致的」。研究者可以訪問單位主管或直接從既有的文件檔案等次級資料來源取得，例如：學校成立時間、教師人數、學校班級數等。大致來說，這類變數屬於客觀指標，因此若兩個教師被歸屬於同一學校時，則兩人在共通單位變數上的回答應是完全一致的。而若有不一致的情形時，則通常是次級資料不正確，或是受訪者對組織屬性的認識不夠，或是該受訪者並非有效的樣本，這時候研究者必須回頭檢查所引用的資料是否正確，填答者是否適當，因為在理想的情況下，資訊的報導應是完全一致的。

（二）共構單位變數

　　共構單位變數是指：「由個人層次的特質組合而成組織層次的特質，因此經由這種運算過程所得到的構念，往往可用來描述組織在某一特性上的模式、分布狀況、或是變異程度。」（Kozlowski & Klein, 2000）因此，高分析層次的變數來自於個體變數的整合計算而得，研究者先行整理彙總個體層次的特質（如性別、年齡），以整體分布狀況的角度計算高分析層次變數的特性，如同我們前面討論的人口統計變項就是屬於這一類型。這一類的變數有著不同的稱呼，例如：Kozlowski 與 Klein（2000）稱之為「共構法」（configural approach / variance and patterned approach），此外，學者 Chan（1998）與 Chen 等人（2004）則以「散布模式」（dispersion model）稱之。總體而言，有時候研究者所要討論的變數特質是關於每一個群體（組織）的特性，它往往不是一個平均點的高低概念（例如：高凝聚學校、高效率系所等），而是想要了解某一特定組織、部門在特定概念上的分布狀況，例如：年齡分布情形、教育程度的高低、或員工的性別組成。因此相對於傳統的平均數概念，在這種模式下，反而較關心特定變數的變異程度。舉例來說，多數研究生都會在背景資料處調查教師的年齡，但是與其分析年齡的影響，倒不如了解年齡分布對於依變項的影響來得有意義。更重要的是，當構念是由較低層次的構念編算而成時（例如：年紀分布），即使高層次的構念是由低層次的構念產生，但在構念的意義上卻是完全不同的（例如：在低層次是指個人年資的大小，在高層次是指單位成員的年資分布狀況，兩者意義完全不同），這時候研究者應該先說明高層次構念在理論上的意義與存在的正當性，之後再進行相關編算程序才是比較適當的作法，否則這個程序只是一種算數運作。

　　另一種共構單位變數計算型式是「累加模式」（additive model）（Chan, 1998），又稱為「加總指標模式」（summary index model）（Chen et al., 2004），或「未限制匯集法」（pooled unconstrained approach）（Kozlowski & Klein, 2000）。就彙總的程序而言，研究者只要將個體的分數，依照預定的線

性組合關係（例如：直接加總）加以計算即可。或者要了解某分公司的營運績效，只須將該分公司所有員工的績效進行加總即可，而前面提到上行歷程中的彙編即是屬於此一類型。第三種共構單位模式稱爲「選擇分數模式」（selected score model）（Chen et al., 2004），或是「最大最小法」（minimum/maximum approach）（Kozlowski & Klein, 2000）。這一類的變數相當特殊，在這種作法上，研究者是以群體中的最小值或是最大值來作爲整體的代表，例如：學校以績優教師的教學效能作爲該校的招生宣傳策略，就是採用最大選擇法。

（三）共享單位變數

第三種變數型式爲共享單位變數，也就是高分析層次變數的形成乃是來自低分析層次的報導而得。這種變數在多層次模式中最爲常見，有時稱之爲組合法（composition approach）（Kozlowski & Klein, 2000），也就是我們前面說的上行歷程中的組合。研究者通常從低分析層次的個體取得資料，而之所以稱爲共享，乃是這個高分析層次的構念在理論上有存在的意義，而且個體之間對所欲量測的現象有大略一致的看法。因此，若個體之間不存在一致性的評價或看法時，則無法得出這一個共享單位變數。

共享單位變數的文字描述方式，有兩種作法可以參考（Chan, 1998）。首先是「直接共識模式」（direct consensus model）（Chan, 1998），又稱爲「共識模式」（consensus model）（Chen et al., 2004），或「匯集限制法」（pooled constrained approach）（Kozlowski & Klein, 2000）。在直接共識模式中，研究者常藉由低層次構念（例如：成員自身的知覺），經由彙總程序而得出高層次構念，在許多組織研究的例子中，高層次構念往往是由低層次構念的意義同構（isomorphic）而得。值得注意的是，並非所有的低層次構念都可以成爲高層次構念，通常這種彙總程序需要符合以下兩個基本條件，第一，高層次構念必須具備理論上的意涵。在技術上，所有的低層次構念都可以經由彙總而得出高層次構念，但如果沒有適當的理論支持高層次構念的存在，所彙總出來的資訊是沒有任何意義的。例如：若是將每一個員工的個人人格加以彙總，是否可以得出組織人

格構念？第二，低層次知覺必須存在群內成員共識，才可加以彙總。通常常用的指標是群內共識指標（within-group indexes, r_{wg}）（James et al., 1984），至於指標的計算方式之後會再說明。

另外一種處理方式是「移轉參考點模式」（referent-shift model）（Chan, 1998; Chen et al., 2004）或「收斂法」（convergent）（Kozlowski & Klein, 2000）。所謂移轉參考點模式的意義在於評量者所評量的對象不再是個人，而是評量者針對其所屬群組的共同感受、知覺或是特徵表達意見。移轉參考點模式與直接共識模式是最常混淆的兩種程序。與直接共識模式相同的是，彙總所需資料仍然是來自個體（低層次），而且個體之間看法的一致程度也是必先確保的步驟。但移轉參考點模式與直接共識模式的第一個不同點在於高分析層次的意義，並不見得與低分析層次構念上的意義有任何關聯，甚至所謂低分析層次構念其實是不存在的，有時僅是藉由低分析層次的管道蒐集相關資料。因此，在移轉參考點的模式中，研究者必須體認其所欲研究的重點在於高分析層次構念上，因此關於高分析層次構念的定義必須明白且具體地陳述。其次，第二個不同是題項所牽涉到的指稱也由個人本身轉為群體。舉例來說，若是高分析層次構念主要針對部門、群體或組織等高層次的參考點設計所需的資料，則問卷題項描述的語句（wording）便應以構念所欲探討的單位為主（例如：我們學校……，我們班級……）。因此，若是組織成員由於場域的共同經驗或場域而產生的相近看法或感受，如班級氣氛等，用移轉參考點模式較為適當。

由於這兩者在本質上並不相同，因此應該選擇何種模式端視所要探討的構念在高層次的意義為何。如果所要探討的構念是來自於成員本身的自我感受（構念定義存在於低層次），經社會互動之後形成集體感受，因為所需的資訊是起於個人自我的知覺，此時用直接共識法比較適當。若是所要探討的構念是起因於成員對系絡現象的知覺（如領導氣候、公正氣候等）時，而此構念的定義又存在於高層次時（如部門、組織層次），這時反而是移轉參考點模式的作法較為正確，在問卷的主詞設計上就會有「我」（直接共識法）、「我們」的差異（移轉參考點

模式）。總之，研究者必須先以構念的理論意義與分析層次爲基礎，再選擇適當的方法才設計問卷題項。如果很難區分共享的知覺來自外部或內部，以移轉參考點模式可能較爲妥當。在這裡我們來個小測驗以了解自己是否對於直接共識法與移轉參考點模式已有明確的區分，在組織研究中，組織氣候與組織文化常常使用混淆，在測量上，你覺得應該用哪一種方式較爲恰當呢？不妨思考一下。

（四）共塑單位變數

　　除了 Kozlowski 與 Klein（2000）所提出的三種不同性質的變數分類架構之外，林鉦棽（2006）發現還有另外一種型式的變數，將之稱爲共塑單位變數（formative unit）。和共通單位變數一樣，共塑單位變數是單位層次的構念，而且也不能解構到低層次，但不同的是，共通單位變數是客觀指標，共塑單位變數則是主觀指標。它與共享單位和共構單位變數也不相同，因爲無法由低層次的個體蒐集得來。共塑單位變數包含單位的屬性，例如：校長的教育理念等，這種變數資料，只能由構念產生的對象蒐集得來。由於這類型的變數常是由 CEO、高階管理團隊、或專家們的意見形塑而成，所以稱爲共塑單位變數。

　　爲利讀者了解，林鉦棽（2006）將上述四個不同型態的構念所包含的細項變數、牽涉的特性、資料蒐集方式、驗證方法等資訊列於表 2-2，希望能更有助於此四種類型變項的區辨。

表 2-2　不同型式變數的比較

	共通單位變數	共構單位變數	共享單位變數	共塑單位變數
變數的特質	客觀指標或特質	主觀意見、知覺、客觀特質或指標	主觀意見或知覺	主觀意見或知覺
舉例	學校班級數 教師人數 學生人數	教師性別組成 教育理念的分布 教師年齡分布	學校氣候 學校文化 班級氣氛	校長的教育理念
來源	次級資料 組織文件檔案 專家意見	次級資料 組織文件檔案 專家意見 訪談法 問卷	問卷 集體討論	訪談法 問卷

	共通單位變數	共構單位變數	共享單位變數	共塑單位變數
計算模式	依所蒐集的資料直接使用	直接取得後依所設定的函數關係計算（如直接加總或計算差異性指標）	先用參考點移轉模式或直接共識模式，再加以彙整或組合	依所蒐集的資料直接使用
驗證方法	資料的正確性	資料的正確性一致性信度	r_{wg}、ICC(1)、ICC(2)、η^2	再測信度一致性信度評估者間信度三角檢測

二、高層次構念的聚合與效果衡量

　　從個體層次解釋變項來獲取總體層次變數，有組合（composition）與聚合／彙整（aggregation）兩種重要的途徑（Chan, 1998），而組合或聚合是指構成組織層次構念變數是來自個體層次組織成員所回答變數的結果計算而來。換言之，要能形成組織層次的研究變數，必須透過組織成員所回答題項的結果，進一步經計算平均數來代表組織變數分數，此一動作代表組織成員對此一組織變數構念具有相同的看法，亦即這個組織變數構念是所有組織成員所共享（shared）的意思。如果有現成組織變數客觀數據，就可以用現成的數據去運作整個模型；如果沒有現成數據，或者詢問個人層次的問卷中有組織層次的相關問題，就可以測試屬於個體層次或者組織層次的變數是否有群聚效果。在多層次分析中，用來檢驗個體資料是否通過共識或一致性的指標包括 ICC(1)、ICC(2)、r_{wg}、η^2 等。過去組織相關研究，要探討組織層次研究變數的信效度時，目前是利用 ICC(2) 與 r_{wg}（廖卉、莊璦嘉，2008），作為檢驗個體層次資料聚合成組織層次時適切與否的方法。因為一來組織不會回答問卷，二來是透過組織成員所共有或共享的部分來形成層次二（L2）的構念，當將成員所填答的變數加總平均成為高層次的構念時，就必須透過這些指標來檢驗其適當性，是否具有群聚的效果。以下，本書將介紹這些指標。

（一）群内共識指標（r_{wg}）

在進行多層次線性模型分析之前，檢視變數整合之適當性與否，可以透過檢驗群内一致性與群間變異情形。首先，以「群内共識指標」（within-group indexes, r_{wg}）爲檢驗指標（James, Demaree, & Wolf, 1984），來檢查群内一致性，r_{wg} 試圖回答的是：「某一特定群體的個體對某一變數的一致性程度有多高」（Kozlowski & Klein, 2000）；當 r_{wg} 大於 0.7 時，表示資料適合群聚，群内存在一致性，r_{wg} 較不受到樣本影響，這個共識指標計算公式如公式 2.1 所示。

從統計量數的觀點來看，公式 2.1 所要表示的涵義，是假設所有組内成員都沒有共識時的變異數爲 σ^2_{EU}（假定值），而組内成員回答此一題項的變異數爲 S^2（測量值），而 1 減去這兩個變異數的比值，代表沒有共識下變異數的削減程度百分比，亦即代表共識程度。此一指標可能會獲得小於 0 的情況，此時結果將設爲 0。

由於此一 r_{wg} 指標是計算組織内的組織成員回答單一題項的共識程度，從公式來看就是計算組内變異數的程度，因此研究中有多少個組織就有多少個 r_{wg} 指標，每一個 r_{wg} 指標就代表每一個組織内的共識程度。此外，一般的研究不會只衡量一個研究變項，而是一組研究題項，也就是一個研究構念有多個觀測變數。因此，衡量一組研究變項的共識程度，則由公式 2.1 演變而來爲 $r_{wg(J)}$，下標中（J）代表 J 個題項的意思，其公式如公式 2.2 所示。

$$\text{單一題項：} r_{wg} = 1 - \frac{S^2}{\sigma^2_{EU}} \tag{公式 2.1}$$

$$\text{多重題項：} r_{wg(J)} = \frac{J\left[1 - \dfrac{\overline{S^2}}{\sigma^2_{EU}}\right]}{J\left[1 - \dfrac{\overline{S^2}}{\sigma^2_{EU}}\right] + \dfrac{\overline{S^2}}{\sigma^2_{EU}}} \tag{公式 2.2}$$

S^2：組内成員回答此一題項的變異數

σ^2_{EU}：假設所有成員都沒有共識時的變異數

$\overline{S^2}$：J 個題項變異數的平均值

公式 2.2 中的 $\overline{S^2}$ 為 J 個題項變異數的平均值，所計算的 $r_{wg(J)}$ 指標是組織內組織成員針對 J 個題項作答的共識程度，在這裡 σ^2_{EU} 仍假設為均等分布（unifum distribution）的最不共識程度的變異數（邱皓政、溫福星，2011）。同樣地，每一個組織都可以計算一個 $r_{wg(J)}$ 指標，代表該組織內組織成員對這 J 個題項作答結果的共識程度。而在發表的文章中，假設有 40 所學校，則就會有 40 個 r_{wg}，但是文章中不會列出所有的 r_{wg}，研究者只需要列出 r_{wg} 的平均數或是範圍即可。另外，也建議在使用 r_{wg} 指標時，問卷的尺度不要太少，因為過少容易有低估的現象，通常建議在 5-9 點之間是較為恰當的。此外，若 r_{wg} 未達到 0.7 的標準時，則建議將這整個組織刪除，以提高分析時的準確性。

（二）群間共識指標（η^2）

群間（between-group）變異性以 η^2 的計算驗證，若 ANOVA 中的 F 檢定結果達顯著水準，則代表群間差異存在；也就是透過 η^2 這個指標來了解個體分數的變異中，有多少比例來自於群內差異（低層次因素所致），多少比例是來自於群間差異（高層次因素所致）。當 η^2 愈大表示群間差異的解釋比例愈高，例如：η^2 等於 0.6，表示有 60% 的變異是來自於組間變異。多層次分析是必要的，進一步透過 F 檢定，可判斷 η^2 是否顯著，但是樣本數如果太高，η^2 容易顯著，反之若樣本數太少又會有高估的現象。ICC(1) 會比 η^2 準確，因為較不受樣本數的影響（Bliese, 1998; Bliese & Halverson, 1998）。

（三）組內相關系數（ICC(1)）

衡量個別員工巢套到組織的程度，或者學生受到學校影響的程度，可以透過「組內相關係數」（intraclass correlation coefficient, ICC(1)）以及平均數的信度（reliability of the mean, ICC(2)）（Raudenbush & Bryk, 2002）。作為相似或同質性的評估指標，ICC(1) 反映在同一個組織之內隨機選取的成對個別員工的相關性（Snijders & Bosker, 1999）。ICC(1) 所代表的是依變項的總變異數中可以被組與組之間差異所解釋的百分比，如果 ICC(1) 很大，則表示依變項存在組間差

異，亦即各組的平均數之間明顯不同，組或群的效果不可被忽略。換言之，ICC 為組間變異數與總變異數的比值，代表依變項的總變異數可以被組間變異數解釋的百分比，用來呈現依變項或結果變項與獨變項或組間的關聯程度。此外，在其他的 HLM 模型中（虛無模型除外），ICC 的計算公式雖然如公式 2.3 一樣，但因為模式存在解釋變項 X_{ij} 與 Z_j 的關係，所得到的 ICC 應稱為殘差 ICC（residual ICC）或是條件 ICC（conditional ICC），那是因為在控制解釋變項下，剩下的依變項或結果變項的總變異數可以被組的差異效果所解釋的程度，和虛無模型下的 ICC 是有些差距。

$$Y_{ij} = \gamma_{00} + u_j + r_{ij} \quad\longleftarrow\quad 具隨機效果的 ANOVA$$

$$E(Y_{ij}) = \gamma_{00}$$

$$Var(Y_{ij}) = Var(\gamma_{00} + u_j + r_{ij})$$

$$= \boxed{\tau_{00}} + \boxed{\sigma^2}$$

組間變異數（Level 2）　　組內變異數（Level 1）

ICC = intraclass correlation　　　$$ICC = \dfrac{\tau_{00}}{\tau_{00} + \sigma^2}$$ 　　　　（公式 2.3）

　　ICC 除了可以解釋為依變項或結果變項總變異數有多少百分比可以由組間變異數所解釋，但其真正的精神是「組內相關係數」的意思。它代表從任一總體環境（group 或 context）下，例如：班級或組織內，任意挑選兩位受試者（學生或員工），其依變項間的相關係數期望值，是用來捕捉組內或群集內資料的相似性或是資料的不獨立性。換言之，組內相關係數即是個體間相依程度的測量。當個體間因為時間與空間因素導致有較高的相同經驗與共通性時，彼此的相似性提高，甚至於相似性高到了某個程度時，每一個人幾乎是完全相似的複製品。最高的相似性通常發生在當兩個個體是雙胞胎，或是同一個家庭中成長的小孩。另一個常見的高度組內相關的例子是，同一個個體的重複測量。所以，計算零模型的 ICC，就是用來檢視是否適合進行 HLM 的關鍵條件。

組內相關可用幾種方式來解釋。前面是相同的時空下，個體所共同經驗的程度來界定，可稱爲團體同質性（group homogeneity）指標。更正式的說法，當資料具有兩個層級的結構時，高層次觀察單位之間的變異數（組間變異數）占依變項變異數的比例，即爲組內相關。不論從哪一個方法來界定，組內相關所反應的都是組內（或脈絡內）相依性的存在，這意味著如果組內相關存在時，表示這一群個體是屬於一個群集，此時，傳統線性模型對於觀察值須爲獨立的假設即遭到違反。在資料分析時，如果忽略 ICC 的存在，則組內相關會影響傳統線性迴歸模型的誤差變異數，使得所估計的誤差變異數會膨脹。誤差變異數代表所有遺漏的解釋變項與測量誤差的影響，而且這些誤差具有相互獨立的基本假設。忽略了組內相關，除了會使得誤差變異數變大之外，亦會造成迴歸係數估計值的測量標準誤變小的後果（溫福星，2006）。此後果是反映在低估了測量標準誤，因此使得原先檢定統計量有可能不顯著，但因低估迴歸係數估計值的標準誤，而容易拒絕虛無假設，犯了型 I 錯誤的可能。

Snijders 與 Broske（1999）建議透過檢定固定效果下變異數分析的 F 考驗，或是檢定隨機效果下 τ_{00} 的卡方檢定，據以判斷組間變異數是否顯著大於 0，以便配合計算組內相關係數 ICC 進行多層次的統計分析。除了以 F 或 χ^2 檢定考驗組間變異數的效果外，Cohen（1988）認爲 ICC 在不同的研究範疇下，其差異很大，因此在不同領域有不同的 ICC 判斷值。不過，Cohen 提出了三個數字，這三個數字反映出組內相關係數的效果大小。當 ICC 小於 0.059 時，算是相當小的組內相關係數，其效果可以略而不計，相當於虛無假設的零相關不被拒絕。其次是介於 0.059 與 0.138 之間，這樣的大小則算是中度相關。至於高於 0.138 則算是高度的組內相關，他認爲中度程度以上的組內相關就不能忽略其相似性的存在，其對迴歸係數估計標準誤與檢定力的影響不能被忽視，因此當 ICC 大於 0.059，則必須考慮多層次的統計分析，亦即必須以 HLM 而不能以 GLM 進行分析。此外，Bliese（2000）的研究也發現，ICC 一般是在 0.05 與 0.20 的範圍內。

（四）ICC(2)：**信度**

　　ICC(2) 是指測量數據的一致性程度，也就是信度（reliability）的意思。ICC(2) 是延伸自組內相關係數，是計算各組內成員在某個題項的得分，經求組內成員的平均數作為該組分數，然後計算這個題項的組間變異數，再除以這個題項各組間平均數的變異數。換言之，ICC(2) 的內容是在計算組間變異數占各組平均數的變異數的比例。

　　整體 ICC(2) 的定義為：

$$ICC(2) = \frac{\sum_{j=1}^{J} \lambda_j}{J} \qquad （公式 2.4）$$

　　換言之，將 λ_j 取平均數，就是 ICC(2)。如果信度夠大，意思是用組織成員的平均數代表組織的分數是可以被信賴、其可靠性是夠的。對於 r_{wg} 與 ICC(2) 這兩者反映著不同的總體層次測量特質：組內共識 r_{wg} 是在計算組內變異數，關心的是各組的組內成員回答題項的共識程度。當組內變異數愈小，則該組織成員共識愈高，測量分數愈能夠反映研究者所欲測量的總體層次構念內容。由此可知，r_{wg} 比較類似於傳統測量理論中的效度（validity）概念，也就是測量分數實質上是否能夠反映所欲測量的構念特質的內涵。相對之下，信度指標 ICC(2) 則是偏重在計算組間變異數，當各組樣本數愈大且組間變異數愈大時，代表組織的平均數愈具有代表性，可以將組內成員求得的平均數視為該組分數，愈不受測量誤差的影響，因此在多層次研究中被歸類為信度的概念。

　　在研究實務上，r_{wg} 與 ICC(2) 這兩個指標，一般都以 0.7 為理想水準。當研究中的個體層次變數在每組的 r_{wg} 與整體樣本的 ICC(2) 都達到 0.7 水準時，即被認定具有足夠的信度與效度來支持這些個體層次的變數可以聚合成組織構念，然後作為組織變數進行 HLM 分析。假如在更高層次單位之間的結果變項很少或者沒有變異，對多層次分析將不會受到支持。假如 ICC(1) 是很小的（例如：小於 0.059），或者 ICC(2) 小於 0.7（Bliese, 2000），這顯示組織之間只是稍微不同

而已，表示沒有群聚效果，就可以考慮用原來的數值代表組織層次變數數值，不必按照組織之內回應人數將之平均後代表整個組織的分數。這樣的例子，在個體層次使用簡單多元迴歸分析就適當，然而，ICC(1) 足夠的話，表示團體是相對有同質性的，並且不同於其他團體（Heck & Thomas, 2009）。

參、多層次分析的適用軟體

上述各種階層性的資料結構，最適合的分析方法是多層次分析（Bryk & Rausenbush, 1992）。此類統計分析方法除了稱之為階層線性模式（hierarchical linear modeling, HLM）之外，還有多種名稱，如「一般線性混和模式」（general linear mixed model）、「多層次線性模式」（multilevel linear models）、「混和模式」（mixed model）、「隨機效果模式」（random effect models）、「隨機係數迴歸模式」（random coefficients regression models）、「共變數成分模式」（covariance component models）、「多層次分析」（multilevel analysis）、「多層次迴歸」（multilevel regression），這些都是多層次分析的使用別稱。階層線性模式是多層次的多元迴歸分析，也就是在分析有不同層次的自變項對某一個依變項的影響。而目前可供進行多層次分析的統計軟體包含了 EQS、HLM、LISREL、MLn、Mplus、R、SPSS、SAS、STATA 等等，而為了顧及研究生的使用方便性，本書的介紹將以 HLM 為主。因此，從第三章開始，本書將以 HLM 取代多層次分析，作為本書軟體的使用與介紹。

HLM 的前置作業

壹、資料應該如何蒐集（樣本數）

ICC 與樣本大小的關係若基於完全獨立樣本設計的概念，可以公式 3.1 的設計效果（design effect）來表示：

$$\text{design effect}(\eta) = 1 + (\bar{n}_j - 1) \times ICC \qquad （公式 3.1）$$

公式 3.1 中的 $\bar{n}_j$ 爲平均的組內樣本數，其設計效果的涵義是當在群集抽樣設計且存在組內相關時，在所抽取的組內樣本數 $\bar{n}_j$ 要達到完全與 $\bar{n}_j$ 個獨立樣本有相同的效果，必須將樣本增加到 η 倍。

對於多層次分析，如果只是一個二層次的設計，Kreft（1996）建議採用 30/30 準則，亦即總體層次不少於 30 組，每組不少於 30 人來決定樣本規模。但是如果研究者偏重於個體層次與總體層次交互作用時，可以調整比率爲 50/20；如果重視隨機效果的檢驗，甚至可以調整爲 100/10。在追蹤資料中，由於第一層觀察的時點不多，爲了考慮到檢定力與參數的估計，一般會將第二層的樣本數增大，也就是蒐集的受試者要多。另外在對偶的研究中，例如：夫妻關係、親子關係、男女朋友關係、上司下屬關係等，由於第一層的樣本數就是兩個人，根本無法套用 30/30 準則，此時第二層的對數就要非常多，以彌補第一層人數過少的問題。

在 Mok（1995）的研究，他所模擬的結果發現如下：「與過去典型的群集抽樣設計的研究文獻一樣，本研究發現如果研究者的能力能夠獲得 n 個樣本，以在 J 個學校各取樣 I 個學生來表示，那麼以較多的學校數（較大的 J）與較少的學生（較小的 I）會比較少的學校數（較小的 J）與較多的學生（較大的 I）的偏誤較小，效能更好。」

Bassiri（1988）和 Van der Leeden 與 Busing（1994）分別對於跨層級交互作用的檢定力進行探討，這兩個研究均指出，爲了獲得理想跨層級交互作用的檢定力，至少要有 30 個組，每組要有 30 個觀察值。同時，研究也發現，當有 60 個

組，每一組 25 個觀察值時（總樣本為 1500），會得到相當理想的檢定力。在較少組數的時候，例如：30 組時，每一組需要更多的樣本以獲得 0.90 的檢定力。當組數較大的時候，例如：150 組時，每一組只要 5 個觀察值就可獲得 0.90 的檢定力，此時的總樣本數為 750。當組數或組樣本數較少時，對於跨層級交互作用的檢定力會快速降低。為了獲得 0.90 以上的跨層級交互作用檢定力，Bassiri 發現多選擇一些組，會比在各組內多選擇一些觀察值來得有幫助。Kreft 與 de Leeuw（1998）認為，一般來說為了獲得研究者所需的足夠檢定力，觀察值要多，除非研究者所探究的現象有非常強且容易被偵測到的效果。然而，研究最理想的樣本數為何，每一個研究都有所不同。當組數很少時，隨機成分會被低估，或有較大的標準誤。對於跨層級效果，要有足夠檢定力，組樣本數不能太少，且組數要大於 20。而 Maas 與 Hox（2005）的研究則指出，為了能夠得到固定效果的標準誤估計值能不偏，至少要有 50 組的樣本數。

　　大抵而言，採用樣本數可依以下 30/30 的原則。若偏重在個體層次與組織層次的交互作用時，則採用 50/20 原則；但若重視隨機效果的檢驗，則採用 100/10 原則。值得注意的是，這些文獻都是在既有的設定下以模擬的方式所進行的結果推論，他們都是在探討不同主題下，例如：固定效果、隨機效果或是標準誤不偏的情況下的檢定力要求，必須有樣本數限制，因此並沒有一個判斷標準。不過對第二層樣本數的要求是愈多愈好，一來是由於高階估計法需要大規模樣本數，二來是檢定力的考量。主要原因在於第二層誤差項變異數與共變數的估計，以及在公式 3.1 的設計效果中，當第一層的平均樣本數愈大，則一點點的 ICC 都會造成很大的設計效果，使得有效樣本數驟減，導致檢定力不大，所以第二層樣本數在 HLM 中是比較重要的因素。有關樣本數的決定，Snijder 與 Bosker（1994, 1999）則有詳細的討論。另外溫福星（2006）也列表整理相關的層次二樣本數問題，他提到，當研究目的不同時，對於樣本的需求也會有不同的要求規範，詳如表 3-1。

表 3-1 研究樣本需求表

學者	分析目標	樣本要求	
		總體層次 / 高層次	個體層次 / 低層次
Bassiri (1998) Leeden & Busing (1994)	跨層次間的交互作用係數	>= 30	>= 30
Kreft & de Leeuw (1998)	跨層次間的交互作用係數	>= 20	合理的樣本
Kreft (1996) Hox (2002)	所有變項間的關聯以及跨層次間的交互作用係數	>= 30 >= 50	>= 30 >= 20
Hox (2002)	隨機效果組成的變異	>= 100	>= 10
Snijder (2002) Mass & Hox (2005)	所有固定效果的不偏估計	不少於 20 >= 10	>= 5
Mass & Hox (2005)	總體層次的變異數成分的不偏估計	>50	

貳、如何將資料彙整到高層次

　　我們舉個例子，當研究者想知道影響教師創意教學的因素，蒐集了教師層次的因素如教師人格特質以及學校層次的因素如學校氣氛，而在問卷的發放上則都是由教師填答創意教學、人格特質以及學校氣氛，則我們要如何產生學校氣氛此一高層次變項呢？當問卷回收全部輸入完成之後，研究者須先進行初步的整理，例如：將量表進行信效度分析，爾後將同一個構面的觀察變項進行加總平均代表此一構面的分數程度，如同下面的學校創新氣氛量表一共有 35 題、8 個構面，每個構面 4-6 題不等，且一共有組織理念、工作方式、資源提供、團隊運作、領導效能、學習成長以及環境氣氛等構面。在開始分析之前，研究者先進行遺漏值的置換，本研究之研究母群體為臺灣地區的國民小學教師，在事先取得學校及教師同意後進行問卷發放。本研究共選取 70 所國小，每所學校平均抽取 8 位數學教師（有兼任導師者），總共發放出 560 份問卷，剔除廢卷及不合理之填

答問卷後，回收之有效樣本共 551 份。從下圖的 SPSS 操作介面中可得知，在層次一的檔案中，有 551 份教師所填答的學校創新氣氛，須留意的是，在層次一的資料檔中，一定要有一個對應同一學校的 ID，且同一所學校教師的學校 ID 都是一樣的。接下來透過 SPSS 中的「整合」的功能，來產生各個學校的創新氣氛分數，步驟如圖 3-1。

步驟一：利用整合功能

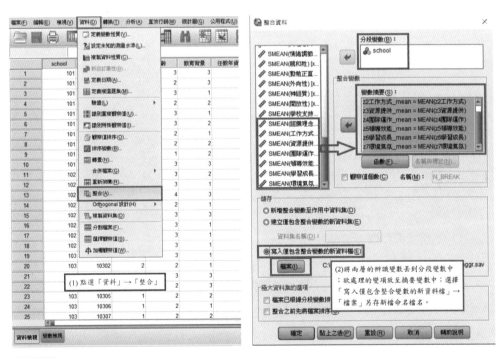

圖 3-1　資料整合成高層次

　　在進行完這個步驟之後，除了原先的 L1 的檔案之外，會再產生一個 L2 的檔案，表示已經進行高層次變項的整合了。而高層次的資料檔會如圖 3-2 所示，大家可以看到，相較於 Level 1 的資料檔，前面只會有一個 sid，表示是以學校為分段變數的資料，這時候就可以準備進行 HLM 的分析了。

	school	學校支持	組織理念	工作方式	資源提供	團隊運作	領導效能	學習成長	環境氣氛	var
1	101	4.04	4.05	4.18	4.60	4.54	4.34	4.52	4.36	
2	102	3.50	3.38	3.97	3.59	3.95	3.48	3.94	4.08	
3	103	4.27	3.91	4.32	4.34	4.51	3.80	4.30	4.64	
4	104	4.51	4.26	4.50	4.31	4.38	4.65	4.50	4.70	
5	105	4.50	4.31	4.56	4.69	4.53	5.00	4.83	4.85	
6	106	4.60	4.08	4.84	4.50	4.68	4.75	4.88	4.95	
7	107	4.48	4.40	4.29	4.38	4.75	4.80	4.75	4.53	
8	108	4.20	4.03	4.13	4.13	4.47	4.23	4.17	4.40	
9	109	4.38	4.52	4.71	4.54	4.94	5.20	5.19	4.86	
10	110	4.60	4.42	4.75	4.84	4.78	4.48	5.02	4.77	
11	111	4.23	4.17	4.50	4.46	4.49	4.57	4.62	4.51	
12	112	3.98	3.85	4.13	4.25	4.58	4.08	4.17	4.17	
13	113	3.89	3.81	3.94	3.97	4.29	3.93	4.26	4.27	
14	114	3.97	4.17	4.67	4.25	4.53	4.17	4.56	4.72	
15	115	4.20	4.00	4.28	3.97	4.18	4.48	4.46	4.33	
16	116	4.05	3.98	4.41	4.34	4.33	4.35	4.56	4.55	
17	117	4.10	3.94	4.31	3.91	4.05	4.08	4.08	4.25	
18	118	4.00	3.87	4.00	3.95	4.15	3.92	3.96	4.00	
19	119	3.92	3.68	4.43	3.88	4.18	3.66	4.08	4.26	
20	120	4.28	3.97	4.25	3.88	4.28	4.72	4.38	4.56	
21	121	4.11	4.05	4.18	3.86	4.43	4.40	4.48	4.40	
22	122	4.14	3.98	4.00	4.06	4.38	4.40	4.35	4.38	
23	123	4.13	3.85	4.34	4.25	4.45	4.00	3.81	4.43	
24	124	3.63	3.44	4.03	3.72	4.00	3.22	3.52	3.75	
25	125	3.98	3.96	4.06	3.91	4.07	4.48	4.21	4.30	

圖 3-2　高層次資料檔

　　當產生了 Level 2 的學校創新氣氛檔案之後，因為學校創新氣氛這個構念的測量是採用共享單位中的移轉參考點法，因此計算每個學校的校內一致性以及校間差異性就顯得相當重要。在正式進行 HLM 的分析之前，可以採用的檢核指標就是 r_{wg}，也因為有 70 所學校，所以會有 70 筆資料。而 r_{wg} 的計算方式如表 3-2 的步驟。須補充說明的是，若未達 0.7 時，則可以將這整個組織（學校）刪除，以提高研究結果的準確性。

　　接下來 r_{wg} 將使用 SPSS 語法，為使語法順利運作，建議將 SPSS 資料檔中變數名稱改為英文，如圖 3-3 的樣子，r_{wg} 所需之 SPSS 資料檔中須包含 Level 2 變

項構面加總平均。爲便利語法撰寫，將構面名稱簡化爲 Z1、Z2……至 Z7，表示爲學校創新氣氛的 7 個構面。

*RWG.sav [資料集1] - IBM SPSS Statistics Data Editor

檔案(F)　編輯(E)　檢視(V)　資料(D)　轉換(T)　分析(A)　直效行銷(M)　統計圖(G)　公用程式(U)　視窗(W)　說明(H)

	sid	Z1	Z2	Z3	Z4	Z5	Z6	Z7
1	101	4.05	4.18	4.60	4.54	4.34	4.52	4.36
2	102	3.38	3.97	3.59	3.95	3.48	3.94	4.08
3	103	3.91	4.32	4.34	4.51	3.80	4.30	4.64
4	104	4.23	4.47	4.31	4.38	4.65	4.50	4.70
5	105	4.31	4.56	4.69	4.53	5.00	4.83	4.85
6	106	4.08	4.84	4.50	4.68	4.75	4.82	4.95
7	107	4.40	4.28	4.38	4.75	4.80	4.75	4.53
8	108	4.03	4.13	4.13	4.47	4.23	4.17	4.40
9	109	4.52	4.66	4.48	4.87	5.09	5.09	4.80
10	110	4.42	4.75	4.84	4.78	4.48	5.02	4.77
11	111	4.14	4.47	4.42	4.47	4.54	4.59	4.50
12	112	3.85	4.13	4.25	4.58	4.08	4.17	4.17
13	113	3.81	3.94	3.97	4.29	3.93	4.26	4.27
14	114	4.17	4.67	4.25	4.53	4.17	4.56	4.67
15	115	4.00	4.28	3.97	4.18	4.48	4.46	4.33
16	116	3.98	4.41	4.34	4.33	4.35	4.56	4.55
17	117	3.94	4.31	3.91	4.05	4.08	4.08	4.25
18	118	3.87	4.00	3.95	4.19	3.92	4.04	4.00
19	119	3.68	4.43	3.88	4.18	3.66	4.08	4.26
20	120	3.97	4.25	3.88	4.28	4.72	4.38	4.56
21	121	4.05	4.18	3.86	4.43	4.40	4.48	4.40
22	122	3.98	4.00	4.06	4.38	4.40	4.35	4.38
23	123	3.85	4.34	4.25	4.45	4.00	3.88	4.43
24	124	3.44	4.03	3.72	4.00	3.22	3.52	3.75
25	125	3.96	4.06	3.91	4.07	4.48	4.21	4.30

資料檢視　變數檢視

圖 3-3　更改爲英文的變項名稱

　　執行語法前，先進行語法的解釋說明：

表 3-2

完整語法 ※ 語法建議寫在記事本上再貼到 SPSS 語法，用 word 寫語法可能會因格式問題影響語法執行。	說明
* SPSS syntax for Calculting rwg (j)measures sort cases by group. * team/group id = > sid aggregate outfile = 'D:\RWG.sav' /break = sid /nsubject =　70 /Z1_sd = SD (Z1) 　/Z2_sd = SD (Z2) 　/Z3_sd = SD (Z3) 　/Z4_sd = SD (Z4) 　/Z5_sd = SD (Z5) 　/Z6_sd = SD (Z6) 　/Z7_sd = SD (Z7). COMPUTE z1 = Z1_sd * Z1_sd. EXECUTE. COMPUTE z2 = Z2_sd * Z2_sd. EXECUTE. COMPUTE z3 = Z3_sd * Z3_sd. EXECUTE. COMPUTE z4 = Z4_sd * Z4_sd. EXECUTE. COMPUTE z5 = Z5_sd * Z5_sd. EXECUTE. COMPUTE z6 = Z6_sd * Z6_sd. EXECUTE. COMPUTE z7 = Z7_sd * Z7_sd. EXECUTE. Compute mvx = mean (Z1 to Z7). compute option = 6. Compute vud = (option**2-1)/12. compute mv = (option-1)**2/4. compute rwgjs2 = 1 - (mvx/mv). compute rwgjs1 = 1- (mvx/vud). compute rwgj = (7* (2- (mvx/vud)))/ ((7* (2- (mvx/vud)))+ (mvx/vud)). recode rwgj (1.0 thru hi = 1.0) (lo thru 0 = 0). recode rwgjs1 (1.0 thru hi = 1.0) (lo thru 0 = 0). freq var = rwgj rwgjs1 rwgjs2 /statistics = MINIMAU MAXIMAU MEAN MEDIAN. EXECUTE.	Level 2 識別 ID（依據 SPSS 檔案命名為主） 檔案存取路徑 Level 2 之團體個數 其中的 Z1 以 SPSS 資料檔案中的命名為主，資料檔有幾個構面，語法就到幾行。 z1 為計算 SD 平方的命名 量表尺度（本問卷為 6 點量表） 依實際構面數做更改

步驟一：SPSS →檔案→開啟新檔→語法

RWG.sav [資料集1] - IBM SPSS Statistics Data Editor

檔案(F)　編輯(E)　檢視(V)　資料(D)　轉換(T)　分析(A)　直效行銷(M)　統計圖(G)　公用程式(U)　視窗(W)　說明(H)

開啟新檔(N)	▶		資料(D)						
開啟	▶		語法(S)						
開啟資料庫(B)	▶		輸出(O)						
讀取文字資料(D)...			程式檔(C)						

			Z3	Z4	Z5	Z6	Z7
			4.60	4.54	4.34	4.52	4.36
關閉(C)	Ctrl+F4	38	3.97	3.59	3.95	3.48	3.94	4.08
儲存(S)	Ctrl+S	91	4.32	4.34	4.51	3.80	4.30	4.64
另存新檔(A)...		23	4.47	4.31	4.38	4.65	4.50	4.70
儲存所有資料(L)		31	4.56	4.69	4.53	5.00	4.83	4.85
匯出至資料庫(T)...		08	4.84	4.50	4.68	4.75	4.82	4.95
將檔案標示為唯讀(K)		40	4.28	4.38	4.75	4.80	4.75	4.53
重新命名資料集(M)...		03	4.13	4.13	4.47	4.23	4.17	4.40
顯示資料檔資訊(I)	▶	52	4.66	4.48	4.87	5.09	5.09	4.40
快取資料(H)...		42	4.75	4.84	4.78	4.48	5.02	4.77
停止處理器(E)	Ctrl+Period	14	4.47	4.42	4.47	4.54	4.59	4.50
切換伺服器(W)...		85	4.13	4.25	4.58	4.08	4.17	4.17
儲存器(R)	▶	81	3.94	3.97	4.29	3.93	4.26	4.27
預覽列印(V)		17	4.67	4.25	4.53	4.17	4.56	4.67
列印(P)...	Ctrl+P	00	4.28	3.97	4.18	4.48	4.46	4.33
最近使用的資料(Y)	▶	98	4.41	4.34	4.33	4.35	4.56	4.55
最近使用檔案(F)	▶	94	4.31	3.91	4.05	4.08	4.08	4.25
結束(X)		87	4.00	3.95	4.19	3.92	4.04	4.00
		68	4.43	3.88	4.18	3.66	4.08	4.26
20	120	97	4.25	3.88	4.28	4.72	4.38	4.56
21	121	4.05	4.18	3.86	4.43	4.40	4.48	4.40
22	122	3.98	4.00	4.06	4.38	4.40	4.35	4.38
23	123	3.85	4.34	4.25	4.45	4.00	3.88	4.43
24	124	3.44	4.03	3.72	4.00	3.22	3.52	3.75
25	125	3.96	4.06	3.91	4.07	4.48	4.21	4.30

資料檢視　變數檢視

步驟二：將語法自記事本上複製到 SPSS 語法處並貼上，將語法全部反白後，按右鍵點選「執行全部範圍」。

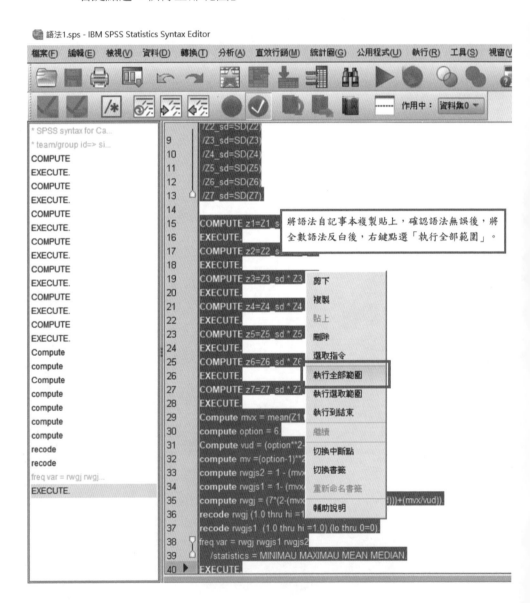

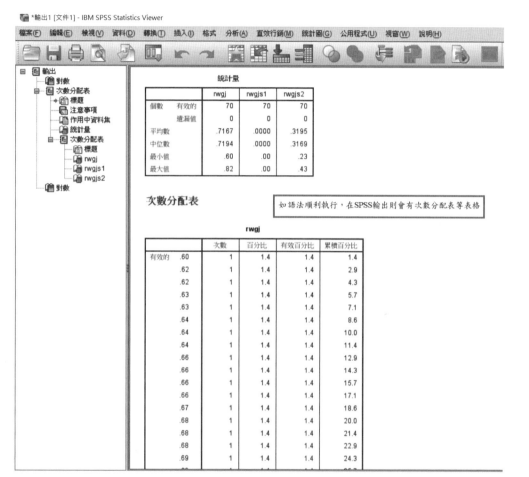

次數分配表

> 如語法順利執行，在SPSS輸出則會有次數分配表等表格

統計量

		rwgj	rwgjs1	rwgjs2
個數	有效的	70	70	70
	遺漏值	0	0	0
平均數		.7167	.0000	.3195
中位數		.7194	.0000	.3169
最小值		.60	.00	.23
最大值		.82	.00	.43

rwgj

		次數	百分比	有效百分比	累積百分比
有效的	.60	1	1.4	1.4	1.4
	.62	1	1.4	1.4	2.9
	.62	1	1.4	1.4	4.3
	.63	1	1.4	1.4	5.7
	.63	1	1.4	1.4	7.1
	.64	1	1.4	1.4	8.6
	.64	1	1.4	1.4	10.0
	.64	1	1.4	1.4	11.4
	.66	1	1.4	1.4	12.9
	.66	1	1.4	1.4	14.3
	.66	1	1.4	1.4	15.7
	.66	1	1.4	1.4	17.1
	.67	1	1.4	1.4	18.6
	.68	1	1.4	1.4	20.0
	.68	1	1.4	1.4	21.4
	.68	1	1.4	1.4	22.9
	.69	1	1.4	1.4	24.3

🖳 *RWG.sav [資料集1] - IBM SPSS Statistics Data Editor

檔案(F) 編輯(E) 檢視(V) 資料(D) 轉換(T) 分析(A) 直效行銷(M) 統計圖(G) 公用程式(U) 視窗(W) 說明(H)

1 : rwgj　.70118555190047

	Z4	Z5	Z6	Z7	mvx	option	vud	mv	nwgjs2	nwgjs1	nwgj	var
1	4.54	4.34	4.52	4.36	4.37	6.00	2.92	6.25	.30	.00	.70	
2	3.95	3.48	3.94	4.08	3.77	6.00	2.92	6.25	.40	.00	.79	
3	4.51	3.80	4.30	4.64	4.26	6.00	2.92	6.25	.32	.00	.72	
4	4.38	4.65	4.50	4.70	4.46	6.00	2.92	6.25	.24	.00	.68	
5	4.53	5.00	4.83	4.85	4.68		2.92	6.25	.29	.00	.63	
6	4.68	4.75	4.82	4.95	4.66		2.92	6.25	.33	.00	.64	
7	4.75	4.80	4.75	4.53	4.55	6.00	2.92	6.25	.27	.00	.66	
8	4.47	4.23	4.17	4.40	4.22	6.00	2.92	6.25	.32	.00	.73	
9	4.87	5.09	5.09	4.80	4.79	6.00	2.92	6.25	.23	.00	.60	
10	4.78	4.48	5.02	4.77	4.72	6.00	2.92	6.25	.24	.00	.62	
11	4.47	4.54	4.59	4.50	4.45	6.00	2.92	6.25	.29	.00	.69	
12	4.58	4.08	4.17	4.17	4.17	6.00	2.92	6.25	.33	.00	.74	
13	4.29	3.93	4.26	4.27	4.07	6.00	2.92	6.25	.35	.00	.75	
14	4.53	4.17	4.56	4.67	4.43	6.00	2.92	6.25	.29	.00	.69	
15	4.18	4.48	4.46	4.33	4.24	6.00	2.92	6.25	.32	.00	.72	
16	4.33	4.35	4.56	4.55	4.36	6.00	2.92	6.25	.30	.00	.70	
17	4.05	4.08	4.08	4.25	4.09	6.00	2.92	6.25	.35	.00	.75	
18	4.19	3.92	4.04	4.00	4.00	6.00	2.92	6.25	.36	.00	.76	
19	4.18	3.66	4.08	4.26	4.02	6.00	2.92	6.25	.36	.00	.72	
20	4.28	4.72	4.38	4.56	4.29	6.00	2.92	6.25	.31	.00	.72	
21	4.43	4.40	4.48	4.40	4.26	6.00	2.92	6.25	.32	.00	.73	
22	4.38	4.40	4.35	4.38	4.22	6.00	2.92	6.25	.32	.00	.74	
23	4.45	4.00	3.88	4.43	4.17	6.00	2.92	6.25	.33	.00	.81	
24	4.00	3.22	3.52	3.75	3.67	6.00	2.92	6.25	.41	.00	.74	
25	4.07	4.48	4.21	4.30	4.14	6.00	2.92	6.25	.34	.00		

語法執行成功，可至原先的 SPSS 資料檔查看新增的變數，最後一欄位的 rwg 則是我們所需的資料。

資料檢視　變數檢視

參、多層次分析基本模型

一、基本模型

在多層次分析模型中，研究者通常希望模擬樣本之間的個別截距與斜率（例如：隨機係數）的差異；模擬在團體之內第一層變化需要考量如誤差項結構（an error structure）。在多層次分析資料結構，傳統多元迴歸對於誤差項假設為 0 的狀況顯然有所違背，因為個體是群聚在團體之內（假設在團體之內個體的相似性）。假使，決定忽略每個團體之內測量的準確性、團體之內群聚效果資訊，以及從事團體層次的分析，將失去個體單位的變異性。此種分析方法假定在團體之內的每個個體都相似，但現實世界，並非如此；多層次分析允許我們模擬組織之間與組織之內的變化，也可考量微觀與宏觀理論事實（Heck & Thomas, 2009）。

多層次分析模型主要包含兩個部分：固定效果（fixed effects）與隨機效果（random effects）。有巢套結構的資料，結果變項是在低層次的變數，而自變項可在低層次與較高層次的變數；例如：預測個體結果的組織氣候與個體的因素。組織氣候是個體層次過程的調節變項（moderator），或者預測個體結果變化的個體特徵。而組織結構調節個體特徵之間的關係，其最簡單的模式如下所示。

Level 1　$Y_{ij} = \beta_{0j} + \beta_{1j} X_{ij} + \varepsilon_{ij}$　　個體層次變項間的關係
Level 2　$\beta_{0j} = \gamma_{00} + \gamma_{01} Z_j + u_{0j}$　　總體層次變項對個體層次變項關係的影響
　　　　$\beta_{1j} = \gamma_{10} + \gamma_{11} Z_j + u_{1j}$

$$Z_j \longrightarrow Y_j^*$$
$$X_{ij} \longrightarrow Y_{ij}$$

$$\varepsilon_{ij} \overset{iid}{\sim} N(0, \sigma^2)$$

$$\begin{pmatrix} u_{0j} \\ u_{1j} \end{pmatrix} \sim N\left(\begin{pmatrix} 0 \\ 0 \end{pmatrix} \begin{pmatrix} \tau_{00} & \tau_{01} \\ \tau_{10} & \tau_{11} \end{pmatrix} \right)$$

若擴充自變項的個數時，則可以用下面的公式來表示。

層次一模式（Level-1 model）

$$Y_{ij} = \beta_{0j} + \beta_{1j}X_{1ij} + \beta_{2j}X_{2ij} + \cdots + \beta_{Qj}X_{Qij} + r_{ij}$$
$$= \beta_{0j} + \sum_{q=1}^{Q} \beta_{qj}X_{qij} + r_{ij} \qquad (公式 3.2)$$

各符號之意義為：

β_{qj} ($q = 0, 1, \cdots, Q$) 是層次一的係數（截距與斜率）

X_{qij} 是層次一第 j 個單位內的第 i 個個案的第 q 個預測變異

r_{ij} 是層次一的隨機效果

此處假定隨機項 r_{ij} 之分布為 $r_{ij} \sim N(0, \sigma^2)$，即平均數為 0，變異數為 σ^2 的常態分配。σ^2 是 r_{ij} 的變異數，即層次一變異數。

層次二模式（Level-2 model）

層次一所界定的每個係數（β_{qj}），變成層次二模式之結果變項（outcome variable）：

$$\beta_{qj} = \gamma_{q0} + \gamma_{q1}W_{1j} + \gamma_{q2}W_{2j} + \cdots + \gamma_{qS_q}W_{S_qj} + u_{qi}$$
$$= \gamma_{q0} + \sum_{s=1}^{S_q} \gamma_{qs}W_{si} + u_{qi} \qquad (公式 3.3)$$

各符號之意義為：

γ_{qs} ($s = 0, 1, \cdots, S_q$) 是層次二的係數

W_{si} 是層次二預測變項

u_{qi} 是層次二的隨機係數

　　當然，這樣的模式除了擴充自變項之外，也可以擴充到三個層次。假如以學校效能的三層分析為例：第一層為學生、第二層為班級、第三層為學校，亦即學生、班級、學校的巢套關係。資料是巢套在三個層次，第一層個體巢套在第二層之內，也巢套在第三層之內。因此，第一層學生（i）的結果變項是在第二層班級（j）單位與第三層學校（k）單位之內。結果變項為第一層，可能有一個或其他解釋變項，X_{1ijk}, X_{2ijk}……，與其他變數。而三個層次的完整模式如下所示。

第一層模型（學生層次、又稱班級之內）

$$Y_{ijk} = \beta_{0jk} + \beta_{1jk} X_{1jk} + \cdots\cdots + \beta_{ijk} X_{ijk} + e_{ijk}$$

Y_{ijk}：在學校 k 班級 j 學生 i 的學業表現

β_{0jk}：（第一層截距）在學校 k 的班級 j 的截距

X_{ijk}：預測學業表現變異的學生特徵變數（這些變數可能是未平減、團體平均數平減、或整體平均數平減）

β_{ijk}：（第一層斜率）第一層迴歸係數指出每個預測變數之間的關聯強度與方向 X，以及在班級 jk 的學業表現（每個預測變數對班級 jk 的學業表現）

e_{ijk}：（第一層誤差項）預測學業表現，學生 ijk 的學業表現的誤差

第二層模型（班級層次，又稱學校之內）

$$（截距模型）\ \beta_{0jk} = W_{00k} + W_{01k}X_{qjk}\cdots W_{0qk}X_{qjk} + r_{0jk}$$
$$（斜率模型）\ \beta_{1jk} = W_{p0k} + W_{1qk}X_{qjk}\cdots W_{1qk}X_{qjk} + r_{1jk}$$

W_{00k} 或 W_{p0k}：（第二層截距）每個模型 k 組織的截距

X_{qjk}：預測第一層截距與斜率變化的部門特徵變數

W_{0qk} 或 W_{1qk}：（第二層斜率）每個預測變數之間 X_q 的關聯強度與方向的第二層迴歸係數，以及第一層的截距或斜率

r_{0jk} 或 r_{1jk}：（第二層誤差項）從預測值的斜率或者班級 jk 截距的誤差

第三層模型（學校層次，又稱學校之間）

$$\beta_{00k} = \gamma_{000} + \cdots + \gamma_{00s} W_{sk} + u_{00k} \beta_{0qk} + u_{00k}$$

$$\beta_{p0k} = \gamma_{p00} + \cdots + \gamma_{p0s} W_{sk} + u_{p0k} \beta_{p0k} + u_{P0k}$$

γ_{000}：（第三層截距）每個模型的截距

W_{sk}：預測第二層截距與斜率變異的組織特徵變數

γ_{00s}：（第三層斜率）每個預測變數之間的方向與關聯強度的迴歸係數 W_s 與第二層截距或斜率

u_{00k}：（第三層誤差項）從預測值學校 k 的截距或者斜率的誤差項

二、HLM 讀取 SPSS 的資料檔

當完成高層次變項的整合後，接著要讓 HLM 讀取 SPSS 二個層次的資料檔，其步驟如下。

步驟一：開啓檔案

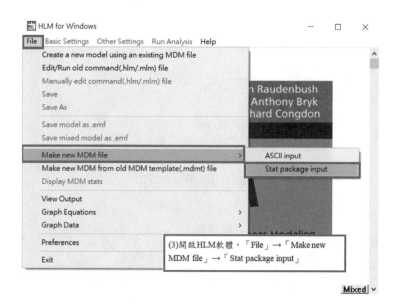

步驟二：選取 HLM 的類型

在 HLM 中，可以進行二層次、三層次的分析，在此先從較簡單的二層次分析開始進行。

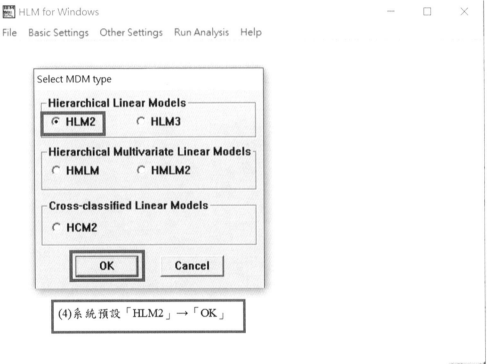

(4)系統預設「HLM2」→「OK」

步驟三：選取層次一及層次二變數

Make MDM - HLM2

MDM template file
File Name:

[Open mdmt file] [Save mdmt file] [Edit mdmt file]

MDM File Name (use .mdm suffix)
[   ]

Input File Type [SPSS/Windows ▼]

Nesting of input data
(•) persons within groups   ( ) measures within persons

Level-1 Specification
[Browse] Level-1 File Name: [Choose Variables]

Missing Data?   ┌ Delete missing data when:
(•) No ( ) Yes   ( ) making mdm   ( ) running analyses

Level-2 Specification
[Browse] Level-2 File Name: [Choose Variables]

[(5)分別選擇Level 1 與Level 2之SPSS檔案] [Check Stats]   [Done]

Make MDM - HLM2

MDM template file
File Name:

[Open mdmt file] [Save mdmt file] [Edit mdmt file]

MDM File Name (use .mdm suffix)
[   ]

Input File Type [SPSS/Windows ▼]

Nesting of input data
(•) persons within groups   ( ) measures within persons

Level-1 Specification
[Browse] Level-1 File Name: D:\L1.sav   [Choose Variables]

Missing Data?   ┌ Delete missing data when:
(•) No ( ) Yes   ( ) making mdm   ( ) running analyses

Level-2 Specification
[Browse] Level-2 File Name: D:\L2.SAV   [Choose Variables]

[Make MDM]   [Check Stats]   [(6)分別選擇Level 1 與Level 2所需之變項]

　　要注意的是，層次一以及層次二資料檔用來配對的變項名稱稱為 ID，須勾選 ID，其餘的變項類型為 in MDM

Choose variables - HLM2

SCHOOL	☑ ID ☐ in MDM	創造力技	☐ ID ☑ in MDM
TID	☐ ID ☐ in MDM	Y1互動討	☐ ID ☑ in MDM
性別	☐ ID ☐ in MDM	Y2心胸開	☐ ID ☑ in MDM
年齡	☐ ID ☐ in MDM	Y3問題解	☐ ID ☑ in MDM
教育背景	☐ ID ☐ in MDM	Y4多元教	☐ ID ☑ in MDM
任教年資	☐ ID ☐ in MDM	Y5自主學	☐ ID ☑ in MDM
目前擔任	☐ ID ☐ in MDM	X11正向	☐ ID ☐ in MDM
學校班級	☐ ID ☐ in MDM	X12負向	☐ ID ☐ in MDM
班級人數	☐ ID ☐ in MDM	X13抗壓	☐ ID ☐ in MDM
研習經驗	☐ ID ☐ in MDM	X21樂於	☐ ID ☐ in MDM
研習意願	☐ ID ☐ in MDM	X22輕鬆	☐ ID ☐ in MDM
創造力意	☐ ID ☑ in MDM	X23幽默	☐ ID ☐ in MDM

Page 1 of 2　◀ | ▶　OK　Cancel

Choose variables - HLM2

SCHOOL	☑ ID ☐ in MDM		☐ ID ☐ in MDM
學校支持	☐ ID ☑ in MDM		☐ ID ☐ in MDM
組織理念	☐ ID ☑ in MDM		☐ ID ☐ in MDM
工作方式	☐ ID ☑ in MDM		☐ ID ☐ in MDM
資源提供	☐ ID ☑ in MDM		☐ ID ☐ in MDM
國際運作	☐ ID ☑ in MDM		☐ ID ☐ in MDM
領導效能	☐ ID ☑ in MDM		☐ ID ☐ in MDM
學習成長	☐ ID ☑ in MDM		☐ ID ☐ in MDM
環境氣氛	☐ ID ☑ in MDM		☐ ID ☐ in MDM
	☐ ID ☐ in MDM		☐ ID ☐ in MDM
	☐ ID ☐ in MDM		☐ ID ☐ in MDM
	☐ ID ☐ in MDM		☐ ID ☐ in MDM

Page 1 of 1　◀ | ▶　OK　Cancel

(7)分別選擇Level 1 與Level 2所需之資料變數，兩個檔案中共同變項SCHOOL勾選為「ID」，其餘所需變項則選為「in MDM」

步驟四：儲存檔案

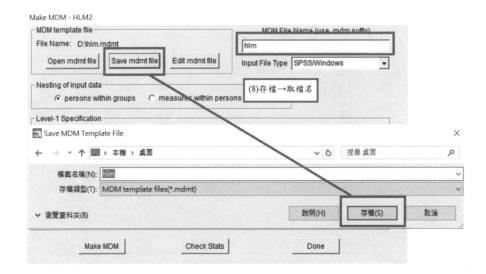

步驟五：執行 MDM 檔

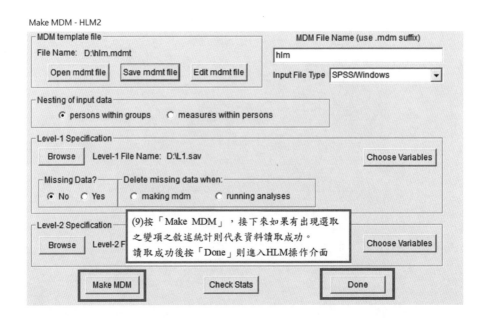

■ C:\Program Files\HLM6\HLM2.EXE　— □ ×

```
LEVEL-1 DESCRIPTIVE STATISTICS

VARIABLE NAME          N      MEAN      SD    MINIMUM   MAXIMUM
會晤力友意             551     4.98     0.58     1.00      6.00
會晤力技討             551     4.76     0.62     2.29      6.00
Y1互動討               551     4.47     0.74     1.00      6.00
Y2心調開               551     5.00     0.67     3.00      6.00
Y3問題解辨             551     4.75     0.62     3.20      6.00
Y4劣元考教             551     4.58     0.67     2.33      6.00
Y5自主學               551     4.37     0.67     1.67      6.00


LEVEL-2 DESCRIPTIVE STATISTICS

VARIABLE NAME          N      MEAN      SD    MINIMUM   MAXIMUM
組織省念                70     3.97     0.29     3.04      4.52
下作方式                70     4.27     0.29     3.56      5.00
資源提供                70     4.11     0.31     3.53      4.89
團隊運作                70     4.35     0.28     3.55      4.94
領導效能                70     4.32     0.52     2.85      5.22
學習成長                70     4.37     0.37     3.52      5.19
環境氣氛                70     4.39     0.32     3.67      5.10

551 level-1 records have been processed
70 level-2 records have been processed
```

(10)按「Make MDM」，若資料讀取成功，則會出現如圖示之選取變項之敘述統計資料，如失敗則會有失敗原因文字。

步驟六：確認檔案執行完畢

至此畫面，表示研究者已經成功將 SPSS 的資料檔讀取進 HLM 可以看到，在畫面中可以看到若干的文字亂碼出現，這是因為軟體相容性的問題，所以建議讀者在命名時還是盡量以英文為主。至第四章，將開始進行 HLM 的二層次分析。

二層次模型的資料分析

在這一章，將介紹結果變項爲連續變項的多層次模型基本操作程序與解釋。我們以學校、教師與學生的關係作爲檢驗多層次效果的系絡，學校系統提供一個層級結構巢套關係的明顯例子，學生巢套在教室之內，教室巢套在學校之內，學校巢套在學區之內。在這樣巢套效果當中，學生的行爲、態度與價值是相連的，導致觀察值的獨立性損失，嚴重違反大多數有母數統計分析的關鍵假設（Goldstein, 2003; Hox, 2010; Kreft & de Leeuw, 1998; Raudenbush & Bryk, 2002; Snijders & Bosker, 1999）。因此，透過多層次分析可以更了解這樣的巢套效果。學校效果如同組織效果，在以下的推論與操作程序，可以類推適用其他組織或系絡的巢套研究上。

壹、階層線性模式標準運作方式

以操作二層次的多層次分析模型爲例，首先寫出第一層的迴歸等式，讓在迴歸等式的變數隨著第二層分析單位變化，並使用第二層變數來解釋第一層變數的變異。透過這樣的方式，允許檢驗層次之間（between-levels）與層次之內（within-levels）的主要效果與交互作用效果。

以二層次模式的分析爲例，在驗證步驟上，HLM 分析共須檢驗四個步驟，分別爲虛無模式、隨機參數迴歸模式、截距預測模式以及斜率預測模式，每一步驟的驗證條件如表 4-1 所示。

表 4-1　HLM 分析檢驗步驟

假設型式
1. 層次一之自變項對依變項產生直接效果
2. 層次二之調節變項對依變項產生直接效果
3. 層次二之調節變項在自變項對依變項的關係中的調節效果

驗證條件
條件一：依變項的群間與群內變異成分必須存在
條件二：層次一之截距必須存在變異
條件三：層次一之斜率必須存在變異
條件四：層次一之截距的變異成分可由層次二的變數所解釋
條件五：層次一之斜率的變異成分可由層次二的變數所解釋

一、隨機效果 ANOVA 模型（虛無模式）

　　一個簡單的隨機效果 ANOVA 模型（intercept-only model）僅將結果變項放入模型中，但是在第一個與第二個層次並沒有任何解釋變項或控制變項放入模型，所以又稱為空模型。

（一）第一層模型（團體之內）

$$Y_{ij} = \beta_{0j} + r_{ij}$$
結果變項　　截距（結果的平均數）　　第一層誤差　　　　　（公式 4.1）

（二）第二層模型（團體之間）

$$\beta_{0j} = \gamma_{00} + u_{0j}$$
截距　　結果的整體平均數　　第二層誤差　　　　　（公式 4.2）

（三）模型整合（混合模式，mixed model）

$$Y_{ij} = \gamma_{00} + \mu_{0j} + r_{ij}$$
結果變項　　結果的整體平均數　　第二層誤差　　第一層誤差　　　　　（公式 4.3）

（四）一般的 ANOVA 模型

$$Y_{ij} = \mu + \alpha + \varepsilon_{ij}$$

結果變項　　　整體平均數　　團體效果　　團體之內誤差　　　（公式 4.4）

在隨機效果 ANOVA 模型提供下列的資訊：1. 整體平均數的信賴區間。2. 結果變異的資訊：σ^2 為團體之內的變異（第一層誤差的變異）。τ_{00} 為團體之內的變異（第二層誤差的變異）。3. 組內相關係數（intraclass correlation, ρ）。

1. 團體之內的變異（within the group level units）$= \sigma^2 / (\tau_{00} + \sigma^2)$　　　（公式 4.5）
2. 團體之間的變異（between the group level units）$= \tau_{00} / (\tau_{00} + \sigma^2)$　　（公式 4.6）

步驟一總結：檢驗虛無模式（null model）、初始模型、零模型

在執行 HLM 的步驟一為檢驗虛無模式（null model），其目的為達到以下三點：

1. 主要是檢視資料中是否存在群內一致性（consistency within group）及群間的變異（variances between group），分別稱之為「群內變異成分」（within group components）及「群間變異成分」（between group components, τ_{00}）兩者，並且群間變異成分顯著不為 0。
2. 表示達到依變項必須存在群內與群間變異的準則。
3. 當虛無模式得到驗證時，研究者必須驗證在層次一中的迴歸式斜率與截距是否存在。

二、隨機係數迴歸模式

隨機係數迴歸模式（random coefficients regression models）僅放入第一層（個體層）的變數。

（一）第一層模型（團體之內模型）

結果變項 Y，隨著在團體之內的個體隨機變異，而這個變異是受到一個或者多個解釋變項所預測。

$$Y_{ij} = \beta_{0j} + \beta_{1j}(X_{ij} - X_j) + r_{ij} \qquad （公式 4.7）$$

X_j：平減的平均數（可分為組平減及總平減兩種）

Y_{ij}：在團體 j 中個體 i 的結果變項

X_{ij}：在團體 j 中個體 i 的預測變數

β_{0j}：（第一層截距）在團體 j 結果變項的平均

β_{1j}：（第一層斜率）每增加一個單位解釋變項，預期結果變項的變化

r_{ij}：在團體 j 的個體 i 的獨特效果

（二）第二層模型（團體之間模型）

截距與斜率隨機隨著團體而變化，但卻沒有企圖要預測這樣的變化。

$$\beta_{0j} = \gamma_{00} + \mu_{0j}$$
$$\beta_{1j} = \gamma_{10} + \mu_{1j} \qquad （公式 4.8）$$

γ_{00}：團體之內的平均截距

γ_{10}：團體之內的平均斜率

u_{0j}：團體 j 在第一層截距的獨特效果

u_{1j}：團體 j 在第一層斜率的獨特效果

（三）混合模型為

$$Y_{ij} = \gamma_{00} + \gamma_{10}(X_{ij} - X_j) + u_{oj} + u_{1j}(X_{ij} - X_j) + \gamma_{ij} \qquad （公式 4.9）$$

第一層與第二層的變異數與共變異數成分：

1. **第一層模型：條件化第一層模型**（conditional level 1 model）

   $Var(r_{ij})$：解釋變項決定結果變項的變異

2. **第二層模型：非條件化的第二層模型**（unconditional level 2 model）

   $Var(u_{0j}) = \tau_{00}$：第一層截距的非條件變異

   $Var(u_{1j}) = \tau_{11}$：第一層斜率的非條件變異

   $Cov(u_{0j}, u_{1j}) = \tau_{01}$：第一層截距與斜率的非條件共變異

在這個步驟及公式 4.7，4.9 中可以發現，當放入層次一的變項時，有一個平減（centering）的動作。在此先做簡要說明，以避免影響讀者閱讀時的順暢性。有關於平減議題的深入討論，將在這一章的最後面作補充說明。變數平減（centering variables）是在多層次分析研究中最常被使用的方法（例如：整體平均數平減、團體平均數平減），也是其他平減的方法（例如：中位數等）。對 X 進行平減的主要影響，是將截距轉換成 Y 的平均數，且其他參數（斜率與誤差）維持不變；也就是說，如果 X 未經平減，則截距所反映的是當 X = 0 時，Y 的數值，但是 X = 0，代表的是絕對零點或是 X 數值範圍包含 0，此時截距可解釋成 Y 的起始值（例如：成長模式），但如果 X 的範圍不包含 0，X 未平減時的截距則無實質意義，所以如果 X 的數值有包含 0，應該要進行平減。平減提供了結果變項（y）的期望值，當共變異相等於理論架構所要探究的數值（例如：研究問題想要探究全部現象，或者重視組織現象）。對固定斜率模型，改變獨立變項的測量尺度僅可以轉變截距在 Y 軸的值，但卻無法改變截距的變異，因爲斜率本身是固定的。然而，在隨機斜率下，當獨立自變項的衡量尺度改變時，則截距變異也會跟著改變（因爲迴歸斜率不再是固定的平行線）。採取何種平減的決定可能對模型來說是重要的，尤其是在預期的跨層次互動，研究者可以解釋團體之間斜率的變化（Heck & Thomas, 2008）。就多層次分析模型來說，一般有兩種平減方式：(1) 整體平均數平減 / 總平減（grand-mean centering）；(2) 團體平均數平減 / 組平減（group-mean centering）。

(1) 整體平均數平減／總平減（grand-mean centering）

整體平均數平減是個體在 X 的分數（等於整體樣本的平均數）與 Y 的期望值所產生的截距。整體平均數平減是適合的，當研究專注於團體層次模型，在調整爲群聚平均數（cluster mean）作爲每個群聚之內的個體間差異。整體平均數平減與原有平均數平減（raw mean centering）產生相同的模型；但是原有數值的截距是當 X 爲 0 時，Y 也是 0（0, 0）。某些未平減（uncentered）的解決方法在組織研究很少有實務上重要性（Kreft, de Leeuw, & Aiken, 1995），例如：如果學生的學習成就是以家庭所得來評估，若他沒有家庭收入的話，以此來評估學生的學習成就就變得沒有意義。因此，使用原來的分數提供了解決方法，當所有解釋變項爲 0 的時候，截距可以被詮釋爲學生的期望分數。所以，在很多例子，整體樣本平減是比未平減來得容易解釋。在某些狀況，整體平均數平減在技術上比未平減有較大優勢，因爲整體平均數平減傾向減少團體之間截距與斜率估計的相關性，因此可以減少多元共線性狀況（Heck & Thomas, 2008）。第一層變數的整體平均數平減（X_{ij}-X）被解釋爲在團體 j 的調整平均數（adjusted mean）有效將第二層單位在第一層的每個變數平減化，換言之，在個體之間差異做調整（Heck & Thomas, 2008）。

(2) 團體平均數平減／組平減（group-mean centering）

團體平均數平減適合在不同形式的研究問題。團體平均數平減是指當 X 等於團體平均數時，對個體的 Y 結果的期望值，這個期望值是模型的截距。團體平均數平減的特質之一是當一個變數表示爲從團體平均數的誤差，它跟團體層次變數是不相關的（Kreft & de Leeuw, 1998; Paccagnella, 2006）。這個型態的平減對研究是有用的，當研究重視團體成員之間天生就有所差異，跟將團體之內的個體視爲平等的作法是有所不同的（Heck & Thomas, 2008）。相對的，第一層變數的團體平均數平減（group-mean centering）（X_{ij}-X_j）可以被詮釋爲團體 j 的未調整平均數（unadjusted mean）。

平減的目的在提供截距有意義的解釋，尤其當解釋變項在等於 0 時，

是沒有意義的。通常來說，1. 第一層的平減：連續變項通常採取未平減（uncentering）、組平均數平減、總平均數平減；類別變項：未平減。2. 第二層的平減：連續變項通常採取未平減（uncentering）、總平均數平減；類別變項：未平減。但是必須注意的是，類別變項例如：男、女，也可以作平減、如果採用的是組平減，而指標為女生時，則這時表示的是樣本中男生的比例。假設有一個資料是學生受到學校的巢套；Y：學業成就；學生努力程度（團體平減）、學生性別（未平減）、第二層變數為學校提供學校資源（整體平減），就可以採用上述的平減建議方式。

> **步驟二總結：隨機係數迴歸模型的檢驗**
>
> 階層線性模式在研究上的主要應用，都涉及將層 1 的斜率設為在層 2 觀察單位之間的隨機變化，這類應用中最簡單的情況是隨機係數迴歸模型，隨機係數迴歸模型主要在檢查假設一，即個體層次 X 對 Y 的影響。
>
> $$Y_{ij} = \beta_{0j} + \beta_{1j}(X_{ij} - \overline{X}_{.j}) + r_{ij} \qquad \text{（層 1 模型）}$$
> $$\beta_{0j} = \gamma_{00} + u_{0j} \qquad \beta_{1j} = \gamma_{10} + u_{1j} \qquad \text{（層 2 模型）}$$
>
> 我們希望 $u_{0j}(\tau_{00})$ 和 $u_{1j}(\tau_{11})$ 達到顯著，表示每間學校的截距和斜率有所差異，可繼續進行截距預測模式和斜率預測模式的探討。
>
> 在隨機係數迴歸模型中，我們想知道每一組的平均截距和平均斜率為何、截距與斜率的變化程度有多大，以及截距與斜率間的相關關係。
>
> 在此步驟中，須處理以下三件工作來進行固定效果和隨機效果的變異數估計和假設考驗：
>
> 1. 固定效果：γ_{10} 若達到顯著，表示個體層次的自變項對其依變項有顯著的影響。
> 2. 隨機效果：我們希望 $u_{0j}(\tau_{00})$ 和 $u_{1j}(\tau_{11})$ 達到顯著，表示每個組織、部門的截距和斜率有所差異，可繼續進行截距預測模式和斜率預測模式的探討。

3.輔助統計量：信度估計與解釋變異數比例

信度指標（reliability $\hat{\beta}_0$ 和 $\hat{\beta}_1$）表示：若以學校爲例，平均而言，各學校截距與斜率估計的信度如何。截距的估計精確度取決於每所學校中的樣本規模；斜率估計的精確度既取決於學校中樣本規模的大小，又取決於該學校中自變項的差異程度。如果學校中學生的自變項具有同質性，會導致其斜率估計的精確度很差。

再者，透過兩個替代模型的 σ^2 估計值的比較，來建立一個層 1 變異數削減比例或「被解釋變異」的指標，亦即以個體層次的自變項預測依變項可解釋變異的百分比例是多少。

$$層次 1 可解釋之變異百分比 = \frac{\hat{\sigma}^2(隨機變異數分析) - \hat{\sigma}^2(SES)}{\hat{\sigma}^2(隨機變異數分析)}$$

三、以截距爲結果之模型

隨機係數迴歸模型可用來估計整個層 2 觀察單位的迴歸係數（包括截距和斜率）上的變化，下一步便是對此種變化建立模型。模型方程式爲：

$$Y_{ij} = \beta_{0j} + \beta_{1j}X_{ij} + \varepsilon_{ij}$$

個體層次的迴歸模式，誤差項假設爲：$\varepsilon_{ij} \overset{iid}{\sim} N(0, \sigma^2)$

總體層次的迴歸模式爲

$$\beta_{0j} = \gamma_{00} + \gamma_{01}Z_j + u_{0j} \quad \begin{pmatrix} u_{0j} \\ u_{1j} \end{pmatrix} \sim N\left(\begin{pmatrix} 0 \\ 0 \end{pmatrix} \begin{pmatrix} \tau_{00} & \tau_{01} \\ \tau_{10} & \tau_{11} \end{pmatrix} \right)$$
$$\beta_{1j} = \gamma_{10} + u_{1j}$$

在一些情況下，研究人員能十分成功地預測迴歸斜率 β_{ij} 的變化。實際上，研究人員可以發現，在控制了 W_j 之後，β_{1j} 的殘差變異數十分接近於 0。這種情況意味著，一旦控制了 W_j，斜率變異數就變得很小，甚至沒有變化，那就沒什

麼要解釋的了。爲了統計效度和計算穩定性，明智的作法是設 u_{1j} 值等於 0。這樣一來便消除了斜率的殘差變異數 τ_{11}，以及斜率與截距之間的殘差共變數 τ_{01}，用不著再將它們作爲參數來估計了。總而言之，階層線性模式可以包含多個層 1 預測變數，並且可以設定爲任何隨機變動的、非隨機變動的、固定的斜率組合。但是爲求謹愼，若發現隨機效果項並未達顯著水準，還是建議研究生進一步比較有隨機效果與無隨機效果兩個模式的概似比考驗，但在比較不同模式的適配度時，需要以 ML 法求得各模式的離異數。比較有無隨機效果的兩個模式離異數的差，這個差服從卡方分配，若考驗結果未達顯著（$p>.05$），則表示模式的簡化是合理的。

步驟三總結：以截距爲結果之模型

須處理以下三件事情：

1. 係數檢定：相應的虛無假設可寫爲：

$$H_0 : \gamma_{01} = 0$$

如果達到顯著，則表示層次二因素對於依變項產生直接影響。

2. 輔助統計量：計算層次二變項可解釋的比例。爲層 1 模型的每一隨機係數（截距和斜率）建立一個變異數削減比例的指標，或稱爲變異數解釋比例，此一指標對比的基準爲前面由隨機係數迴歸模型估計的變異數。

3. 進行變異數共變數成分檢驗：檢驗變異數共變數成分顯著性的另一種方法是比較兩個模型，一個模型包含所關心的變異數成分，而另一個較簡單的模型則令這些成分爲 0。如果簡單模型對資料的適配遠遠差於複雜模型，那麼有理由拒絕不能充分表達資料變化的簡單模型。但是，如果兩個模型沒有顯著差異，則簡單模型更好。

四、完整模型

完整模型是將第一層與第二層變數納入模型中分析,所以,第一層迴歸模式的依變項為個體層次的依變項,解釋變項為個體層次的解釋變項;第二層迴歸模式的依變項為第一層迴歸模式的迴歸係數,而解釋變項為總體層次的解釋變項。層次一的模式等同公式 4.7,而層次二的模型則如下:

$$\beta_{0j} = \gamma_{00} + \gamma_{01}W_j + \mu_{0j}$$
$$\beta_{1j} = \gamma_{10} + \gamma_{11}W_j + \mu_{1j} \qquad (公式\ 4.10)$$

γ_{00}:當團體的 W = 0 時,預測第一層的截距

γ_{01}:W 在第一層截距的效果

γ_{10}:當團體的 W = 0 時,預測第一層的斜率

γ_{11}:W 在第一層斜率的效果

u_{0j}:每個團體 j 的 W,在第一層截距的獨特效果

u_{1j}:每個團體 j 的 W,在第一層斜率的獨特效果

混合模型為

$$Y_{ij} = \gamma_{00} + \gamma_{01}W_j + \gamma_{10}(X_{ij} - X_j) + \gamma_{11}W_j(X_{ij} - X_j) + u_{oj} + u_{1j}(X_{ij} - X_j) + \gamma_{ij} \qquad (公式\ 4.11)$$

第一層與第二層的變異數與共變異數成分:

1. **第一層模型:條件化第一層模型**

   $Var(r_{ij})$:解釋變項決定結果變項的變異

2. **第二層模型:非條件化的第二層模型**

   $Var(u_{0j}) = \tau_{00}$:第一層截距的非條件變異

   $Var(u_{1j}) = \tau_{11}$:第一層斜率的非條件變異

   $Cov(u_{0j}, u_{1j}) = \tau_{01}$:第一層截距與斜率的非條件共變異

   須特別提出的是,公式 4.10 中的 W_j 不見得要相同的變項,可以以研究主題

的理論出發來決定不同的變項。而如果 W_j 不是新的總體變項，而是層次一中的 X_{ij} 的各組平均數，則此變項就稱爲脈絡變項，所以此模式也稱爲脈絡模型。

步驟四總結：完整模型的檢驗

須進行下分析：

1.固定效果分析

$$Level\ 1 \quad Y_{ij} = \beta_{0j} + \beta_{1j}X_{1ij} + \beta_{2j}X_{2ij} + r_{ij}$$
$$Level\ 2 \quad \beta_{0j} = \gamma_{00} + \gamma_{01}Z_{1j} + \gamma_{02}Z_{2j} + \gamma_{03}Z_{3j} + u_{0j}$$
$$\beta_{1j} = \gamma_{10} + \gamma_{11}W_{1j} + u_{1j}$$
$$\beta_{2j} = \gamma_{20} + \gamma_{21}G_{1j} + \gamma_{22}G_{2j} + u_{2j}$$

　準則：固定效果，有多少個 γ，就有多少個固定效果。

2.確認隨機效果

$$Level\ 1 \quad Y_{ij} = \beta_{0j} + \beta_{1j}X_{1ij} + \beta_{2j}X_{2ij} + r_{ij}$$
$$Level\ 2 \quad \beta_{0j} = \gamma_{00} + \gamma_{01}Z_{1j} + \gamma_{02}Z_{2j} + \gamma_{03}Z_{3j} + u_{0j}$$
$$\beta_{1j} = \gamma_{10} + \gamma_{11}W_{1j} + u_{1j}$$
$$\beta_{2j} = \gamma_{20} + \gamma_{21}G_{1j} + \gamma_{22}G_{2j} + u_{2j}$$

$$\begin{pmatrix} u_{0j} \\ u_{1j} \\ u_{2j} \end{pmatrix} \sim N\left(\begin{pmatrix} 0 \\ 0 \\ 0 \end{pmatrix} \begin{pmatrix} \tau_{00} & \tau_{01} & \tau_{02} \\ \tau_{10} & \tau_{11} & \tau_{12} \\ \tau_{20} & \tau_{21} & \tau_{22} \end{pmatrix} \right) \qquad r_{ij} \stackrel{iid}{\sim} N(0, \sigma^2)$$

3.進行調節效果的檢驗

$$Y_{ij} = \gamma_{00} + \gamma_{01}Z_{1j} + \gamma_{02}Z_{2j} + \gamma_{03}Z_{3j} + u_{0j} + \gamma_{10}X_{1ij} + \gamma_{11}W_{1j}X_{1ij} +$$
$$X_{1ij}u_{1j} + \gamma_{20}X_{2ij} + \gamma_{21}G_{1j}X_{2ij} + \gamma_{22}G_{2j}X_{2ij} + X_{2ij}u_{2j} + r_{ij}$$

準則：跨層級交互作用（cross-level interaction）？只要 γ 下標沒有 0 的就是。
　若 γ_{11}、γ_{21}、γ_{22} 顯著，則表示調節效果存在。

如果以較簡單的模型及研究架構圖相對應，則可知每一迴歸係數對應的假設，如下圖所示。

混合模型　$Y_{ij} = \gamma_{00} + \widehat{\gamma_{01}} Z_j + \widehat{\gamma_{10}} X_{ij} + \widehat{\gamma_{11}} Z_j X_{ij} + X_{ij} u_{1j} + u_{0j} + r_{ij}$

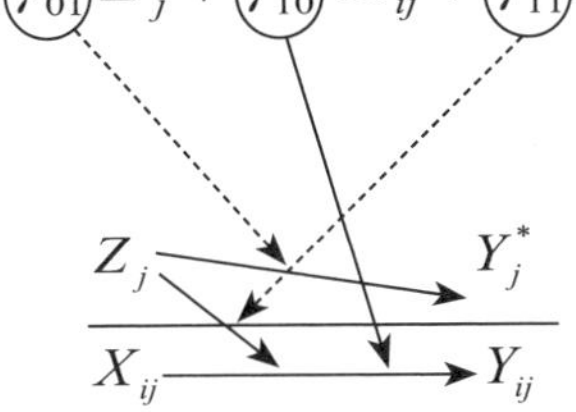

貳、二層次階層線性模式之次模型

以上介紹完二層次階層線性模式的標準分析步驟後，還有兩個重要的次模型須一併介紹給讀者。在隨機係數迴歸模型中的次模型，共有「平均數為結果的迴歸模型」以及「共變數分析模型」兩種。

一、平均數為結果的迴歸模型

與虛無模式不同之處：蒐集層次二變項來解釋層次一截距項的差異，所以與層次一同樣為虛無模式，模式相當於 ANOVA。平均數為結果的迴歸模型主要在檢定為何各組間的平均數有所差異，因此需要透過各組特徵來預測各組平均數。二層次的模型如下：

$$Y_{ij} = \beta_{oj} + r_{ij} \qquad \text{（層 1 模型）}$$
$$\beta_{oj} = \gamma_{00} + \gamma_{01} W_j + u_{0j} \qquad \text{（層 2 模型）}$$

將層 2 模型代入層 1 模型可得到混合模型（mixed model）如下：

$$Y_{ij} = \gamma_{00} + \gamma_{01} W_j + u_{0j} + r_{ij}$$

其中固定效果是 γ_{00} 和 γ_{01}，隨機效果是 u_{0j} 和 r_{ij}。值得注意的是，這裡的 u_{0j} 和 τ_{00} 的涵義與虛無模式中的不同。舉例來說，若 Y_{ij} 是學生成績，虛無模式中，隨機變數 u_{0j} 是學校平均成績相對於總平均數的離差，但在這裡表示的是殘差 $\beta_{0j} - \gamma_{00} - \gamma_{01}$（層次二變項）$_j$。相應地，變異數 τ_{00} 在這裡指的是殘差變異數，或稱爲條件變異數，是指在控制層次二變項之後學校層次上 β_{0j} 的變異數。進行固定效果和隨機效果的變異數估計和假設考驗中，固定效果 γ_{01} 若達到顯著，表示層次二變項可有效預測各學校間依變項的平均差異。

二、共變數分析模型（ANCOVA model）

$$Y_{ij} = \gamma_{00} + \gamma_{10}X_{ij} + u_{0j} + u_{1j}$$

在控制（或排除）影響依變項的解釋變項效果後，看這個調整後的依變項是否在各組間仍然是相等的，關心的是各組間的 Y 平均數是否仍相等，且這個 Y 是經過共變數調整的。所謂共變數分析模型，是想了解在控制共變數後，其他變數如何影響依變項，亦即控制共變數後的依變項平均數是否相等。若相等，表示所控制的共變數並不會顯著影響依變項。

完整模型中，將層 2 的係數 γ_{00}、γ_{01} 和隨機效果 u_{ij}（對所有的 j）設爲 0，並以層 1 中的一個預測變數作爲共變數（covariate）。對於每個層 2 的觀察單位，X_{ij} 的作用已經被設定爲相同的固定值。以下稱之爲具隨機效果的共變數分析模型。

Level 1 $\quad Y_{ij} = \beta_{0j} + \beta_{1j}X_{ij} + r_{ij} \qquad r_{ij} \overset{iid}{\sim} N(0, \sigma^2)$

Level 2 $\quad \beta_{0j} = \gamma_{00} + u_{0j} \qquad\qquad\quad u_{0j} \overset{iid}{\sim} N(0, \tau_{00})$

$\qquad\qquad \beta_{1j} = \gamma_{10}$

共變數的基本假設強迫斜率要一樣，不能變動，也就是同質性問題。若在層 2 模型 β_{1j} 中去除掉隨機效果 u_{ij}，表示各組織的斜率相同，在控制組織間自變項斜率差異的前提下，探討其他變項對依變項的影響。在共變數分析中，γ_{10} 爲 X_{ij}

對 Y_{ij} 的匯集（pooled）組內迴歸係數，每一個 β_{0j} 現在是層 2 各單位對其在 X_{ij} 上差別調整後的結果變項的平均數。另外，γ_{ij} 的變異數 σ^2 現在是經過層 1 的共變數 X_{ij} 調整後的殘差變異數。

參、實例分析與軟體操作

一、研究架構

　　本書所舉的例子旨在探討教師層次（五大人格特質）以及學校層次（學校創新氣氛）對教師創意教學表現（互動討論、心胸開放、問題解決、多元教學）的影響，研究架構如圖 4-1 所示。因為創意教學表現有四個構面，所以我們僅以互動討論作為例子說明，而其他三個構面可以留待讀者自行練習。再補充說明的是，因為在本例中為了讓讀者可以對應作者所發表的文章，所以在變項命名中標用中文，但是在 HLM 的分析畫面中就難免出現亂碼的現象，應多加留意。

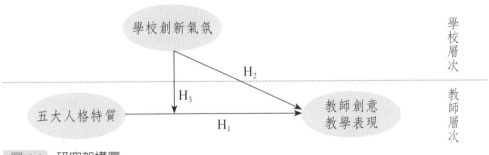

圖 4-1　研究架構圖

二、研究對象

　　Snijders 與 Bosker（1999）認為在一般的多層級研究中，最高層級的樣本數應不小於 30，所以本研究共選取 70 所國小，每所學校平均抽取 8 位數學教師（有

兼任導師者），總共發放出 560 份問卷，剔除廢卷及不合理之填答問卷後，共回收之有效樣本為 551 份，分布於 70 所國小。參與研究的 551 位教師當中，男性教師占 28.8%，女性教師占 71.2%；年齡以 40 到 49 歲居多（45.6%），其次為 30 到 39 歲（41.2%）。教育背景以研究所畢業最多（53.5%），其次為師大、師院或大學教育學系（29.3%）；任教年資以 11 到 15 年最多（26.1%），其次為 21 年以上（24.8%）；目前擔任職務以兼導師之專任教師占多數（42.4%），其次為組長及協助行政之教師（25.5%）。

三、分析結果與操作步驟

為驗證本研究各變項之間的關聯，進行 HLM 分析時，須逐次地檢驗以下四個不同模式，分別是虛無模式、隨機係數迴歸模式、截距預測模式、斜率預測模式，依次說明如下。

（一）虛無模式

虛無模式的分析模式如下：

Level 1：互動討論 $_{ij} = \beta_{0j} + \gamma_{ij}$

Level 2：$\beta_{0j} = \gamma_{00} + U_{0j}$

本研究發現互動討論的群間變異成分顯著地異於 0（$\chi^2 = 114.172$，df $= 69$，$p = 0.001$），而群內變異成分值則為 0.502。由以上分析結果可知，互動討論有 7.54% 的變異存在於不同學校之間（ICC1 $= \dfrac{0.04103}{0.04103 + 0.50258} = 0.0754$），且都達到顯著異於 0 的顯著水準，顯示創意教學中的互動討論存在於群內與群間變異；也就是說，不同學校間教師的平均互動討論表現有顯著差異。此外，樣本平均值的信度為 0.39，而 HLM 的操作步驟如下，須留意以下畫面中，部分變項名稱出現亂碼，這是因為軟體相容性的問題，因此建議讀者在變項名稱的命名上盡量以英文為主。

步驟一：選擇依變項

將要作為依變項(Y)點選後選擇「Outcome variable」。

步驟二：跑虛無模式的分析結果

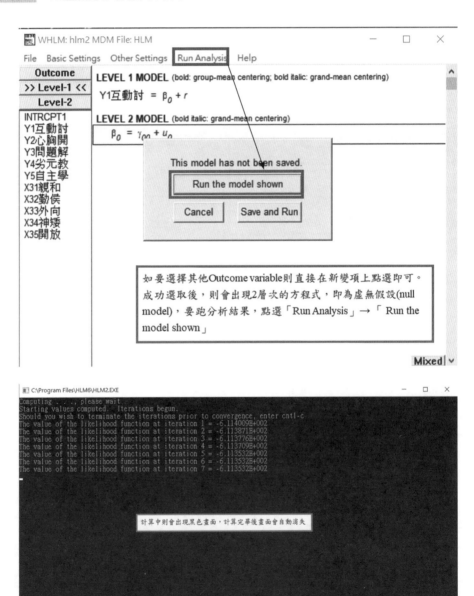

步驟三：點選結果檔案

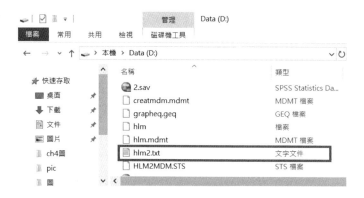

黑色畫面消失後，就到一開始選取檔案儲存位置中找「hlm2.txt」的文字檔。
注意：只要每按一次「Run the model shown」會覆蓋原先的結果內容，需留意且另存新檔。

如果找不到結果檔案或者欲修改結果輸出路徑，可點選「Outcome」會出現視窗可修改或查找路徑、檔案名稱等項目。

hlm2.txt - 記事本

檔案(F) 編輯(E) 格式(O) 檢視(V) 說明

```
         INTRCPT2, G30      0.307355   0.076477    4.019       69
For  X34神矮  slope, B4
         INTRCPT2, G40      0.182663   0.062883    2.905       69
For  X35開放  slope, B5
         INTRCPT2, G50      0.264541   0.084161    3.143       69
```

方框內即為虛無模式的報表結果
因記事本顯示之原因
B0 應是 β_{0j}
G00 為 γ_{00}
U0 為 $u_{0j} = \tau_{00} =$ 組間/群間
R 為 $r_{ij} =$ 組內/群內

The outcome variable is Y1互動討

Final estimation of fixed effects
(with robust standard errors)

Fixed Effect		Coefficient	Standard Error	T-ratio	Approx. d.f.	P-value
For	INTRCPT1, B0					
	INTRCPT2, G00	4.459905	0.039185	113.816	69	0.000
For X31親和 slope, B1						
	INTRCPT2, G10	0.144428	0.074252	1.945	69	0.055
For X32勤侯 slope, B2						
	INTRCPT2, G20	0.149203	0.075712	1.971	69	0.052
For X33外向 slope, B3						
	INTRCPT2, G30	0.307355	0.072943	4.214	69	0.000
For X34神矮 slope, B4						
	INTRCPT2, G40	0.182663	0.060545	3.017	69	0.004
For X35開放 slope, B5						
	INTRCPT2, G50	0.264541	0.082856	3.193	69	0.003

Final estimation of variance components:

Random Effect		Standard Deviation	Variance Component	df	Chi-square	P-value
INTRCPT1,	U0	0.27240	0.07420	61	190.75082	0.000
X31親和 slope,	U1	0.12365	0.01529	61	67.82727	0.256
X32勤侯 slope,	U2	0.18503	0.03424	61	73.06592	0.139
X33外向 slope,	U3	0.32167	0.10347	61	90.58682	0.008
X34神矮 slope,	U4	0.25359	0.06431	61	94.04447	0.004
X35開放 slope,	U5	0.40430	0.16346	61	59.76912	>.500
level-1,	R	0.51484	0.26506			

	隨機係數模式		
固定效果	γ 係數	S.E.	P
γ_{00}	4.45	0.03	.000*
γ_{10}	0.14	0.07	.055
γ_{20}	0.14	0.07	.052
γ_{30}	0.30	0.07	.000*
γ_{40}	0.18	0.06	.004*
γ_{50}	0.26	0.08	.003*
	隨機效果		
變異量成分	χ^2		p
r_{ij}	0.26		
u_{1j}	0.01	67.82	.256
u_{2j}	0.03	73.06	.139
u_{3j}	0.10	90.58	.008*
u_{4j}	0.06	94.04	.004*
u_{5j}	0.16	59.76	>.500
u_{0j}	0.07	190.75	.000*

（二）隨機係數迴歸模式

互動討論的分析模式如下：

Level 1：互動討論 $_{ij} = \beta_{0j} + \beta_{1j}$（親和性 $_{ij}$）$+ \beta_{2j}$（正直性 $_{ij}$）$+ \beta_{3j}$（外向性 $_{ij}$）$+ \beta_{4j}$（神經質 $_{ij}$）$+ \beta_{5j}$（開放性 $_{ij}$）$+ \gamma_{ij}$

Level 2：$\beta_{0j} = \gamma_{00} + U_{0j}$

$\beta_{1j} = \gamma_{10} + U_{1j}$

$$\beta_{2j} = \gamma_{20} + U_{2j}$$
$$\beta_{3j} = \gamma_{30} + U_{3j}$$
$$\beta_{4j} = \gamma_{40} + U_{4j}$$
$$\beta_{5j} = \gamma_{50} + U_{5j}$$

在上述方程式中，γ_{10}、γ_{20}、γ_{30}、γ_{40}、γ_{50} 分別代表層次一的自變項與依變項關係的估計參數。若其達到顯著水準，則代表其與依變項之間有顯著的影響關係（即 β_{1j}、β_{2j}、β_{3j}、β_{4j}、β_{5j} 存在）。由分析結果中顯示，γ_{30}、γ_{40} 與 γ_{50} 達顯著水準（γ_{30} = .30，se = .07，T-ratio = 4.21，p = .000；γ_{40} = .18，se = .06，T-ratio = 3.01，p = .004；γ_{50} = .26，se = .08，T-ratio = 3.19，p = .003），表示層次一之外向性、神經質及開放性對互動討論有顯著的正向影響效果。進一步經由計算，層次一變數群對互動討論的解釋量 R^2 為 47.26%（$\frac{0.50258 - 0.26506}{0.50258} = 0.4726$）。

除針對 γ_{10}、γ_{20}、γ_{30}、γ_{40}、γ_{50} 的參數值驗證之外，亦可藉由 τ_{00}、τ_{11}、τ_{22}、τ_{33}、τ_{44}、τ_{55} 的顯著性判斷層次一之截距、斜率是否存在變異。本研究發現，截距項的變異成分顯著存在（χ^2 = 190.75，df = 61，p = .000），外向性與神經質的斜率項變異成分達顯著水準（χ^2 = 90.58，df = 61，p = .008；χ^2 = 94.04，df = 61，p = .004）。因此，在不同群組間確實存在不同的截距，表示層次二變項的學校創新氣氛對教師創意教學中的系絡直接效果可能存在。同樣地，學校創新氣氛對人格特質（外向性、神經質）與教師創意教學中互動討論的關係間可能存在脈絡調節效果。因為在此步驟中可以發現，親和性、正直性以及開放性的斜率項變異成分未達到顯著水準，表示研究者可以應用概似比考驗比較有無隨機效果的兩個模型，若比較後發現沒有顯著差異，則表示此三個變項的隨機效果可以移除。而本書為了完整介紹操作步驟，因此先留著這三個隨機效果。

步驟四：將自變項加入方程式

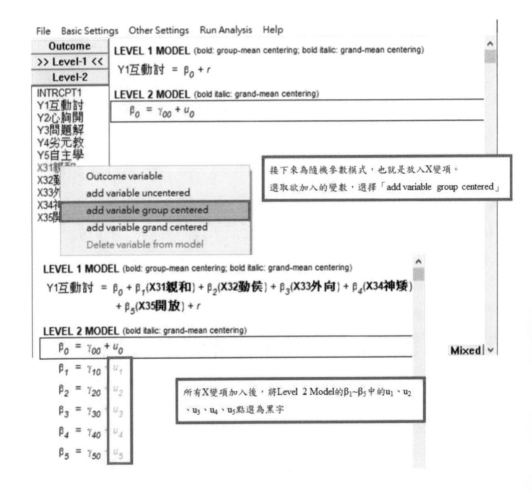

步驟五：跑分析結果

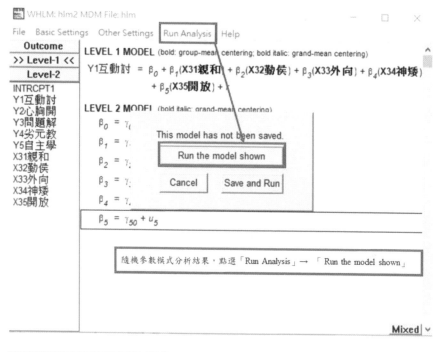

隨機參數模式分析結果，點選「Run Analysis」→「Run the model shown」

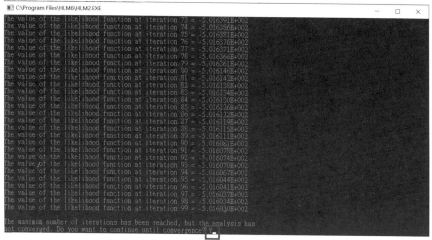

計算中則會出現黑色畫面，如資料量較大，則會出現詢問的視窗，
輸入Y並按Enter即會繼續計算，計算完成後畫面會自動消失。
再來同前所述，到原先儲存路徑中找「hlm2.txt」的文字檔。

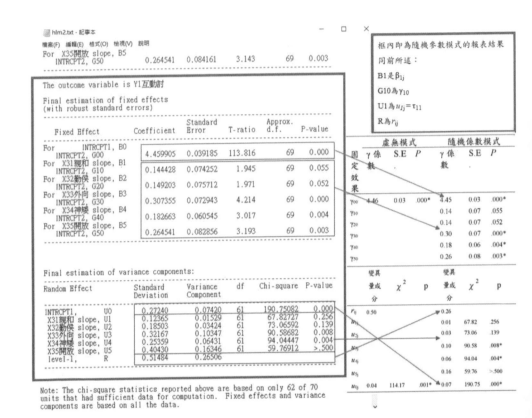

（三）截距預測模式

本研究進一步驗證截距項的存在是否可由層次二變數（即學校創新氣氛：組織理念、工作方式、資源提供、團隊運作、領導效能、學習成長、環境氣氛）加以解釋，以驗證 H_2 的成立與否。分析模式如下：

Level 1：互動討論 $_{ij} = \beta_{0j} + \beta_{1j}$（親和性 $_{ij}$）$+ \beta_{2j}$（正直性 $_{ij}$）$+ \beta_{3j}$（外向性 $_{ij}$）$+ \beta_{4j}$（神經質 $_{ij}$）$+ \beta_{5j}$（開放性 $_{ij}$）$+ \gamma_{ij}$

Level 2：$\beta_{0j} = \gamma_{00} + \gamma_{01}$（組織理念 $_j$）$+ \gamma_{02}$（工作方式 $_j$）$+ \gamma_{03}$（資源提供 $_j$）$+ \gamma_{04}$（團隊運作 $_j$）$+ \gamma_{05}$（領導效能 $_j$）$+ \gamma_{06}$（學習成長 $_j$）$+ \gamma_{07}$（環境氣氛 $_j$）$+ U_{0j}$

$$\beta_{1j} = \gamma_{10} + U_{1j}$$
$$\beta_{2j} = \gamma_{20} + U_{2j}$$
$$\beta_{3j} = \gamma_{30} + U_{3j}$$
$$\beta_{4j} = \gamma_{40} + U_{4j}$$
$$\beta_{5j} = \gamma_{50} + U_{5j}$$

　　分析結果如表 4-2 中之截距預測模式。結果顯示 γ_{02}、γ_{04}、γ_{05} 達顯著水準（γ_{02} = .39，se = .16，T-ratio = 2.36，p = .021；γ_{04} = .50，se = .18，T-ratio = 2.65，p = .010；γ_{05} = -.30，se = .11，T-ratio = -2.68，p = .010），顯示學校創新氣氛中有工作方式、團隊運作與領導效能會影響教師創意教學的展現，而組織領導、資源提供、學習成長、環境氣氛則無影響。進一步觀察變異成分的結果，相對應的變異成分值仍達顯著（χ^2 = 104.48，df = 54，p = .000），這一個結果顯示仍有其他層次二的變數未被本研究所考量。綜合上述結果可知，學校創新氣氛中有工作方式、團隊運作與領導效能會影響教師創意教學的展現（即系絡直接效果存在於工作方式、團隊運作與領導效能）。而由於層次二的變異成分仍然顯著地存在，表示仍有其他層次二的變數影響著創造力的高低，因此研究者仍須進一步地尋找可能的影響因素。

步驟六：選擇 Level 2 的變項至 β_0 的方程式

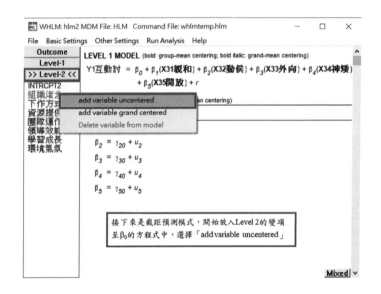

步驟七：跑分析結果

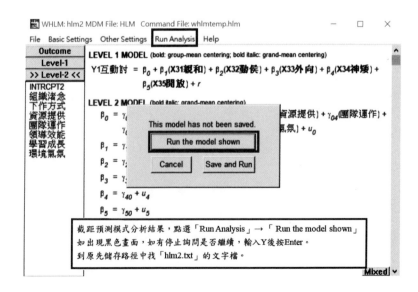

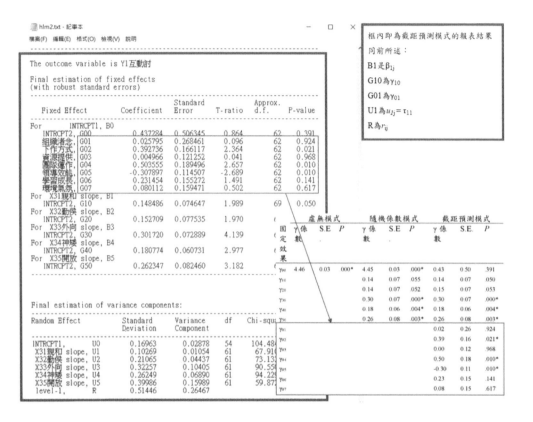

（四）斜率預測模式

　　由於從隨機係數迴歸模式中得知不同群體間的斜率存在著顯著差異，因此，本研究必須進一步分析，此斜率的變異成分可否由層次二的變項所解釋。但是在步驟二的時候發現，斜率預測效果僅可能存在於外向性及神經質，因此研究者也是可以應用概似比考驗比較層次二變項是否要置入斜率預測模式中，但是本書為了完整介紹，因此先置入此一步驟，以檢驗 H_3 的成立與否。是故，分析模式如下：

Level 1：互動討論 $_{ij} = \beta_{0j} + \beta_{1j}$（親和性 $_{ij}$）$+ \beta_{2j}$（正直性 $_{ij}$）$+ \beta_{3j}$（外向性 $_{ij}$）$+ \beta_{4j}$（神經質 $_{ij}$）$+ \beta_{5j}$（開放性 $_{ij}$）$+ \gamma_{ij}$

Level 2：$\beta_{0j} = \gamma_{00} + \gamma_{01}$（組織理念$_j$）$+ \gamma_{02}$（工作方式$_j$）$+ \gamma_{03}$（資源提供$_j$）$+ \gamma_{04}$（團隊運作$_j$）$+ \gamma_{05}$（領導效能$_j$）$+ \gamma_{06}$（學習成長$_j$）$+ \gamma_{07}$（環境氣氛$_j$）$+ U_{0j}$

$\beta_{1j} = \gamma_{10} + \gamma_{11}$（組織理念$_j$）$+ \gamma_{12}$（工作方式$_j$）$+ \gamma_{13}$（資源提供$_j$）$+ \gamma_{14}$（團隊運作$_j$）$+ \gamma_{15}$（領導效能$_j$）$+ \gamma_{16}$（學習成長$_j$）$+ \gamma_{17}$（環境氣氛$_j$）$+ U_{1j}$

$\beta_{2j} = \gamma_{20} + \gamma_{21}$（組織理念$_j$）$+ \gamma_{22}$（工作方式$_j$）$+ \gamma_{23}$（資源提供$_j$）$+ \gamma_{24}$（團隊運作$_j$）$+ \gamma_{25}$（領導效能$_j$）$+ \gamma_{26}$（學習成長$_j$）$+ \gamma_{27}$（環境氣氛$_j$）$+ U_{2j}$

$\beta_{3j} = \gamma_{30} + \gamma_{31}$（組織理念$_j$）$+ \gamma_{32}$（工作方式$_j$）$+ \gamma_{33}$（資源提供$_j$）$+ \gamma_{34}$（團隊運作$_j$）$+ \gamma_{35}$（領導效能$_j$）$+ \gamma_{36}$（學習成長$_j$）$+ \gamma_{37}$（環境氣氛$_j$）$+ U_{3j}$

$\beta_{4j} = \gamma_{40} + \gamma_{41}$（組織理念$_j$）$+ \gamma_{42}$（工作方式$_j$）$+ \gamma_{43}$（資源提供$_j$）$+ \gamma_{44}$（團隊運作$_j$）$+ \gamma_{45}$（領導效能$_j$）$+ \gamma_{46}$（學習成長$_j$）$+ \gamma_{47}$（環境氣氛$_j$）$+ U_{4j}$

$\beta_{5j} = \gamma_{50} + \gamma_{51}$（組織理念$_j$）$+ \gamma_{52}$（工作方式$_j$）$+ \gamma_{53}$（資源提供$_j$）$+ \gamma_{54}$（團隊運作$_j$）$+ \gamma_{55}$（領導效能$_j$）$+ \gamma_{56}$（學習成長$_j$）$+ \gamma_{57}$（環境氣氛$_j$）$+ U_{5j}$

　　分析結果如表 4-2 中之斜率預測模式部分。其中以人格特質中的開放性來說明，本研究發現，開放性與工作方式交互作用的係數達顯著水準（$\gamma_{52} = 1.17$，se $= .50$，T-ratio $= 2.318$，$df = 62$，$p = 0.024$）；開放性與團隊運作交互作用的係數亦達顯著水準（$\gamma_{54} = -1.57$，se $= .47$，T-ratio $= -3.298$，$df = 62$，$p = .002$），表示層次二的工作方式在開放性人格特質與互動討論間，以及團隊運作在開放性人格特質與互動討論間的關係中存在著調節效果（見圖 4-2、圖 4-3）。但必須注意的是，此調節效果是極為不同的。由圖 4-2 觀之，工作方式在開放性人格特質與互動討論間扮演正向調節效果，表示開放性人格特質高的教師在互動討論也會較

高（正向關係），而在高度強調工作方式的創新氣氛的學校中，這樣的助益效果更強。反觀圖 4-3，團隊運作卻具有負向調節效果，而這負向並非指處於高團隊運作的氣氛不利於或有害於開放性人格特質的教師之互動討論，而是指開放性人格特質對互動討論的影響力是正向的，但在學校氣氛具有高團隊運作的情況下，這個影響力較弱；在學校創新氣氛具有低團隊運作的情況下，這個影響力較強。換句話說，高開放性特質的高互動討論表現，若是在高度教師強調提升團隊運作的學校中，這樣的助益影響效果反而不如低團隊運作的學校；也就是說，若在學校氛圍強調高團隊運作的創意教學時，對於較高開放性特質的教師反而提升的效用不如預期，而對較低開放性特質的教師所提升的效果較強。

　　除此之外，觀察互動討論所對應的變異成分仍存在顯著水準（$\chi^2 = 102.29$，$df = 54$，$p = .000$），表示仍有其他變數具有調節效果，但未被本研究所發覺。再者，在本研究中可發現，截距的非條件變異數曾經是 0.074，而現在的殘差變異數則是 0.028，這意味著，平均創意教學（互動討論）的參數變異數中有 61.76%（$\frac{0.07420 - 0.02837}{0.07420} = 0.6176$）能夠用學校創新氣氛來解釋。相同地，外向性與學校創新氣氛、神經質與學校創新氣氛的斜率殘差變異數分別是 $\tau_{11} = 0.1$、0.06，此一值與非條件變異數值 0.1、0.06 比較，說明變異數削減比例微乎其微。也就是說，常在研究中發現，高層次變項的增加似乎增加不了太多的貢獻或解釋力，但這是相當合理的，因為在實務上，愈高層次的變項是愈疏離個人的。儘管如此，多層次模式仍然提供相當多有用的資訊，它能對於問題的了解有更全面、通盤的考量。

步驟八：加入 $\beta_1 \sim \beta_5$ 的 Level 2 變項

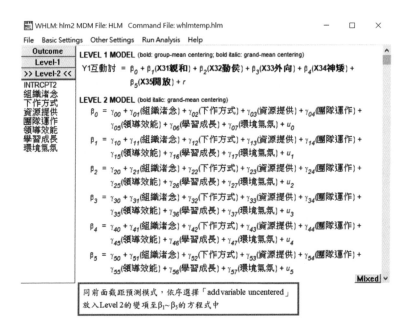

同前面截距預測模式，依序選擇「add variable uncentered」
放入 Level 2 的變項至 $\beta_1 \sim \beta_5$ 的方程式中

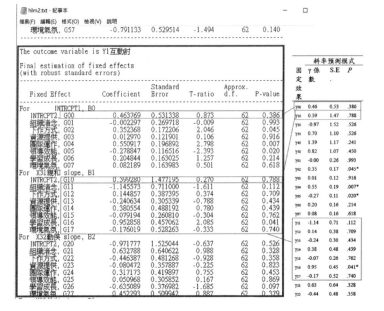

hlm2.txt - 記事本　　　　　　　　　　　　　　—　□　×

檔案(F)　編輯(E)　格式(O)　檢視(V)　說明

```
    環境氣氛, G37        -0.344116   0.488776   -0.704   62   0.484
For  X34神馳 slope, B4
    INTRCPT2, G40        1.395210    1.178081    1.184   62   0.241
    組織渚念, G41        -0.440294   0.532846   -0.826   62   0.412
    工作方式, G42         0.497308    0.318823    1.560   62   0.124
    資源提供, G43         0.235446    0.248810    0.946   62   0.348
    團隊運作, G44        -0.305982   0.448502   -0.682   62   0.497
    領專效能, G45         0.439764    0.238735    1.842   62   0.070
    學習成長, G46         0.245472    0.329387    0.745   62   0.459
    環境氣氛, G47        -0.957142   0.378354   -2.530   62   0.014
For  X35開放 slope, B5
    INTRCPT2, G50        0.820303    1.078489    0.761   62   0.450
    組織渚念, G51         0.475269    0.474605    1.001   62   0.321
    工作方式, G52         1.174149    0.506435    2.318   62   0.024
    資源提供, G53         0.060807    0.291452    0.209   62   0.836
    團隊運作, G54        -1.570367   0.476157   -3.298   62   0.002
    領專效能, G55        -0.291782   0.287205   -1.016   62   0.314
    學習成長, G56         0.888714    0.457258    1.944   62   0.056
    環境氣氛, G57        -0.791133   0.577333   -1.370   62   0.176
--------------------------------------------------------------------

Final estimation of variance components:
-----------------------------------------------------------------
Random Effect        Standard     Variance    df   Chi-square  P-value
                     Deviation    Component

INTRCPT1,    U0      0.16844      0.02837      54   102.29670   0.000
X31親和 slope U1     0.12386      0.01534      54    66.82483   0.113
X32勤侯 slope U2     0.24085      0.05801      54    74.20107   0.035
X33外向 slope U3     0.32445      0.10527      54    88.31605   0.002
X34神馳 slope U4     0.25033      0.06266      54    90.70797   0.002
X35開放 slope U5     0.30033      0.09020      54    54.34799   0.461
level-1,     R       0.51890      0.26926
```

Note: The chi-square statistics reported above are based on only 62 of 70
units that had sufficient data for computation. Fixed effects and variance
components are based on all the data.

Statistics for current covariance components model

Deviance   = 951.503034
Number of estimated parameters = 22

隨機效果

變異量成分	χ^2	p
r_{ij}　0.26		
u_{1j}　0.01	66.82	.113
u_{2j}　0.05	74.20	.035*
u_{3j}　0.10	88.31	.002*
u_{4j}　0.06	90.70	.002*
u_{5j}　0.09	54.34	.461
u_{0j}　0.02	102.29	.000*

表 4-2 分析結果彙整

固定效果	虛無模式			隨機係數模式			截距預測模式			斜率預測模式		
	γ 係數	S.E.	P	γ 係數	S.E.	P	γ 係數	S.E.	P	γ 係數	S.E.	P
γ_{00}	4.46	0.03	.000*	4.45	0.03	.000*	0.43	0.50	.391	0.46	0.53	.386
γ_{10}				0.14	0.07	.055	0.14	0.07	.050	0.39	1.47	.788
γ_{20}				0.14	0.07	.052	0.15	0.07	.053	-0.97	1.52	.526
γ_{30}				0.30	0.07	.000*	0.30	0.07	.000*	0.70	1.10	.526
γ_{40}				0.18	0.06	.004*	0.18	0.06	.004*	1.39	1.17	.241
γ_{50}				0.26	0.08	.003*	0.26	0.08	.003*	0.82	1.07	.450
γ_{01}							0.02	0.26	.924	-0.00	0.26	.993
γ_{02}							0.39	0.16	.021*	0.35	0.17	.045*
γ_{03}							0.00	0.12	.968	0.01	0.12	.916
γ_{04}							0.50	0.18	.010*	0.55	0.19	.007*
γ_{05}							-0.30	0.11	.010*	-0.27	0.11	.020*
γ_{06}							0.23	0.15	.141	0.20	0.16	.214
γ_{07}							0.08	0.15	.617	0.08	0.16	.618
γ_{11}										-1.14	0.71	.112
γ_{12}										0.14	0.38	.709
γ_{13}										-0.24	0.30	.434
γ_{14}										0.38	0.48	.439
γ_{15}										-0.07	0.26	.762
γ_{16}										0.95	0.45	.041*
γ_{17}										-0.17	0.52	.740
γ_{21}										0.63	0.64	.328
γ_{22}										-0.44	0.48	.358
γ_{23}										-0.08	0.35	.823

固定效果	虛無模式			隨機係數模式			截距預測模式			斜率預測模式		
	γ 係數	S.E.	P	γ 係數	S.E.	P	γ 係數	S.E.	P	γ 係數	S.E.	P
γ_{24}										0.31	0.41	.453
γ_{25}										0.05	0.30	.869
γ_{26}										-0.63	0.37	.097
γ_{27}										0.45	0.50	.379
γ_{31}										-0.33	0.53	.529
γ_{32}										0.05	0.39	.893
γ_{33}										-0.00	0.28	.976
γ_{34}										0.46	0.44	.304
γ_{35}										0.57	0.24	.023*
γ_{36}										-0.52	0.56	.358
γ_{37}										-0.34	0.48	.484
γ_{41}										-0.44	0.53	.412
γ_{42}										0.49	0.31	.124
γ_{43}										0.23	0.24	.348
γ_{44}										-0.30	0.44	.497
γ_{45}										0.43	0.23	.070
γ_{46}										0.24	0.32	.459
γ_{47}										-0.95	0.37	.014*
γ_{51}										0.47	0.47	.321
γ_{52}										1.17	0.50	.024*
γ_{53}										0.06	0.29	.836
γ_{54}										-1.57	0.47	.002*
γ_{55}										-0.29	0.28	.314
γ_{56}										0.88	0.45	.056
γ_{57}										-0.79	0.57	.176

	隨機效果											
	變異量成分	χ^2	p	變異量成分	χ^2	p	變異量成分	χ^2	p	變異量成分	χ^2	p
r_{ij}	0.50			0.26			0.26			0.26		
u_{1j}				0.01	67.82	.256	0.01	67.91	.253	0.01	66.82	.113
u_{2j}				0.03	73.06	.139	0.04	73.13	.137	0.05	74.20	.035*
u_{3j}				0.10	90.58	.008*	0.10	90.55	.008*	0.10	88.31	.002*
u_{4j}				0.06	94.04	.004*	0.06	94.22	.004*	0.06	90.70	.002*
u_{5j}				0.16	59.76	>.500	0.15	59.87	>.500	0.09	54.34	.461
u_{0j}	0.04	114.17	.001*	0.07	190.75	.000*	0.02	104.48	.000*	0.02	102.29	.000*

*$p<.05$

　　而通常在文章的發表中，研究結果除了表格的製作相當重要之外，對於調節效果的說明若能輔佐以圖形來說明會更恰當。因此，以下將介紹如何畫多層次分析中的調節效果圖，我們以 SPSS 以及 Excel 來劃出本研究結果，如圖 4-2 與圖4-3。

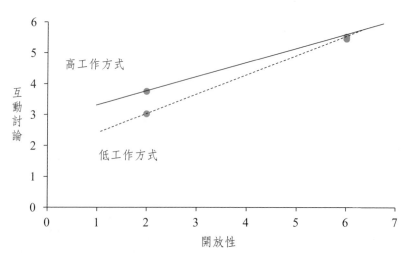

圖 4-2　工作方式在開放性與互動討論間的交互作用

由圖 4-2 可看出是負向的調節效果，因為高分組的斜率低於低分組。

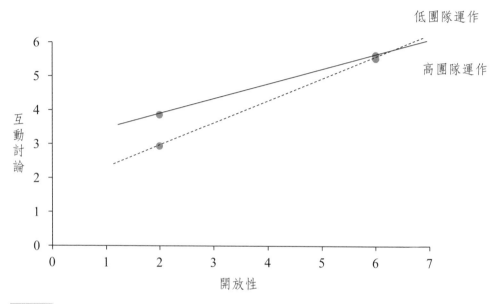

圖 4-3　團隊運作在開放性與互動討論間的交互作用

由圖 4-3 可看出是負向的調節效果，因為高分組的斜率低於低分組。

如何畫出圖 4-2 與圖 4-3 的調節效果圖，請見以下的操作步驟。

步驟一：將調節變項高低分組：百分位數

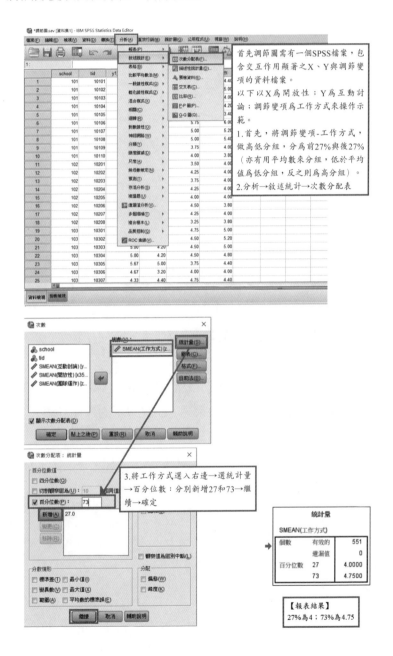

步驟二：將調節變項作高低分組：重新分組

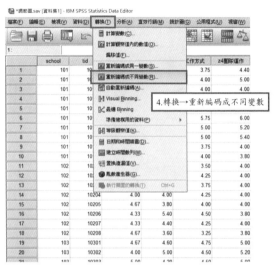

4.轉換→重新編碼成不同變數

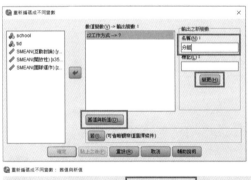

5.選入工作方式，並在輸出新變數的名稱命名為分組（group/高低分組....）→按變更→點舊值與新值

6.LOWEST到值輸入4，新值為1（1代表的是低分組）→新增；範圍，值到HIGHEST輸入4.75，新值為2（代表高分組）→繼續

步驟三：選擇觀察值

[找高分組和低分組的回歸方程式]

7.資料→選擇觀察值→選如果滿足設定條件，點若

8.將剛剛命名的分組選取並設定分組=1（低分組的方式式）→繼續→確定

待得到低分組方程式後，改成分組=2，再跑迴歸，即可有高分組方程式之係數。

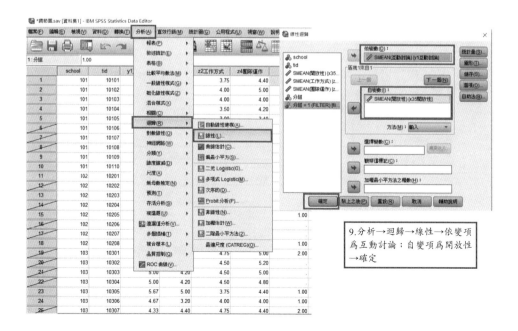

步驟四：低分組迴歸方程式

9.分析→迴歸→線性→依變項
為互動討論；自變項為開放性
→確定

係數ᵃ

模式		未標準化係數		標準化係數	t	顯著性
		B 之估計值	標準誤差	Beta 分配		
1	(常數)	1.812	.240		7.548	.000
	SMEAN(開放性)	.607	.061	.509	9.994	.000

a. 依變數: SMEAN(互動討論)

【報表結果】
低分組方程式為：
y=1.812+0.607x

接下來，做高分組的方程式
同步驟7、8，只需改成分組=2。
再跑一次迴歸，即可得高分組方程式

係數ᵃ

模式		未標準化係數		標準化係數	t	顯著性
		B 之估計值	標準誤差	Beta 分配		
1	(常數)	2.869	.425		6.748	.000
	SMEAN(開放性)	.441	.094	.353	4.691	.000

a. 依變數: SMEAN(互動討論)

【報表結果】
高分組方程式為：
y=2.869+0.441x

步驟五：Excel 畫圖，找 X 變項最大值、最小值

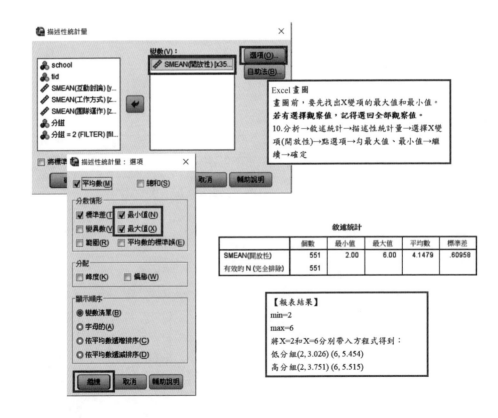

Excel 畫圖
畫圖前，要先找出X變項的最大值和最小值。
若有選擇觀察值，記得選回全部觀察值。
10.分析→敘述統計→描述性統計量→選擇X變項(開放性)→點選項→勾最大值、最小值→繼續→確定

敘述統計

	個數	最小值	最大值	平均數	標準差
SMEAN(開放性)	551	2.00	6.00	4.1479	.60958
有效的 N (完全排除)	551				

【報表結果】
min=2
max=6
將X=2和X=6分別帶入方程式得到：
低分組(2, 3.026) (6, 5.454)
高分組(2, 3.751) (6, 5.515)

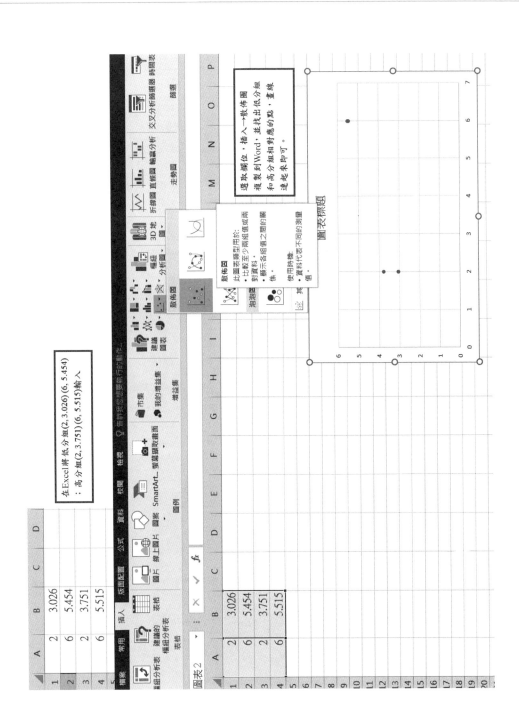

課後補充：變數平減的議題

對於資料的尺度處理，有以下三種方式。

（一）原始尺度

儘管 X 的原始尺度在一些分析應用中是很適當的，但在其他情況下卻可能導致無意義的結果，例如：在某些情況下，參數 β_{0j} 為 0 時是沒有意義的。當然，在一些應用中，X 的 0 值實際上是有意義的，需要強調的是，考慮 $X_{ij} = 0$ 的意義是很重要的，因為它決定了對 β_{0j} 的解釋。

（二）總平減

此方式對變數 X 圍繞其總平均數變化的情況進行置中測量經常很有用，此時層 1 的變數為以下形式：

$$(X_{ij} - \overline{X}..)$$

現在截距 β_{0j} 為那些 X_{ij} 值等於總平均數的研究樣本的期望結果。在典型共變數分析模型中，這種對 X_{ij} 值的測量是標準作法，總平減將使截距能被解釋為對第 j 組的調整平均數（adjusted mean），即：

$$\beta_{0j} = \mu_{Yj} - \beta_{1j}(\overline{X}_{.j} - \overline{X}_{..})$$

（三）組平減

另一個選擇是將原預測變數按其所屬的層 2 單位平均數置中，即：

$$(X_{ij} - \overline{X}._j)$$

在這種情況下，截距 β_{0j} 成為對應組 j 的未調整平均數，即：

$$\beta_{0j} = \mu_{Yj}$$

　　要能夠讓截距項在解釋上具有意義，不是讓解釋變項編碼要包含 0，就是要經中心化（centering）處理（也稱為置中或平移），或將原始解釋變項數據進行標準化。基本上，每一個分數減去同一個數值並不會改變數據間的相對關係。中心化的作用，是在使分數改以離均差形式（deviation form）當成解釋變項，不會影響解釋變項的斜率係數，但是會影響截距的估計值、截距項估計值的標準誤，以及截距項估計值與其他迴歸係數估計值的共變關係。實務上，傳統固定效果線性模式之所以要進行解釋變項的中心化，目的在改變截距的意義以便於解釋。以離均差來代替原始分數，使得估計的新截距項就是依變項的平均數。

　　在 HLM 中，對第一層解釋變項進行總平均中心化（grand-mean centering）（亦即總平減）要比組平均中心化（group-mean centering）（亦即組平減）簡單許多。因為各變數的總平均數只有一個，但因有巢套關係，各個解釋變項是隸屬在不同的組織或學校內，因此各個學校或組織的平均數不同。在操作上，不同學校或組織的個別受試者解釋變項分數是減去不同學校或組織的平均數。依照 Kreft 等人（1995）所用的術語，原始分數模型與總平減模型為等值線性模型（equivalent linear models），但這並不是說所有的參數估計結果是真的相等。等值模型會有相同的適配度（離異數，deviance）、相同的預測值、相同的殘差。至於參數估計值的數值，則可利用數學方法來證明其間的關係。值得注意的是，組平減的混合模型方程式中的平均數不是像先前的總平均數是單一數值，而是每一組都不一樣。組平減的主要優點，是各組截距項代表的就是各組依變項的組平均數，在解釋上較為清楚。

　　組平減混合模式與未平減模型會相等的第一個例外，是每一組的平均數 $\overline{X}_j$ 等於總平均數 $\overline{X}$，此種狀況可能發生在重複量數研究，但幾乎不會發生在社會科學與組間差異有關的研究中。另外一種會發生組平減與原始分數兩種模型為等值模型的情況，是當模型中只有隨機截距，斜率為固定值，此時組平均數又變成了第二層的解釋變項。在複雜的 HLM 模型中，必須就研究者本身對於資料本身的理解與理論知識，以及研究的目的來考量平減時機。如果研究者感興趣的是模型

能夠解釋結果變項變異量的多寡，而不是第二階層的效果，那麼利用原始資料是最簡單的作法。同時，如果研究者較關心的是個別層次解釋變項的表現，而不是組織層次間的差異時，未平減模型也是最好的選擇（Kreft et al., 1995）。

Hofmann 與 Gavin（1998）和 Mathieu 與 Taylor（2007）的研究認為以總平減進行 HLM，一來可以避免共線性問題，二來其模式與未平減是統計等價模式，可以用來偵測脈絡效果與跨層級交互作用。而 de Leeuw 與 Kreft（1995）認為在隨機係數模型下，若進行組平減，那麼建議要把平減用的組平均數置回模型之中，如果沒有這麼做，研究者所估計得到的效果並沒有控制住組間的差異。然而在成長曲線模型，這種效果恰好是研究所要的，因為成長曲線模型的解釋變項是時間。

同樣的，Hofmann 與 Gavin（1998）在脈絡效果與跨層級交互作用的模式研究上，發現對解釋變項不做中心化處理和以總平均數為基準的中心化結果，可視為相同的模式。因此，Raudenbush 與 Bryk（2002）建議除非研究者有很清楚的理論，否則不適合配適以各組平均數為基準的中心化隨機斜率模型。Kreft 與 de Leeuw（1998）認為，有關於中心化的方法選擇，除了對資料特性的了解外，分析的目的也很重要。如果要以第一層各組平均數為基準的中心化處理，則最好能夠將各組平均數納入分析模式中，以利對組平均數效果的修正。Snijders 與 Bosker（1999）建議：當在配適隨機斜率模型時，最好不要採用以組平均數為基準的中心化解釋變項，除非有清楚的理論，說明相對分數 $X_{ij} - \overline{X}_j$ 與依變項有關，否則不建議使用以組平均數為基準的中心化，因為 $X_{ij} - \overline{X}_j$ 代表的是一個相對位置，且這個相對位置與這個組別的變項分布有關。

Enders 與 Tofighi（2007）指出，若單獨研究脈絡效果時，應選擇總平均數平減。如果只是關心個體層次解釋變項對依變項的影響，則建議以組平均數平減，至於研究跨層級交互作用效果是以組平均數平減較好。而 Hofmann 與 Gavin（1998）提到，當探討第二層解釋變項對結果變項的遞增效果（incremental）時，採總平減較適合；研究第二層解釋變項對結果變項的中介效果（mediational）

時，採用固定斜率以及總平減處理，或是以組平減連帶將組平均數置於截距方程式中；而考慮到跨層級第二層解釋變項的調節作用（moderational）時，則以組平減方式較恰當。同時，Wu 與 Wooldridge（2005）的研究也得到相似的結果。無論如何，總平減與組平減這兩種平減方法皆會改變所有解釋變項的共變數的資料結構，而組平減連帶所估計的迴歸係數與誤差項變異數皆與未平減的意義有些不同。Enders 與 Tofighi（2007）建議，在文章中應說明研究者選擇該項平減方法的理由。

　　組平減是一種會改變資料相對位置的特殊平減策略，然而什麼時候適合組平減方式呢？除了欲探討組內相對位置而不考慮組間的影響，通常未平減與總平減的斜率相同，但是截距不同；或是總平減與組平減的截距相同，皆為結果變項的平均數，但是斜率卻不同。因此，研究者必須注意，採取總平減對於截距的影響，並非結果變項的原始平均數，而是調整後的平均數。當解釋變項的各組平均數差異很大時（解釋變項的 ICC 很大時），或是解釋變項數目很多時，解釋變項採取總平減將對分組截距產生很大的調整，也就是會對第二層的截距估計方程式產生直接影響，改變截距的隨機效果（u_{oj}），導致研究結論的變化。但是，我們也可以預期，採用組平減對截距（γ_{00}）與隨機效果（u_{oj}）不造成影響，但是將對總體迴歸係數造成影響，亦即影響 HLM 分析的 γ_{10}，如果研究者關注的是此一係數，採用組平減將會造成結果的改變。若以 HLM 的術語來說，組平減的組間差異雖然維持不變，但是組內差異會放大，導致 ICC 變小。

05

三層次階層線性模式
的資料分析

　　介紹完二層次的階層線性模式之後，本章將擴充二層次至三層次的分析。三層次的階層線性模式分析在教育領域是相當常見的，因為學生巢套於班級、班級巢套於學校，這就是一個典型的三層次分析。有關於三個層次的例子、研究已逐漸增多，例如：Hox（2002）、Luke（2004）以及 Snijders 與 Bosker（1999）的著作中皆可發現，但是 Hox 以及 Luke 的著作僅以相當少的篇幅來介紹，僅有 Raudenbush 與 Bryk（2002）、Bickel（2007）以專章來加以介紹。其中可能原因在於，當超過兩個層次時，在統計上將變得難以處理。此外，我們也常在研究中發現，高層次變項的增加似乎增加不了太多的貢獻或解釋力，但這是相當合理的，因為在實務上，愈高層次的變項是愈疏離個人的（Bickel, 2007）。儘管如此，大於兩個層次的模式仍是提供相當多有用的資訊，它能對於問題的了解有更全面、通盤的考量，尤其在統計方法處理問題的克服後，三層次模型有其進行的必要性（Bickel, 2007）。對於縱貫性研究來說，三層次分析更是常見。有了二層次的分析步驟為基礎之後，本章以下的分析步驟僅簡要的介紹完全非條件模型及條件模型。

壹、概念陳述

一、完全非條件模型

（一）模型簡介

　　最簡單的三層模型是完全非條件模型，此模型代表著測量結果的變異數是如何在三個不同層次（學生、班級、學校）中分配的。

Level 1：$Y_{ijk} = \pi_{0jk} + e_{ijk}$

其中：Y_{ijk} 是學校 k 中班級 j 的學生 i 的成績。

　　　π_{0jk} 是學校 k 中班級 j 的平均成績。

　　　e_{ijk} 是一個隨機的「學生效果」，即學生 ijk 的成績距班級平均數的離均

　　差。我們假定這些效果的平均數為 0 和變異數為 σ^2 的常態分配。

Level 2：$\pi_{0jk} = \beta_{00k} + r_{0jk}$

其中：β_{00k} 是學校 k 的平均成績。

　　　　r_{0jk} 是一個隨機的「班級效果」，即班級 ij 的平均成績距所在學校平均數的離均差。我們假定這些效果的平均數為 0 和變異數為 τ_{π} 的常態分配。在 k 個學校的每一個中，都假定班級之間的變異性相同。

Level 3：$\beta_{00k} = \gamma_{000} + u_{00k}$

其中：γ_{000} 是總平均成績。

　　　　u_{00k} 是一個隨機的「學校效果」，即學校 k 的平均成績距總平均成績的離差。假定這些效果的平均數為 0 和變異數為 τ_{β} 的常態分配。

（二）變異數分解與信度

　　此一簡單的三層模型將結果 Y_{ijk} 的總變異分解為三個部分：層 1：同班級內學生之間的變異 σ^2；層 2：同學校不同班級間的變異 τ_{π}；層 3：學校之間的變異 τ_{β}。另外，還可估計出班級內的、同學校班級之間的以及學校之間的變異各自所占的比例，即：

同班級內學生之間的變異數比例	$\sigma^2 / (\sigma^2 + \tau_{\pi} + \tau_{\beta})$
同學校中不同班級間的變異數比例	$\tau_{\pi} / (\sigma^2 + \tau_{\pi} + \tau_{\beta})$
學校之間的變異數比例	$\tau_{\beta} / (\sigma^2 + \tau_{\pi} + \tau_{\beta})$

　　如同二層次模型一樣，能檢查 OLS 所估計的係數和信度。然而，現在需要對兩個層次的信度進行估計，即班級的 $\hat{\pi}_{0jk}$ 和學校的 $\hat{\beta}_{00k}$。對於層 2 的每一個班級 $_{jk}$：

$$\text{reliability}(\hat{\pi}_{0jk}) = \tau_{\pi} / (\tau_{\pi} + \sigma^2 / n_{jk}) \qquad （公式 5.1）$$

是班級樣本平均數的信度，用以鑑別同校之內的各班級。對於層 3 的某一學校 k，

$$\text{reliability}(\hat{\beta}_{00k}) = \frac{\tau_\beta}{\tau_\beta + \left\{ \sum [\tau_\pi + \sigma^2 / n_{jk}]^{-1} \right\}^{-1}} \qquad （公式 5.2）$$

是學校樣本平均數的信度，作為其平均數值的估計。所有班級的信度平均數和所有學校的信度平均數，可分別視為班級和學校平均數信度的概括性指標。

二、條件模型

（一）一般性層 1 模型

在每個班級內，將學生的成績作為學生層次預測變數的公式，再加上一個學生層次的隨機誤差：

$$Y_{ijk} = \pi_{0jk} + \pi_{1jk} a_{1ijk} + \pi_{2jk} a_{2ijk} + ... + \pi_{pjk} a_{pijk} + e_{ijk}$$

其中：Y_{ijk} 是學校 k 中班級 j 的學生 i 的成績。

π_{0jk} 是學校 k 中班級 j 的截距。

a_{1ijk} 是 p = 1, ……, P 個學生的特徵，用以解釋其成績。

π_{pjk} 是相應的層 1 係數，表示每個學生的特徵 a_p 與班級 jk 的成績之間的關聯方向與強度。

e_{ijk} 是層 1 的隨機效果，代表學生 ijk 的成績與其基於學生層次模型的預測值之間的誤差，並假定這些學生效果殘差的平均數為 0、變異數為 σ^2 的常態分配。

（二）一般性層 2 模型

學生層次模型中的每個迴歸係數（包括截距），都可被視為固定的、非隨機變動的，或是隨機變動的，這些不同的可能性反應在以下對同學校中不同班級之間的差異所建立的一般性模型。對每一個班級效果 π_{pjk}，有：

$$\pi_{pjk} = \beta_{p0k} + \sum_{q=1}^{Q_P} \beta_{pqk} X_{qjk} + r_{pjk}$$

其中：β_{p0k} 是所見班級效果 π_{pjk} 的模型中，關於學校 k 的截距。

　　　　X_{qjk} 是班級效果 π_{pjk} 的模型中，作爲預測變數的班級特徵（注意：每一 π_{pjk} 可能有一套獨特的層 2 變數X_{qjk}，$q = 1,\cdots\cdots, Q_p$）。

　　　　β_{pqk} 是相應的係數，代表班級特徵 X_{qjk} 與 π_{pjk} 之間的關聯方向與強度。

　　　　r_{pjk} 是層 2 的隨機效果，代表班級 jk 的層 1 係數 π_{pjk} 與其基於班級層次模型的預測值之間的誤差。

（三）一般性層 3 模型

　　對學校層次的模式化過程仍重複同樣的過程，每一層 3 的「結果」（即每一 β_{pqk} 係數）都可以用一些學校層次的特徵加以預測，即：

$$\beta_{pqk} = \gamma_{pq0} + \sum_{s=1}^{S_{pq}} \gamma_{pqs} W_{sk} + u_{pqk}$$

其中：γ_{pq0} 是求 β_{pqk} 的學校層次模型中的截距項。

　　　　W_{sk} 是學校特徵，在求學校效果 β_{pqk} 時用作預測變數（注意：每一 β_{pqk} 可以有一套獨特的層 3 預測變數W_{sk}，$s = 1,\cdots\cdots, S_{pq}$）。

　　　　γ_{pqs} 是相應的層 3 係數，代表學校特徵W_{sk} 與 β_{pqk} 之間的關聯方向和強度。

　　　　u_{pqk} 是層 3 的隨機效果，代表學校 k 的係數 β_{pqk} 與其基於學校層次模型的預測值之間的誤差。

如同二層次模型的分析一樣，在三層次的模型中也可進行一些假設考驗，如：

→係數考驗

→概似比考驗

→交互作用考驗

→削減變異百分比

這些部分由於在前一章已做了詳細介紹，因而在此不多加贅述。

貳、國內外有關於三層次分析的相關研究

目前本書所蒐集到的國內外文獻共 26 篇，最早始於 Bryk 和 Raudenbush 於 1988 年的著作，但該篇只針對三層次分析做介紹，還未有實證性資料。若真正的三層次實證研究約莫可以 Xiao（2002）的研究稱之。而 26 篇相關研究可分成幾個領域，列示如下。

一、生物醫學、地理學、社會學、生態學、經濟學等相關領域

自 2000 年左右，約莫有 11 篇有關於生態學、社會學中應用 HLM 的相關研究。

Bauermeister, J. A., Zimmerman, M. A., & Caldwell, C. H. (2010). Neighborhood disadvantage and changes in condom use among African American adolescents. *Journal of Urban Health: Bulletin of the New York Academy of Medicine, 88*(1), 66-83.

Berry, S. M., & Berry, D. A. (2004). Accounting for multiplicities in assessing drug safety: A three-level hierarchical mixture model. *Biometrics, 60,* 418-426.

Bottai, M., Salvati, N., & Orsini, N. (2006). Multilevel models for analyzing people's daily movement behavior. *Journal of Geographical Systems, 8,* 97-108.

Doorenbos, A. Z., Given, C. W., Given, B., & Verbitsky, N. (2006). Symptom experience in the last year of life among individuals with cancer. *Journal of Pain and Symptom Management, 32*(5), 403-412.

Fullerton, A. S., & Villemez, W. J. (2011). Why does the spatial agglomeration of firms benefit workers? Examining the role of organizational diversity in U.S. industries and labor markets. *Social Forces, 89*(4), 1145-1164.

Heo, M., & Leon, A. C. (2008). Statistical power and sample size requirements for three level hierarchical cluster randomized trials. *Biometrics, 64,* 1256-1262.

Guo, S., & Hussey, D. (1999). Analyzing longitudinal rating data: A three-level hierarchical linear model. *Social Work Research, 23*(4), 258-269.

Liu, Z. Y., & Xiao, J. (2006). The accumulation of human capital over time and its impact on salary growth in China. *Education Economics, 14,*(2), 155-180.

McMahon, S. M., & Diez, J. M. (2007). Scales of association: Hierarchical linear models and the measurement of ecological systems. *Ecology Letters, 10*, 1-16.

Xiao, J. (2002). Determinants of salary growth in Shenzhen, China: An analysis of formal education, on-the-job training, and adult education with a three-level model. *Economics of Education Review, 21*, 557-57.

Zhao, D., Wilson, M., & Borders, B. E. (2005). Modeling response curves and testing treatment effects in repeated measures experiments: A multilevel nonlinear mixed-effects model approach. *Canadian Journal of Forest Research, 35*(1), 122-132.

二、教育學、心理學等相關領域

相較於生態學、社會學中應用 HLM 的相關研究，教育學與心理學領域的三層次研究略多，約莫有以下 12 篇。

Bellmore, A., Nishina, A., You, J., & Ma, T. L. (2012). School context protective factors against peer ethnic discrimination across the high school years. *American Journal of Community Psychology, 49*, 98-111.

Bryk, A. S., & Raudenbush, S. W. (1988). Toward a more appropriate conceptualization of research on school effect: A three-level hierarchical linear model. *American Journal of Education, 97*(1), 65-108.

Gracia, E., & Herrero, J. (2008). Is it considered violence? The acceptability of physical punishment of children in Europe. *Journal of Marriage and Family, 70*, 210-217.

Huang, F. L., & Moon, T. R. (2009). Is experience the best teacher? A multilevel analysis of teacher characteristics and student achievement in low performing schools. *Educational Assessment, Evaluation and Accountability, 21*(3), 209-234.

Kugelmass, H., & Ready, D. D. (2011). Racial/Ethnic disparities in collegiate cognitive gains: A multilevel analysis of institutional influences on learning and its equitable distribution. *Research in Higher Education, 52*(4), 323-348.

Lutz, W., Leon, S. C., Martinovich, Z., Lyons, J. S., & Stiles, W. B. (2007). Therapist effects in outpatient psychotherapy: A three-level growth curve approach. *Journal of Counseling Psychology, 54*(1), 32-39.

Ma, X., & Ma, L. L. (2009). The challenge of separating effects of simultaneous education projects on student achievement. *Studies in Educational Evaluation,35*, 45-52.

Miller, A. D., & Murdock, T. B. (2007). Modeling latent true scores to determine the utility of aggregate student perceptions as classroom indicators in HLM: The case of classroom goal structures. *Contemporary Education Psychology, 32*, 83-104.

Rhodes, J., Roffman, J., Reddy, R., & Fredriksen, K. (2004). Changes in self-esteem during the middle school years: A latent growth curve study of individual and contextual influences. *Journal of School Psychology, 42*, 243-261.

Smetana, J. G., Villalobos, M., Rogge, R. D., & Tasopoulos-Chan, M. (2010). Keeping secrets from parents: Daily Variations among poor, urban adolescents. *Journal of Adolescence, 33*(2), 321-331.

Tasa, K., Simon, T., & Seijts, G. H. (2007). The development of collective efficacy in teams: A multilevel and longitudinal perspective. *Journal of Applied Psychology, 92*(1), 17.

Vieno, A., Perkins, D. D., Smith, T. M., & Santinello, M. (2005). Democratic school climate and sense of community in school: A multilevel analysis. *American Journal of Community Psychology, 36*(3), 327-341.

在上述的研究中，Vieno、Perkins、Smith 與 Santinello（2005）的研究探討個體層次與學校層次的預測變項（青少年的學校社區意識）。階層線性模式主要在檢測個體層次（人口、家長監控與對民主學校氣氛的看法）、班級層次與學校層次特質（民主學校氣氛的平均數、人口、活動、學校規模、公私立、設備

等）和學生、學校、社區意識之間的關聯，此研究以三層次模型進行分析，包括 4,092 位 10 到 18 歲的學生，巢套於 248 個班級中（橫跨 6、8、10 年級），這些班級又巢套於義大利東北區的 134 所學校。「對民主學校氣氛看法」作為個體變項的同時，也整合成為學校層次的脈絡變項，這是對學校社區意識最重要的預測變項之一。更多的家長監督與更少的家長控制對個體層次而言是有預測力的，並且在控制個體 SES 和其他學生及學校層次變項的情況之下，學校層次的 SES 可有效預測學校間社區意識的變化。學校規模、設備（物理空間等資源）、學校與社區、公私立管理方式、課外活動節數的交互作用等都未達顯著。此研究亦指出，學生、班級與學校層次的學校社區意識有顯著的變化。至於在國內部分，扣除掉學位論文，目前僅有 3 篇，分別為：

宋曜廷、邱佳民、劉欣宜、曾芬蘭、陳柏熹（2009）。以國中基本學力測驗成績探討班級規模效應。**教育科學研究期刊**，**54**(3)，59-83。

蕭佳純（2011）。學生創造力影響因素之研究：三層次分析架構。**特殊教育學報**，**33**，151-178。

蕭婉鎔、黃同圳（2012）。跨層次探討影響團隊成員知識分享行為之研究。**管理與系統**，**19**(3)，433-461。

在國內的研究中，宋曜廷、邱佳民、劉欣宜、曾芬蘭與陳柏熹（2009）的研究以參加 2005 年國中基測的 273,418 名國三生為對象，透過 HLM 探討班級大小、學校屬性、學校所在地都市化程度等變項對於基測成績的影響。第一層以學生（性別、特殊生）為單位，第二層以班級（班級人數）為單位，第三層以學校（學校類型、都市化程度）為單位，各資料間具有隸屬關係。研究結果發現，班級規模愈大，成績顯著愈高，且此種現象在公立國中、或是較低都市化的學校中更為明顯。而三層次的模型如下所示：

Level-1 Model

　　學生量尺分數 $= \pi_0 + \pi_1$（特別）$+ \pi_2$（特殊考生）$+ e$

Level-2 Model

$$\pi_0 = \beta_{00} + \beta_{01}（班級人數 - 學校平均班級人數）+ r_0$$

$$\pi_1 = \beta_{10}$$

$$\pi_2 = \beta_{20}$$

$$p_{20} = \gamma_{200}$$

　　而蕭婉鎔、黃同圳（2012）的研究，從個人層次、團隊層次、組織層次探討影響團隊成員知識分享行為的前置因子，其研究架構如圖 5-1 所示。研究結果發現，團隊成員知識分享行為會受到個人社交能力的影響。團隊情境的部分，團隊所知覺到知識網絡的重要性以及對於知識網絡的偏好，會影響個人知識分享行為；在組織情境中，當組織提供「團隊導向的教育訓練」活動時，即在協助組織內成員改善與他人合作、溝通、互助的能力，可以改善團隊成員知識分享行為。以下以作者曾經發表於《特殊教育學報》的「學生創造力影響因素之研究：三層次分析架構」中的例子，作為實例說明。

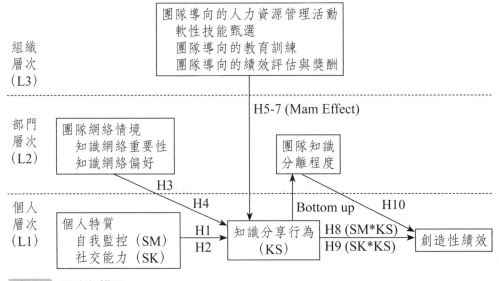

圖 5-1　研究架構圖

資料來源：蕭婉鎔、黃同圳（2012）。

參、實例分析

一、研究架構

　　本研究旨在探討學校層次（學校創新氣氛）、教師層次（教師創造力教學）以及學生層次（動機）對學生創造力表現的影響。根據本研究動機與目的，經相關文獻之探討，以三層次的階層線性模式進行分析，研究架構如圖 5-2 所示。

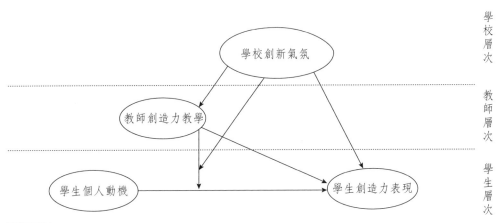

圖 5-2　研究架構圖

二、研究對象

　　在正式問卷之發放部分，本研究針對全臺灣的國民小學進行資料蒐集，取樣方式採用分層比例抽樣。依據教育部（2010）所彙整之資料，係將母群體分為四個區域（北、中、南、東），再依各區域比例抽取學校。在徵詢施測學校與教師同意後，共選取 50 所國民小學，以高年級教師與學生為對象，每所學校選取 10 位教師，並從每位教師的任教班級中抽取 10 位學生進行施測，總共發出 500 份教師問卷及 5,000 份學生問卷。經催收後，共回收 43 所學校，經廢卷處理後，教師問卷有效回收 333 份、學生問卷 3,330 份，有效回收 66.6%。

三、研究工具

本研究所使用的測量工具，除了以文獻探討作爲相關理論基礎之外，也綜合國內外多位學者專家之研究量表，問卷分爲學生問卷與教師問卷。學生問卷包含兩個部分，第一部分爲「學生動機」、第二部分爲「學生創造力表現」；教師問卷則包含兩個部分，第一部分爲「學校創新氣氛」、第二部分爲「創造力教學行爲」。限於篇幅，有關於研究工具的詳細介紹可參酌該篇文章。

四、資料整合

本研究的學校創新氣氛乃是彙整教師填答的資料而來，所以在進行跨層次分析之前，研究者必須先檢視變數之整合（aggregating）至群體層次變數的適當性，方可將個體層次的資料彙總成群體特質。本研究以 ICC1 以及 η^2 來檢測資料具備群內一致性與群間變異差異的存在。教師評定學校創新氣氛 ICC1 爲 0.456 以及 η^2 爲 0.467（F = 9.78，$p < 0.001$）；結果顯示資料適合採取整合的處理。

五、結果與討論

爲驗證各假設，本章藉由以下四部分模式檢驗之。

（一）虛無模式（模式一）

本研究之虛無模式，如下所示：

Level 1：創造力 $_{ijk} = \beta_{0jk} + r_{ijk}$

Level 2：$\beta_{0jk} = \beta_{00k} + U_{0jk}$

Level 3：$\beta_{00k} = r_{000} + U_{00k}$

本研究發現教師群間變異成分（$\chi^2 = 779.55$，$df = 226$，$p < 0.000$）與學校群間變異成分（$\chi^2 = 416.04$，$df = 33$，$p < 0.000$）均顯著地異於 0，而群內變異成分值爲 199.77。綜合上述結果可知，學生的創造力有 13.72%（$= \dfrac{49.66}{199.77 + 49.66 + 112.44}$）的變異存在於不同教師之間，而有 31.07%（=

$\dfrac{112.44}{199.77 + 49.66 + 112.44}$）的變異存在於不同學校（群體）之間，且都達到顯著

異於 0 的顯著水準，顯示依變項（學生創造力）存在於群內與群間變異。除此之

外，教師層次的信度估計值為 0.71，而學校層次的信度估計值為 0.91。以上資

料皆顯示本研究以三層次的 HLM 分析模型，來了解學生創造力的適切性。而在

操作部分如下所示，不同於二層次的操作，三層次的分析需要三個檔案，且需要

可以相互配對的 ID 編碼以作為辨識。

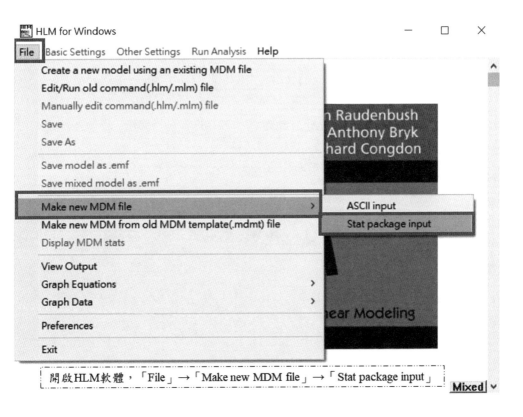

開啟 HLM 軟體，「File」→「Make new MDM file」→「Stat package input」

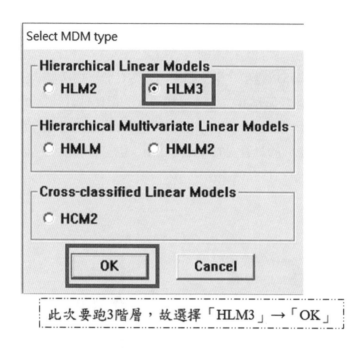

此次要跑3階層，故選擇「HLM3」→「OK」

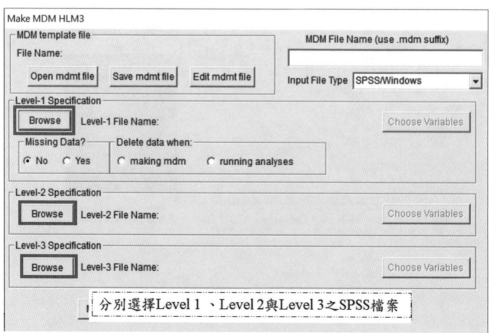

分別選擇Level 1、Level 2與Level 3之SPSS檔案

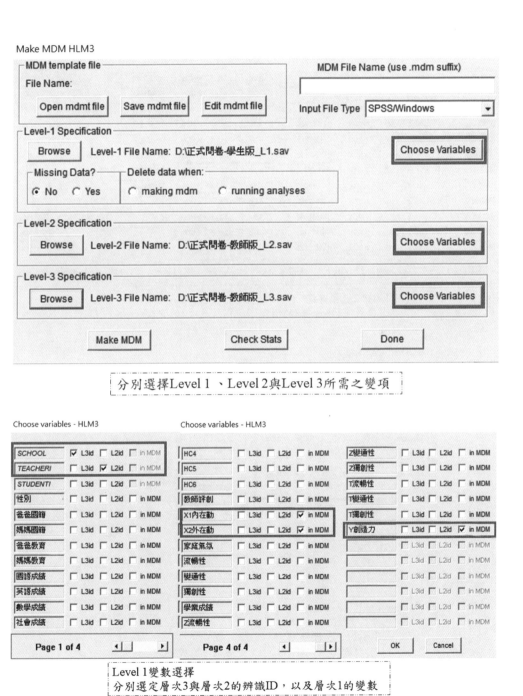

分別選擇Level 1、Level 2與Level 3所需之變項

Level 1變數選擇
分別選定層次3與層次2的辨識ID，以及層次1的變數

Choose variables - HLM3				Choose variables - HLM3							
SCHOOL	☑ L3id	☐ L2id	☐ in MDM	M16	☐ L3id	☐ L2id	☐ in MDM	校長辦勵	☐ L3id	☐ L2id	☐ in MDM
TEACHERI	☐ L3id	☑ L2id	☐ in MDM	M17	☐ L3id	☐ L2id	☐ in MDM	教職員數	☐ L3id	☐ L2id	☐ in MDM
性別	☐ L3id	☐ L2id	☐ in MDM	M18	☐ L3id	☐ L2id	☐ in MDM	挑戰與自	☐ L3id	☐ L2id	☐ in MDM
年齡	☐ L3id	☐ L2id	☐ in MDM	教學與課	☐ L3id	☐ L2id	☐ in MDM	資源充分	☐ L3id	☐ L2id	☐ in MDM
學校所在	☐ L3id	☐ L2id	☐ in MDM	教學策略	☐ L3id	☐ L2id	☐ in MDM	學習成長	☐ L3id	☐ L2id	☐ in MDM
學校規模	☐ L3id	☐ L2id	☐ in MDM	教學評量	☐ L3id	☐ L2id	☐ in MDM	教學技能	☐ L3id	☐ L2id	☐ in MDM
校長年資	☐ L3id	☐ L2id	☐ in MDM	M1創造力	☐ L3id	☐ L2id	☑ in MDM	創意教學	☐ L3id	☐ L2id	☐ in MDM
職務	☐ L3id	☐ L2id	☐ in MDM	M2創造力	☐ L3id	☐ L2id	☑ in MDM	教學動機	☐ L3id	☐ L2id	☐ in MDM
教育程度	☐ L3id	☐ L2id	☐ in MDM	福祉經驗	☐ L3id	☐ L2id	☐ in MDM		☐ L3id	☐ L2id	☐ in MDM
在校服務	☐ L3id	☐ L2id	☐ in MDM	接受挑戰	☐ L3id	☐ L2id	☐ in MDM		☐ L3id	☐ L2id	☐ in MDM
個人服務	☐ L3id	☐ L2id	☐ in MDM	自我效能	☐ L3id	☐ L2id	☐ in MDM		☐ L3id	☐ L2id	☐ in MDM
班級學生	☐ L3id	☐ L2id	☐ in MDM	學校辦勵	☐ L3id	☐ L2id	☐ in MDM		☐ L3id	☐ L2id	☐ in MDM
Page 1 of 5　◄ ►				Page 5 of 5　◄ ►					OK	Cancel	

Level 2 變數選擇
選擇層次3與層次2的辨識ID，以及層次2的變數

Choose variables - HLM3							
SCHOOL	☑ L3id	☐ L2id	☐ in MDM		☐ L3id	☐ L2id	☐ in MDM
Z1學校數	☐ L3id	☐ L2id	☑ in MDM		☐ L3id	☐ L2id	☐ in MDM
Z2校長數	☐ L3id	☐ L2id	☑ in MDM		☐ L3id	☐ L2id	☐ in MDM
Z3教職員	☐ L3id	☐ L2id	☑ in MDM		☐ L3id	☐ L2id	☐ in MDM
Z4挑戰與	☐ L3id	☐ L2id	☑ in MDM		☐ L3id	☐ L2id	☐ in MDM
Z5資源充	☐ L3id	☐ L2id	☑ in MDM		☐ L3id	☐ L2id	☐ in MDM
Z6學習成	☐ L3id	☐ L2id	☑ in MDM		☐ L3id	☐ L2id	☐ in MDM
	☐ L3id	☐ L2id	☐ in MDM		☐ L3id	☐ L2id	☐ in MDM
	☐ L3id	☐ L2id	☐ in MDM		☐ L3id	☐ L2id	☐ in MDM
	☐ L3id	☐ L2id	☐ in MDM		☐ L3id	☐ L2id	☐ in MDM
	☐ L3id	☐ L2id	☐ in MDM		☐ L3id	☐ L2id	☐ in MDM
	☐ L3id	☐ L2id	☐ in MDM		☐ L3id	☐ L2id	☐ in MDM
Page 1 of 1　◄ ►					OK	Cancel	

Level 3 變數選擇
選擇層次3辨識ID，以及層次3的變數

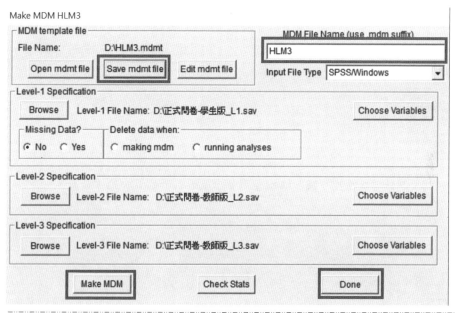

取檔名→儲存檔案後
點選按「Make MDM」，接下來如果有出現選取之變項之敘述統計則代表資料
讀取成功。讀取成功後按「Done」，則進入HLM操作介面。

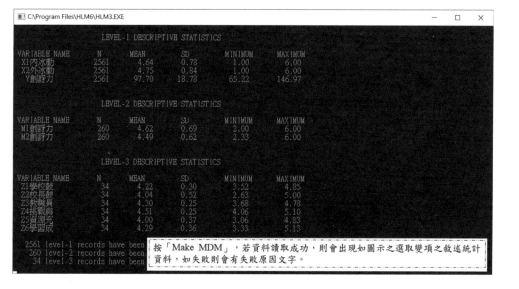

WHLM: hlm3 MDM File: HLM3   —   □   ✕

File   Basic Settings   Other Settings   Run Analysis   Help

| Outcome |
| **>> Level-1 <<** |
| Level-2 |
| Level-3 |

INTRCPT1
X1內冰動
X2外冰動
Y創評力

確認資料讀取成功後，按「Done」則會出現如圖示之HLM操作介面。

Mixed

WHLM: hlm3 MDM File: HLM3   —   □   ✕

File   Basic Settings   Other Settings   Run Analysis   Help

| Outcome |
| **>> Level-1 <<** |
| Level-2 |
| Level-3 |

INTRCPT1
X1內冰動
X2外冰動
Y創評力

將要作為依變項(Y)點選後選擇「Outcome variable」

Outcome variable
add variable uncentered
add variable group centered
add variable grand centered
Delete variable from model

| Outcome |
| **>> Level-1 <<** |
| Level-2 |
| Level-3 |

INTRCPT1
X1內冰動
X2外冰動
Y創評力

LEVEL 1 MODEL (bold: group-mean centering; bold italic: grand-mean centering)

Y創評力 $= \pi_0 + e$

LEVEL 2 MODEL (bold: group-mean centering; bold italic: grand-mean centering)

$\pi_0 = \beta_{00} + r_0$

LEVEL 3 MODEL (bold italic: grand-mean centering)

$\beta_{0C} = \gamma_{00C} + u_{00}$ 成功選取依變項後的方程式

ked

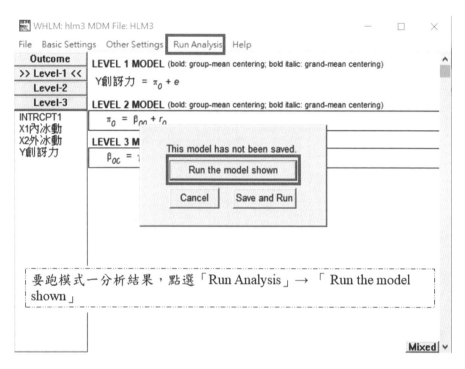

要跑模式一分析結果，點選「Run Analysis」→「Run the model shown」

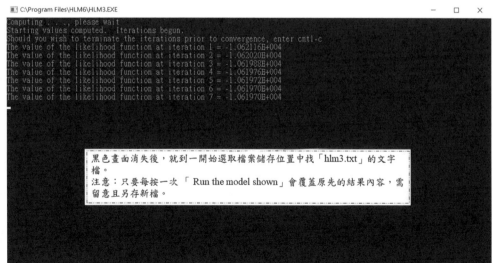

黑色畫面消失後，就到一開始選取檔案儲存位置中找「hlm3.txt」的文字
檔。
注意：只要每按一次「Run the model shown」會覆蓋原先的結果內容，需
留意且另存新檔。

e_{ijk}＝群內　r_{0jk}＝教師
u_{00k}＝學校

```
hlm3.txt - 記事本
檔案(F) 編輯(E) 格式(O) 檢視(V) 說明
Fixed Effect      Coefficient    Error    T-ratio    d.f.    P-value
For INTRCPT1, P0
  INTRCPT2, B00
  INTRCPT3, G000    97.137022    1.910475    50.844    33    0.000

The outcome variable is Y創曙力

Final estimation of fixed effects
(with robust standard errors)

Fixed Effect      Coefficient    Standard    Approx.    P-value
                                 Error       T-ratio    d.f.
For INTRCPT1, P0
  INTRCPT2, B00
  INTRCPT3, G000    97.137022    1.910423    50.846    33    0.000

Final estimation of level-1 and level-2 variance components:

Random Effect        Standard       Variance      df    Chi-square    P-value
                     Deviation      Component
INTRCPT1,    R0       7.04694       49.65933      226   779.55040     0.000
level-1,     E       14.13385      199.76561

Final estimation of level-3 variance components:

Random Effect        Standard       Variance      df    Chi-square    P-value
                     Deviation      Component
INTRCPT1/INTRCPT2, U00   10.60395   112.44383      33   416.04219     0.000

Statistics for current covariance components model
Deviance               = 21239.407321
Number of estimated parameters = 4
```

b_{00}　學校平均創造力之平均數 γ_{000}

e_{ijk}　　r_{0jk}　　u_{00k}

	模式一		
	係數	標準誤	t 值
學校平均創造力之平均數 γ_{000}	97.14	1.91	50.85*
隨機效果	變異量成分	χ^2	p
e_{ijk}	199.77		
r_{0jk}	49.66	779.55	.000
r_{1jk}			
u_{00k}	112.44	416.04	.000

（二）隨機係數迴歸模式

本研究之隨機係數迴歸模式，如下所示：

Level 1：創造力 $_{ijk} = \beta_{0jk} + \beta_{1jk}$ 內在動機 $+ \beta_{2jk}$ 外在動機 $+ r_{ijk}$

Level 2：$\beta_{0jk} = \beta_{00k} + U_{0jk}$

$\quad\quad\quad \beta_{1kj} = \beta_{10k} + U_{1jk}$

$\quad\quad\quad \beta_{2jk} = \beta_{20k}$

Level 3：$\beta_{00k} = r_{000} + U_{00k}$

$\quad\quad\quad \beta_{10k} = r_{100}$

$\quad\quad\quad \beta_{20k} = r_{200}$

此模式是分析學生內外在動機，對學生創造力表現的預測力。由表 5-1 可知，層次一的內在動機與外在動機皆未達顯著水準。除此之外，由表 5-1 也可以觀察到，外在動機的隨機效果在本研究的模式中並不存在，其原因乃是因為本研究在外在動機的隨機效果並未達顯著水準（變異數成分為 1.26，$\chi^2 = 240.28$，$p = 0.202$），所以進一步比較有隨機效果與無隨機效果兩個模式的概似比考驗比較，但在比較不同模式的適配度時，本研究再次以 ML 法求得各模式的離異數。在有隨機效果的模式中離異數為 21235.05，而無隨機效果的模式中離異數為 21236.36，兩者在離異數統計量上的差為 1.31，這個差服從自由度為 3 的 X^2 分配，其考驗結果未達顯著（$p > .05$），表示模式的簡化在本研究中是相當合理的。因此在後續的分析中，外在動機的隨機效果皆不存在。而其操作步驟，如下所示。

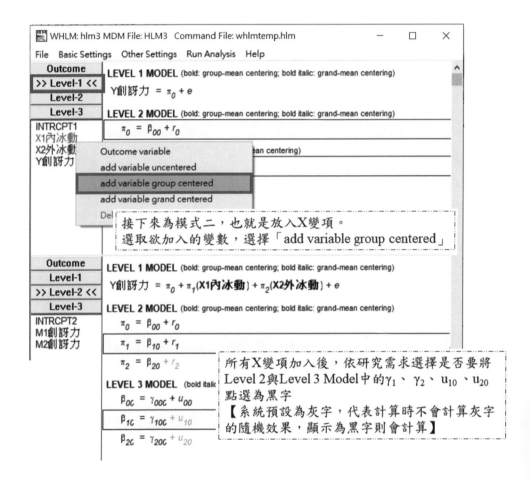

接下來為模式二，也就是放入X變項。
選取欲加入的變數，選擇「add variable group centered」

所有X變項加入後，依研究需求選擇是否要將
Level 2與Level 3 Model中的γ_1、γ_2、u_{10}、u_{20}
點選為黑字
【系統預設為灰字，代表計算時不會計算灰字
的隨機效果，顯示為黑字則會計算】

hlm3.txt - 記事本

檔案(F) 編輯(E) 格式(O) 檢視(V) 說明

```
The outcome variable is  Y創評力

Final estimation of fixed effects
(with robust standard errors)

                                    Standard           Approx.
   Fixed Effect      Coefficient    Error     T-ratio   d.f.    P-value
For     INTRCPT1, P0
  For INTRCPT2, B00
     INTRCPT3, G000     97.169630   1.907939   50.929      33    0.000
For X1內冰動 slope, P1
  For INTRCPT2, B10
     INTRCPT3, G100      0.421867   0.484859    0.870     259    0.385
For X2外冰動 slope, P2
  For INTRCPT2, B20
     INTRCPT3, G200     -0.157780   0.421657   -0.374    2558    0.708


Final estimation of level-1 and level-2 variance components:

                        Standard    Variance
Random Effect           Deviation   Component    df    Chi-square   P-value

INTRCPT1,     R0          7.04119    49.57833    223    776.57080    0.000
X1內冰動 slope, R1         0.89443     0.80000    256    292.02567    0.060
level-1,      E          14.11906   199.34778

Note: The chi-square statistics reported above are based on only 257 of 260
units that had sufficient data for computation. Fixed effects and variance
components are based on all the data.


Final estimation of level-3 variance components:

                        Standard    Variance
Random Effect           Deviation   Component    df    Chi-square   P-value

INTRCPT1/ INTRCPT2, U00  10.61475   112.67286    33    423.40411    0.000
```

	模式二		
	係數	標準誤	t 值
b_{00}			
學校平均創造力之平均數 γ_{000}	97.17	1.91	50.93*
b_{10}			
學生內在動機對創造力的影響 γ_{100}	0.42	0.48	0.87
b_{20}			
學生外在動機對創造力的影響 γ_{200}	-0.16	0.42	-0.37

隨機效果	變異量成分	χ^2	p
e_{ijk}	199.35		
r_{0jk}	49.57	776.57	.000
r_{1jk}	0.8	292.03	.047
u_{00k}	112.67	423.4	.000

（三）跨層次分析

1. 教師創造力教學的完整模型分析

本研究之層次二完整模式分析，如下所示：

Level 1：創造力 $_{ijk} = \beta_{0jk} + \beta_{1jk}$ 內在動機 $+ \beta_{2jk}$ 外在動機 $+ r_{ijk}$

Level 2：$\beta_{0kj} = \beta_{00k} + \beta_{01k}$ 創造力意向 $+ \beta_{02k}$ 創造力技能 $+ U_{0jk}$

$\beta_{1jk} = \beta_{10k} + \beta_{11k}$ 創造力意向 $+ \beta_{12k}$ 創造力技能 $+ U_{1jk}$

$\beta_{2jk} = \beta_{20k} + \beta_{21k}$ 創造力意向 $+ \beta_{22k}$ 創造力技能

Level 3：$\beta_{00k} = r_{000} + U_{00k}$

$\beta_{01k} = r_{010}$

$\beta_{02k} = r_{020}$

$\beta_{10k} = r_{100}$

$$\beta_{11k} = r_{110}$$

$$\beta_{12k} = r_{120}$$

$$\beta_{20k} = r_{200}$$

$$\beta_{21k} = r_{210}$$

$$\beta_{22k} = r_{220}$$

依據表 5-1 的分析結果顯示，教師創造力教學對於學生創造力的直接影響皆未達顯著水準。在內在動機部分，因爲交互作用的係數達顯著水準（γ_{120} = -1.73，t = -2.67，p = 0.009），表示學生內在動機與創造力之間的正向關係會受到創造力技能的調節，並且爲負向調節；也就是說，若老師施以創造力技能的教學時，很可能弱化了原本學生內在動機與創造力之間的正向關係。反之，在外在動機部分，因爲交互作用的係數達顯著水準（γ_{220} = 1.83，t = 2.62，p = 0.009），表示學生外在動機與創造力之間的負向關係會受到創造力技能的調節，並且爲負向調節；也就是說，若老師施以創造力技能的教學時，很可能弱化了原本學生外在動機與創造力之間的負向關係。此外，此部分的分析還須注意層次三的隨機效果在此模式中除了截距項之外，皆是不存在的。此原因在於，在隨機效果分析中，除了截距項外皆未達顯著水準，且進一步比較有隨機效果與無隨機效果兩個模式的概似比考驗比較（以 ML 估計法求得），在有隨機效果的模式中離異數爲 21226.77，而無隨機效果的模式中離異數爲 21231.02，兩者在離異數統計量上的差爲 4.25，這個差服從自由度爲 44 的 χ^2 分配，其考驗結果未達顯著（$p>.05$）。再者，層次三的信度估計值分別介於 0.018 至 0.711，在信度估計值偏低的情況下，表示模式的簡化在本研究中是相當合理的。因此，本研究中層次三的隨機效果皆不存在，其操作步驟如下所示。

模式三，開始放入Level 2的變數至方程式中，選擇「add variable group centered」

LEVEL 1 MODEL (bold: group-mean centering; bold italic: grand-mean centering)

Y創誘力 = π_0 + π_1(**X1內冰動**) + π_2(**X2外冰動**) + e

LEVEL 2 MODEL (bold: group-mean centering; bold italic: grand-mean centering)

π_0 = β_{00} + β_{01}(**M1創誘力**) + β_{02}(**M2創誘力**) + r_0

π_1 = β_{10} + β_{11}(**M1創誘力**) + β_{12}(**M2創誘力**) + r_1

π_2 = β_{20} + β_{21}(**M1創誘力**) + β_{22}(**M2創誘力**) + r_2

LEVEL 3 MODEL (bold italic: grand-mean centering)

β_{0C} = γ_{00C} + u_{00}

β_{01} = γ_{01C} + u_{02} 成功加入Level 2變數後的方程式

β_{02} = γ_{02C} + u_{02}

β_{1C} = γ_{10C} + u_{10}

β_{11} = γ_{11C} + u_{11}

The outcome variable is Y創誘力

Final estimation of fixed effects
(with robust standard errors)

Fixed Effect	Coefficient	Standard Error	T-ratio	Approx. d.f.	P-value
For INTRCPT1, P0					
For INTRCPT2, B00					
INTRCPT3, G000	97.162105	1.907290	50.942	33	0.000
For M1創誘力, B01					
INTRCPT3, G010	0.104886	0.736441	0.142	257	0.887
For M2創誘力, B02					
INTRCPT3, G020	0.831379	0.996087	0.835	257	0.405
For X1內冰動 slope, P1					
For INTRCPT2, B10					
INTRCPT3, G100	0.401693	0.473363	0.849	257	0.397
For M1創誘力, B11					
INTRCPT3, G110	0.565963	0.684605	0.827	257	0.409
For M2創誘力, B12					
INTRCPT3, G120	-1.733362	0.649633	-2.668	257	0.009
For X2外冰動 slope, P2					
For INTRCPT2, B20					
INTRCPT3, G200	-0.154922	0.428761	-0.361	2552	0.718
For M1創誘力, B21					
INTRCPT3, G210	-0.933431	0.606230	-1.540	2552	0.124
For M2創誘力, B22					
INTRCPT3, G220	1.832868	0.699677	2.620	2552	0.009

Final estimation of level-1 and level-2 variance components:

Random Effect		Standard Deviation	Variance Component	df	Chi-square	P-value
INTRCPT1,	R0	7.02473	49.34688	221	775.03359	0.000
X1內冰動 slope,	R1	0.87012	0.75711	254	291.32442	0.053
level-1,	E	14.10478	198.94479			

Note: The chi-square statistics reported above are based on only 257 of 260 units that had sufficient data for computation. Fixed effects and variance components are based on all the data.

Final estimation of level-3 variance components:

Random Effect	Standard Deviation	Variance Component	df	Chi-square	P-value
INTRCPT1/INTRCPT2, U00	10.61799	112.74172	33	424.26359	0.000

	模式三		
	係數	標準誤	t值
b_{00}			
學校平均創造力之平均數 γ_{000}	97.16	1.91	50.94*
b_{10}			
學生內在動機對創造力的影響 γ_{100}	0.40	0.47	0.85
b_{11}			
創造力意向之於學生內在動機對創造力的影響 γ_{110}	0.57	0.68	0.83
b_{12}			
創造力技能之於學生內在動機對創造力的影響 γ_{120}	-1.73	0.65	-2.67*
b_{20}			
學生外在動機對創造力的影響 γ_{200}	-0.15	0.43	-0.36
b_{21}			
創造力意向之於學生外在動機對創造力的影響 γ_{210}	-0.93	0.61	-1.54
b_{22}			
創造力技能之於學生外在動機對創造力的影響 γ_{220}	1.83	0.70	2.62*

隨機效果	變異量成分	χ^2	p
e_{ijk}	198.94		
r_{0jk}	49.34	775.03	.000
r_{1jk}	0.75	291.32	.053
u_{00k}	112.74	424.26	.000

2. 學校創新氣氛的完整模型分析

本研究之層次三完整模式分析，如下所示：

Level 1：創造力 $_{ijk}$ = β_{0jk} + β_{1jk} 內在動機 + β_{2jk} 外在動機 + r_{ijk}

Level 2：β_{0kj} = β_{00k} + β_{01k} 創造力意向 + β_{02k} 創造力技能 + U_{0jk}

$\qquad$ β_{1jk} = β_{10k} + β_{11k} 創造力意向 + β_{12k} 創造力技能 + U_{1jk}

$\qquad$ β_{2jk} = β_{20k} + β_{21k} 創造力意向 + β_{22k} 創造力技能

Level 3：β_{00k} = r_{000} + r_{001} 學校鼓勵 + r_{002} 校長鼓勵 + r_{003} 教職員鼓勵 + r_{004} 挑戰與自主 + r_{005} 資源充分 + r_{006} 學習成長 + U_{00k}

$\qquad$ β_{01k} = r_{010} + r_{011} 學校鼓勵 + r_{012} 校長鼓勵 + r_{013} 教職員鼓勵 + r_{014} 挑戰與自主 + r_{015} 資源充分 + r_{016} 學習成長

$\qquad$ β_{02k} = r_{020} + r_{021} 學校鼓勵 + r_{022} 校長鼓勵 + r_{023} 教職員鼓勵 + r_{024} 挑戰與自主 + r_{025} 資源充分 + r_{026} 學習成長

$\qquad$ β_{10k} = r_{100} + r_{101} 學校鼓勵 + r_{102} 校長鼓勵 + r_{103} 教職員鼓勵 + r_{104} 挑戰與自主 + r_{105} 資源充分 + r_{106} 學習成長

$\qquad$ β_{11k} = r_{110} + r_{111} 學校鼓勵 + r_{112} 校長鼓勵 + r_{113} 教職員鼓勵 + r_{114} 挑戰與自主 + r_{115} 資源充分 + r_{116} 學習成長

$\qquad$ β_{12k} = r_{120} + r_{121} 學校鼓勵 + r_{122} 校長鼓勵 + r_{123} 教職員鼓勵 + r_{124} 挑戰與自主 + r_{125} 資源充分 + r_{126} 學習成長

$\qquad$ β_{20k} = r_{200} + r_{201} 學校鼓勵 + r_{202} 校長鼓勵 + r_{203} 教職員鼓勵 + r_{204} 挑戰與自主 + r_{205} 資源充分 + r_{206} 學習成長

$\qquad$ β_{21k} = r_{210} + r_{211} 學校鼓勵 + r_{212} 校長鼓勵 + r_{213} 教職員鼓勵 + r_{214} 挑戰與自主 + r_{215} 資源充分 + r_{216} 學習成長

$\qquad$ β_{22k} = r_{220} + r_{221} 學校鼓勵 + r_{222} 校長鼓勵 + r_{223} 教職員鼓勵 + r_{224} 挑戰與自主 + r_{225} 資源充分 + r_{226} 學習成長

層次三的學校創新氣氛共包含學校鼓勵、校長鼓勵、教職員鼓勵、挑戰與自主、資源充分以及學習成長等六個構面。而此部分的分析共包含兩個部分。首

先，藉由截距預測模式了解學校創新氣氛對於學生創造力以及教師創造力教學的直接影響效果。接著，藉由斜率預測模式分析學校創新氣氛對於學生創造力以及教師創造力教學交互作用間的調節效果。而由表 5-1 的分析結果可以發現，層次三的調節效果皆不顯著；換言之，學校創新氣氛不具有調節效果。而上述的分析步驟全部整理成表 5-1 作為結果呈現，而操作步驟如下所示。

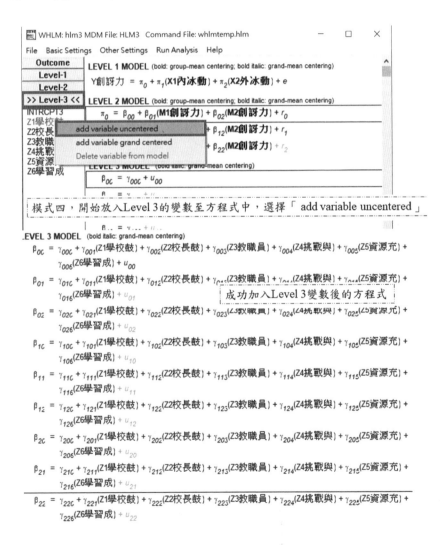

模式四，開始放入Level 3的變數至方程式中，選擇「add variable uncentered」

LEVEL 3 MODEL (bold italic: grand-mean centering)

$\beta_{0C} = \gamma_{00C} + \gamma_{001}(Z1學校鼓) + \gamma_{002}(Z2校長鼓) + \gamma_{003}(Z3教職員) + \gamma_{004}(Z4挑戰與) + \gamma_{005}(Z5資源充) + \gamma_{006}(Z6學習成) + u_{00}$

$\beta_{01} = \gamma_{01C} + \gamma_{011}(Z1學校鼓) + \gamma_{012}(Z2校長鼓) + \gamma_{013}(Z3教職員) + \gamma_{014}(Z4挑戰與) + \gamma_{015}(Z5資源充) + \gamma_{016}(Z6學習成) + u_{01}$

成功加入Level 3變數後的方程式

$\beta_{02} = \gamma_{02C} + \gamma_{021}(Z1學校鼓) + \gamma_{022}(Z2校長鼓) + \gamma_{023}(Z3教職員) + \gamma_{024}(Z4挑戰與) + \gamma_{025}(Z5資源充) + \gamma_{026}(Z6學習成) + u_{02}$

$\beta_{1C} = \gamma_{10C} + \gamma_{101}(Z1學校鼓) + \gamma_{102}(Z2校長鼓) + \gamma_{103}(Z3教職員) + \gamma_{104}(Z4挑戰與) + \gamma_{105}(Z5資源充) + \gamma_{106}(Z6學習成) + u_{10}$

$\beta_{11} = \gamma_{11C} + \gamma_{111}(Z1學校鼓) + \gamma_{112}(Z2校長鼓) + \gamma_{113}(Z3教職員) + \gamma_{114}(Z4挑戰與) + \gamma_{115}(Z5資源充) + \gamma_{116}(Z6學習成) + u_{11}$

$\beta_{12} = \gamma_{12C} + \gamma_{121}(Z1學校鼓) + \gamma_{122}(Z2校長鼓) + \gamma_{123}(Z3教職員) + \gamma_{124}(Z4挑戰與) + \gamma_{125}(Z5資源充) + \gamma_{126}(Z6學習成) + u_{12}$

$\beta_{2C} = \gamma_{20C} + \gamma_{201}(Z1學校鼓) + \gamma_{202}(Z2校長鼓) + \gamma_{203}(Z3教職員) + \gamma_{204}(Z4挑戰與) + \gamma_{205}(Z5資源充) + \gamma_{206}(Z6學習成) + u_{20}$

$\beta_{21} = \gamma_{21C} + \gamma_{211}(Z1學校鼓) + \gamma_{212}(Z2校長鼓) + \gamma_{213}(Z3教職員) + \gamma_{214}(Z4挑戰與) + \gamma_{215}(Z5資源充) + \gamma_{216}(Z6學習成) + u_{21}$

$\beta_{22} = \gamma_{22C} + \gamma_{221}(Z1學校鼓) + \gamma_{222}(Z2校長鼓) + \gamma_{223}(Z3教職員) + \gamma_{224}(Z4挑戰與) + \gamma_{225}(Z5資源充) + \gamma_{226}(Z6學習成) + u_{22}$

The outcome variable is Y創芋力

Final estimation of fixed effects:

Fixed Effect		Coefficient	Standard Error	T-ratio	Approx. d.f.	P-value
For	INTRCPT1, P0					
For INTRCPT2, B00						
INTRCPT3, G000		125.958779	34.894691	3.610	27	0.001
Z1學校鼓, G001		-9.398343	7.302755	-1.287	27	0.209
Z2校長鼓, G002		8.171413	4.026694	2.029	27	0.052
Z3教職員, G003		-17.192683	10.153833	-1.693	27	0.102
Z4挑戰與, G004		12.783860	8.580415	1.490	27	0.148
Z5資源充, G005		-9.668921	7.053253	-1.371	27	0.182
Z6學習成, G006		7.642834	7.594839	1.006	27	0.324
For M1創芋力, B01						
INTRCPT3, G010		-10.350579	19.881892	-0.521	257	0.603
Z1學校鼓, G011		7.160405	4.948441	1.447	257	0.149
Z2校長鼓, G012		-0.101256	3.372281	-0.030	257	0.976
Z3教職員, G013		-3.159629	7.040913	-0.449	257	0.654
Z4挑戰與, G014		3.235217	5.113696	0.633	257	0.527
Z5資源充, G015		-2.817579	4.577978	-0.615	257	0.538
Z6學習成, G016		-1.962679	4.752979	-0.413	257	0.680
For M2創芋力, B02						
INTRCPT3, G020		18.236830	24.936132	0.731	257	0.465
Z1學校鼓, G021		-9.298403	5.376491	-1.729	257	0.084
Z2校長鼓, G022		2.941083	4.162826	0.707	257	0.480
Z3教職員, G023		0.165962	9.029632	0.018	257	0.986
Z4挑戰與, G024		-2.685894	6.127756	-0.438	257	0.661
Z5資源充, G025		-0.671362	5.392015	-0.125	257	0.901
Z6學習成, G026		5.344707	6.792386	0.787	257	0.432
For X1內冰動 slope, P1						
For INTRCPT2, B10						
INTRCPT3, G100		-3.712922	11.828218	-0.314	257	0.754
Z1學校鼓, G101		-2.017210	2.521547	-0.800	257	0.425
Z2校長鼓, G102		-0.037329	1.550193	-0.024	257	0.981
Z3教職員, G103		2.067915	3.251880	0.636	257	0.525
Z4挑戰與, G104		2.769104	2.773878	0.998	257	0.320
Z5資源充, G105		0.074811	2.437552	0.031	257	0.976
Z6學習成, G106		-2.038436	2.645144	-0.771	257	0.442
For M1創芋力, B11						
INTRCPT3, G110		6.307104	21.011630	0.300	257	0.764
Z1學校鼓, G111		1.444777	5.012916	0.288	257	0.773
Z2校長鼓, G112		-3.976676	3.534041	-1.125	257	0.262
Z3教職員, G113		3.037200	7.142241	0.425	257	0.671

Final estimation of level-1 and level-2 variance components:

Random Effect		Standard Deviation	Variance Component	df	Chi-square	P-value
INTRCPT1,	R0	6.87174	47.22082	221	758.19876	0.000
X1內冰動 slope,	R1	1.11056	1.23335	254	282.62091	0.105
level-1,	E	14.04338	197.21662			

Note: The chi-square statistics reported above are based on only 257 of 260 units that had sufficient data for computation. Fixed effects and variance components are based on all the data.

Final estimation of level-3 variance components:

Random Effect		Standard Deviation	Variance Component	df	Chi-square	P-value
INTRCPT1/ INTRCPT2,	U00	8.84653	78.26115	27	299.15950	0.000

模式四

	係數	標準誤	t 值
b_{00}			
學校平均創造力之平均數 γ_{000}	126.08	34.88	3.61*
各學校平均學校鼓勵對創造力的影響 γ_{001}	-9.40	7.30	-1.29
各學校校長鼓勵對創造力的影響 γ_{002}	8.17	4.03	2.03
各學校教職員鼓勵對創造力的影響 γ_{003}	-17.19	10.15	-1.70
各學校挑戰與自主對創造力的影響 γ_{004}	12.78	8.58	1.49
各學校資源充分對創造力的影響 γ_{005}	-9.7	7.05	-1.37
各學校學習成長對創造力的影響 γ_{006}	7.64	7.59	1.01
b_{01}			
各老師創造力意向對創造力意向的影響 γ_{010}	-10.35	19.88	-0.52
各學校平均學校鼓對教師創造力意向的影響 γ_{011}	7.16	4.95	1.45
各學校校長鼓勵對教師創造力意向的影響 γ_{012}	-0.1	3.37	-0.03
各學校教職員鼓勵對教師創造力意向的影響 γ_{013}	-3.16	7.04	-0.45
各學校挑戰與自主對教師創造力意向的影響 γ_{014}	3.24	5.11	0.63
各學校資源充分對教師創造力意向的影響 γ_{015}	-2.82	4.58	-0.62
各學校平均學習成長對教師創造力意向的影響 γ_{016}	-1.96	4.75	-0.41

隨機效果	變異量成分	χ^2	p
e_{ijk}	197.22		
r_{0jk}	47.22	758.2	.000
r_{1jk}	1.23	282.62	.105
u_{00k}	78.26	299.16	.000

表 5-1　學生創造力表現之三層次階層線性模式分析摘要表

	模式一			模式二			模式三			模式四		
	係數	標準誤	t 值	係數	標準誤	t 值	係數	標準誤	t 值	係數	標準誤	t 值
b_{00}												
學校平均創造力之平均數 γ_{000}	97.14	1.91	50.85*	97.17	1.91	50.93*	97.16	1.91	50.94*	126.08	34.88	3.61*
各學校平均學鼓勵對創造力的影響 γ_{001}										-9.40	7.30	-1.29
各學校平均校長鼓勵對創造力的影響 γ_{002}										8.17	4.03	2.03
各學校平均教職員鼓勵對創造力的影響 γ_{003}										-17.19	10.15	-1.70
各學校平均挑戰與自主對創造力的影響 γ_{004}										12.78	8.58	1.49
各學校平均資源充分對創造力的影響 γ_{005}										-9.7	7.05	-1.37
各學校平均學習成長對創造力的影響 γ_{006}										7.64	7.59	1.01
b_{01}												
各老師平均創造力意向對創造力的影響 γ_{010}							0.1	0.74	0.14	-10.35	19.88	-0.52
各學校平均學鼓勵對教師創造力意向的影響 γ_{011}										7.16	4.95	1.45

	模式一			模式二			模式三			模式四		
	係數	標準誤	t 值	係數	標準誤	t 值	係數	標準誤	t 值	係數	標準誤	t 值
各學校平均校長鼓勵對教師創造力意向的影響 γ_{012}										-0.1	3.37	-0.03
各學校平均教職員鼓勵對教師創造力意向的影響 γ_{013}										-3.16	7.04	-0.45
各學校平均挑戰與自主對教師創造力意向的影響 γ_{014}										3.24	5.11	0.63
各學校平均資源充分對教師創造力意向的影響 γ_{015}										-2.82	4.58	-0.62
各學校平均學習成長對教師創造力意向的影響 γ_{016}										-1.96	4.75	-0.41
b_{02}												
各老師平均創造力技能對創造力的影響 γ_{020}							0.83	1.00	0.84	18.24	24.94	0.73
各學校平均校長鼓勵對教師創造力技能的影響 γ_{021}										-9.3	5.38	-1.73
各學校平均校長鼓勵對教師創造力技能的影響 γ_{022}										2.94	4.16	0.71

	模式一			模式二			模式三			模式四		
	係數	標準誤	t 值	係數	標準誤	t 值	係數	標準誤	t 值	係數	標準誤	t 值
各學校平均教職員鼓勵對教師創造力技能的影響 γ_{023}										0.17	9.02	0.02
各學校平均挑戰與自主對教師創造力技能的影響 γ_{024}										-2.69	6.13	-0.44
各學校平均資源充分對教師創造力技能的影響 γ_{025}										-0.67	5.39	-0.13
各學校平均學習成長對教師創造力技能的影響 γ_{026}										5.34	6.79	0.79
b_{10}												
學生內在動機對創造力的影響 γ_{100}				0.42	0.48	0.87	0.40	0.47	0.85	-3.71	11.83	-0.31
學校鼓勵之於學生內在動機對創造力的影響 γ_{101}										-2.02	2.52	-0.8
校長鼓勵之於學生內在動機對創造力的影響 γ_{102}										-0.04	1.55	-0.02
教職員鼓勵之於學生內在動機對創造力的影響 γ_{103}										2.07	3.25	0.64
挑戰與自主之於學生內在動機對創造力的影響 γ_{104}										2.77	2.77	1.0

	模式一			模式二			模式三			模式四		
	係數	標準誤	t 值	係數	標準誤	t 值	係數	標準誤	t 值	係數	標準誤	t 值
資源充分之於學生內在動機對創造力的影響 γ_{105}										0.07	2.44	0.03
學習成長之於學生內在動機對創造力的影響 γ_{106}										-2.04	2.65	-0.77
b_{11}												
創造力意向之於學生內在動機對創造力的影響 γ_{110}							0.57	0.68	0.83	6.31	21.01	0.3
b_{12}												
創造力技能之於學生內在動機對創造力的影響 γ_{120}							-1.73	0.65	-2.67*	-2.53	24.82	-0.1
學校鼓勵之於創造力技能、學生內在動機對創造力的影響 γ_{121}										-2.05	5.46	-0.38
校長鼓勵之於創造力技能、學生內在動機對創造力的影響 γ_{122}										5.44	3.9	1.4
教職員鼓勵之於創造力技能、學生內在動機對創造力的影響 γ_{123}										2.97	8.56	0.35
挑戰與自主之於創造力技能、學生內在動機對創造力的影響 γ_{124}										-2.31	5.83	-0.4

	模式一			模式二			模式三			模式四		
	係數	標準誤	t值	係數	標準誤	t值	係數	標準誤	t值	係數	標準誤	t值
資源充分之於創造力技能、學生內在動機對創造力的影響 γ_{125}										-3.38	5.3	-0.64
學習成長之於創造力技能、學生內在動機對創造力的影響 γ_{126}										-0.44	6.61	-0.07
b_{20}												
學生外在動機對創造力的影響 γ_{200}				-0.16	0.42	-0.37	-0.15	0.43	-0.36	-2.91	10.97	-0.27
學校鼓勵之於學生外在動機對創造力的影響 γ_{201}										3.21	2.41	1.33
校長鼓勵之於學生外在動機對創造力的影響 γ_{202}										0.24	1.49	0.16
教職員鼓勵之於學生外在動機對創造力的影響 γ_{203}										-4.44	3.08	-1.44
挑戰與自主之於學生外在動機對創造力的影響 γ_{204}										1.52	2.56	0.6
資源充分之於學生外在動機對創造力的影響 γ_{205}										-2.23	2.22	-1.01
學習成長之於學生外在動機對創造力的影響 γ_{206}										2.17	2.38	0.91

	模式一			模式二			模式三			模式四		
	係數	標準誤	t值	係數	標準誤	t值	係數	標準誤	t值	係數	標準誤	t值
b_{21}												
創造力意向之於學生外在動機對創造力的影響 γ_{210}							-0.93	0.61	-1.54	-7.63	19.81	-0.39
學校鼓勵之於創造力意向，學生外在動機對創造力的影響 γ_{211}										0.85	5.00	0.17
校長鼓勵之於創造力意向，學生外在動機對創造力的影響 γ_{212}										5.89	3.42	1.72
教職員鼓勵之於創造力意向，學生外在動機對創造力的影響 γ_{213}										-7.08	6.64	-1.07
挑戰與自主之於創造力意向，學生外在動機對創造力的影響 γ_{214}										4.70	4.71	-1.0
資源充分之於創造力意向，學生外在動機對創造力的影響 γ_{215}										-3.86	4.51	-0.86
學習成長之於創造力意向，學生外在動機對創造力的影響 γ_{216}										0.73	4.64	0.16
b_{22}												
創造力技能之於學生外在動機對創造力的影響 γ_{220}							1.83	0.70	2.62*	-12.57	24.28	-0.52

效果	模式一 係數	模式一 標準誤	模式一 t值	模式二 係數	模式二 標準誤	模式二 t值	模式三 係數	模式三 標準誤	模式三 t值	模式四 係數	模式四 標準誤	模式四 t值
學校鼓勵之於創造力技能、學生外在動機對創造力的影響 γ_{221}										0.38	5.28	0.07
校長鼓勵之於創造力技能、學生外在動機對創造力的影響 γ_{222}										-3.22	3.85	-0.84
教職員鼓勵之於創造力技能、學生外在動機對創造力的影響 γ_{223}										9.5	8.51	1.12
挑戰與自主之於創造力技能、學生外在動機對創造力的影響 γ_{224}										-1.87	5.57	-0.34
資源充分之於創造力技能、學生外在動機對創造力的影響 γ_{225}										6.85	5.15	1.33
學習成長之於創造力技能、學生外在動機對創造力的影響 γ_{226}										-7.70	6.17	-1.25

隨機效果

效果	模式一 變異量成分	χ^2	p	模式二 變異量成分	χ^2	p	模式三 變異量成分	χ^2	p	模式四 變異量成分	χ^2	p
e_{ijk}	199.77			198.94			199.35			197.22		
r_{0jk}	49.66	779.55	.000	49.34	776.57	.000	49.58	775.03	.000	47.22	758.2	.000
r_{1jk}	0.8			0.75	292.03	.047	0.8	291.32	.053	1.23	282.62	.105
u_{00k}	112.44	416.04	.000	112.74	423.40	.000	112.68	424.26	.000	78.26	299.16	.000

* $p < .05$ 的顯著水準

從以上的分析結果，可歸納爲以下四點：

1. 學生的內在動機、教師的增進創造力技能及校長鼓勵對學生的創造力表現具有直接影響效果。

2. 創造力技能在內、外在動機與創造力表現間，扮演重要的調節效果。

3. 層次三的學校創新氣氛，不具有任何調節效果。

4. 學校鼓勵對於教師創造力教學行爲，具有直接影響效果。

06

階層線性模式於
縱貫性研究的應用

壹、縱貫性研究的重要性及其課題

　　研究方法若依時間面向來區分，可分為橫斷取向（cross-sectional approach）與縱貫取向（longitudinal approach）兩種。橫斷研究是指在同一個時段內，對研究的所有變項蒐集大樣本資料，這些樣本通常橫跨各部門、企業甚至國家，目的雖然是為了解釋長時間所發生的因果過程，但卻只能切入某個時間點進行觀察，結果容易因為截取的靜止狀態而產生偏頗。縱貫研究是針對固定樣本與變項，在不同時段內進行資料蒐集，可以是相隔幾個月、幾年甚至幾十年，普遍用於解釋時序、測量變化及解釋因果等研究層面，但由於時間範圍拉長，故在資料蒐集上需要花費較多的心力，困難度也較高（王文科，2000；鄭伯壎、樊景立、徐淑英、陳曉萍，2008）。謝小岑（2001）認為多數教育部及縣市教育局的教育統計以及既有的調查研究資料，都採用橫斷的世代研究，雖然可看出各階段教育狀況，但卻無法呈現出學生動態發展情形以及分流學制等學校體系結構性因素對學生學習的影響，即使已經時隔十多年，可以發現教育相關的調查研究產出，仍是沒有太多的縱貫性研究。所以如果想要深入探討教育議題時便需要長期縱貫資料，以比較並分析前一階段事件與經驗對於後續機會、經驗與抱負等方面的影響。由此可知，「站在巨人的肩膀看世界」是相當重要的；然而許多研究卻常常是各行其是，很難建立在既有的研究基礎之上。其主要原因有二：一是研究工具的效度不佳，研究結果無法令後續的研究者相信，而且也不具可複製性。多數學生對於要研究的領域涉獵不深，且對於相關文獻的閱讀也不夠，因此設計出來的問卷或量表經常無法吻合研究目的。可想而知，其研究的品質是相當令人質疑的。二是研究者千辛萬苦所蒐集的資料經常只提供一次研究所需，無法提供其他研究者使用，後續的研究只好反覆蒐集類似的資料，此過程所花費的時間也最多，導致無法投入較多的時間構思主題及撰寫內文（陳正昌，2006）。

　　林生傳（2003）在其對縱貫性及橫斷性研究的專論中打趣地描述：國內大多數從事追蹤研究的論文大多為橫斷性的，原因是「為滿足學位的需要」，由於

獲得學位有其年限的限制，研究者自然不會選擇長期性且前進式的追蹤研究，此語雖打趣，卻也點出目前追蹤研究的無奈。張馨仁（2007）也肯定縱貫研究的領域、範疇是有組織性與群集性的，亦即，一個研究主題並非單一的研究而已，而是能由一個研究團隊針對一個主題的各個面向加以深入追蹤而獲得的整體追蹤結果。如果一個研究假設涉及到時間因素，或者在某種意義上隱含因果關係的話，就需要用縱貫研究。Menard（1991）指出縱貫研究必備的三個條件分別是：1. 研究觀察變項（variable）或項目（item）的資料必須涵蓋兩個以上（含兩個）之時期（time period）；2. 研究的主題或個案必須是相同的；3. 各時期的資料分析是相似的。在這三個前提之下，衍生出兩種不同的研究設計，即前瞻式（prospective panel design）與回顧式（retrospective panel design）。所謂前瞻式是在兩個以上（含兩個）不同的時間點蒐集研究時間範圍所需的資料，而回顧式則是在單一一個時間點上蒐集研究時間範圍的資料。雖然部分學者認為狹義的縱貫研究不應該包括回顧式的方法（Baltes & Nesselroade, 1979），但他們也承認這一觀點並未獲得他人的共識。

　　從 Menard（1991）的定義中可以發現，縱貫研究最主要是在研究同一主題（或個案）其變數（或項目）經過不同時期（time period）的演變。所以，將時間切割成階段性，以便研究同一時期的異同或是不同時期變數間的關聯性，即為縱貫研究的重點之一。如縱貫研究中的世代研究（cohort studies），便是將研究對象依時間階段來區隔，觀察其在各階段的變化。王文科（2000）書中對縱貫研究有更仔細的說法，為蒐集被研究群體一段時間，或蒐集一段時間內至少兩次或多次特定點被研究群體的若干特定點資料，然後以描述或解釋方式報導其變化的情形。因為縱貫式調查是「蒐集被研究群體一長段時間，或蒐集該段時間內若干特定點的資料」，因此調查延續的時間也許很短，也許延續好幾年。此種方式的研究在該研究期間內，至少須在兩次或多次特定點蒐集群體資料，然後以描述或解釋方式報導其變化的情形。總之，縱貫式調查主要在研究一段期間的變化或狀態，但究竟採取哪一種類型，研究延續的時間長度以及蒐集資料的次數，均

攸關研究的客觀性。而像縱貫時間序列研究則是能解決傳統方法所無法處理之情況，如同一題目在不同時間對同一受訪者會引起的誤差（鄭伯壎等人，2008）。由此可知，相關時間數列的縱貫研究，應該先將時間面切割為階段，再設定觀察項目，便可針對不同階段的變數，進行歸納與探討。

　　一般而言，縱貫性研究的共同特性如下：1. 均能提供時間面向的變項。2. 可依據過去時間點所累積的資料，預測未來的變化。3. 透過變化趨勢，發掘促成變化持續進行的機制與因素。4. 藉由不同資料的分析，捕捉蘊含在時間面向下，「發展中、變化中」的「整體影響」與「個別影響」。大抵上，縱貫性研究的類型可以分為以下五種：

　　1. 同時橫斷面研究（simultaneous cross-sectional studies）：在同一時間點，同時蒐集不同年齡層的樣本，構成包含各個年齡的橫斷面研究設計。

　　2. 趨勢分析研究（trend analysis studies）：在不同的時間點，只觀察屬於同一年齡層的樣本，並記錄觀察變項所進行的長期研究。例如：國科會（科技部）自 1985 年以來執行的「臺灣社會變遷基本調查」研究計畫。

　　3. 世代研究（cohort analysis studies）：與趨勢分析相近，但世代分析一般會鎖定特定年齡層（視為某一特定世代）為研究對象，進行長期研究。

　　4. 介入研究（intervention studies）：類以準實驗研究。

　　5. 固定樣本縱貫追蹤研究（panel studies）：針對固定的研究對象，在多個時間點上，進行長期地重複追蹤調查。例如：「臺灣教育長期追蹤資料庫」與「臺灣家庭動態研究」。更可進一步依研究觀點的考量，分為動態（dynamic）的或靜態（static）的研究。所謂動態研究的典型分析策略是以事件歷史分析（event history analysis）；而所謂靜態研究的資料分析策略則是「結構方程模型」（structural equation model）與「對數線性模型」（log-linear model）。在優點上，此方法最能回答「個人」作為一個分析單位的研究議題，長期資料可描繪個人的動態成長過程，以及個人特質在時間作用下，與歷史時空脈絡（國小、國中等）、社會環境（家庭、學校、制度）之間的關係。因此，它是研究重要的突

破，研究之預設也無須再預設個人內在特質與變化效果均為一致（因為內在特質可能隨時間變遷）。故縱貫性追蹤資料與分析技術，是對「個人成長變化」觀察的起點。綜合以上，此方法具有以下特點：1. 允許研究者「觀察」或「評估」在多個時間點中，受訪者身上所形成或產生的任何變化（changes）；2. 提供確立不同變項間因果次序（casual orders）的機會；3. 使得個人層次的動態測量與分析變得可能；4. 促使研究者能夠進一步控制無法觀察到的其他概念變項的干擾影響；5. 依靠多時點重複測量的資料建立變項間因果關係，進而驗證理論概念的連結關係，更能比較不同理論假設與實證資料間的相符程度，以確證不同理論假設的適用性；6. 最重要的特點是，能將「變化」這個關注焦點，確切明白地放入調查研究的研究設計之中。

　　長期資料庫有利於縱貫研究之進行，最常見的使用範疇是醫藥衛生學類文獻，追蹤的年數不定，大致為追蹤 3-5 年，利用所進行的大規模篩檢建立資料庫。而就研究的經濟性而言，不但可以充分利用辛苦建立的資料庫進行各項追蹤，對所欲探討的問題亦可有更深層的了解、對研究群體的掌握也有重要的意義、對研究地區性人民的情形更有示範作用。因此借鏡此類群集式的縱貫性研究，不會零散而無組織，甚至單打獨鬥。其次，縱貫研究中可發現其研究主題較為明確與特定，可說是小題大作，其優點為可深入討論追蹤的結果。但在教育學類的縱貫研究中往往可能因為領域的關係，所以所探究的問題也較廣，會以一個班級學生的現況、生涯歷程、成就表現和教育的看法等為研究主題，所要探討的主題往往很大，例如：學業歷程、教育歷程、適應情形等，這些向度雖然都很珍貴，但有時會給予讀者範圍很大而模糊不清的感覺。因此未來可鎖定一小主題，並於進行此類研究時多留意不同時間之資料屬性，據此，再加以實驗追蹤，將會更為特定且明確（陳正昌，2006；張馨仁，2007）。綜合上述，國內的縱貫性研究未來尚有許多發展的空間，不論在研究主題的組織規劃上、資料庫的建置上、長期追蹤的數量上及跨領域的設計等，均值得繼續努力。因為，藉由縱貫性研究確實有很大的收穫與借鏡（張馨仁，2007）。

　　國內追蹤研究主要以回溯性追蹤（質性、量化研究均有）為研究方法，少數為前進式追蹤，而國外研究多為長期性的縱貫式追蹤或輻合式追蹤，兩者有很大差距（張馨仁，2007）。研究者從臺灣期刊論文索引系統中，查詢相關縱貫性研究自 1997 年至 2019 年共有 57 筆資料，社會科學占 37 篇、應用科學占 14 篇、總類占 1 篇、哲學占 1 篇、語言文字學占 2 篇。社會科學研究以關注家庭與學校情境下的現象為主，如探討家庭型態功能對行為的影響（張芳全、陳俐君，2018；張芳全、于文灝，2016；張芳全、王瀚，2014；石泱、連綠蓉，2006；陳明志、蔡俊章，2004；溫淑盈，2004）、教師效能（吳璧如，2005；蕭佳純，2017）、學生學習成效（張芳全、詹秀雯，2018；許崇憲，2018；楊惠貞、范錚強，2004；高松景、晏涵文、劉潔心，2004；黃秀霜，1997）、學生身心狀況（黃淑貞、洪文綺、殷蘊雯，2003；高毓秀、黃奕清、陳惠燕，2001）；應用科學研究著重在醫藥衛生方面，如健康認知改變及疾病治療觀察（張佳琪，2008；周繡玲、朱基銘、唐婉如，2008；周汎澔、郭詩憲、王瑞霞，2008；余麗樺等人，2001；郭鐘隆等人，2003），以及對醫療的市場發展、品質管理與績效關係之研究（蔡嘉韡、王佳惠、郭乃文，2006；詹定宇、蔡穎吉，2004）；而目前總類僅發表一篇資訊管理對軟體再用效益演變之探討（朱文禎、楊建民，2002）；哲學類僅發表一篇研究心理變項特性及其意義在不同時間點的穩定情況（王文中、吳齊殷，2003）。

　　又從我國碩博士論文的索引中發現，自 1986 年開始出現縱貫性研究，至 2019 年共累積 1,658 筆，其中以教育學類占最多（1,475 篇），如探討學生學習成效（周志偉，2007；陳彥睿，2014；曾俊傑，2018；蔡孟燁，2008），還有關於青少年相關行為主題研究（唐美琪，2017；莊怡婷，2011；陳珈儀，2015；楊靜玟，2017）；再者為醫藥衛生學類（390 篇），如研究以健康相關生活品質、問題行為、治療過程之探討為主，採用縱貫式三角交叉檢視法（triangulation methods），以質性研究方法呈現出研究個案在其情境脈絡下，對自我健康經驗的內容與歷程，建構健康經驗的概念意義，同時量化研究個案健康相關前後之變

化及其影響因素，以建立一套相關的迴歸模式（徐慧君，2015；張媁婷，2018；張贇鑅，2008；彭若瑄，2005；楊秋月，2007；楊雅玲，2005；葉鎂瑱，2017；劉梅英，2009）。此外，尚有社會及行為科學學類（253篇）、商業及管理學類（238篇）、民生學類（113篇）等其他相關研究。

　　由上述搜尋結果可知，國內在一開始並未將追蹤列為必要的向度，致使相關研究類別之篇幅及其研究深廣度仍有待更多的人力與資源投入和建置，畢竟現實情況是多數研究者都提及，因缺少研究經費的支持，以致長期性的追蹤研究目前仍是少有的。而由於長期性的追蹤研究所需經費不貲，除非有研究機構在經費上的支持，否則對一般研究者而言實較難達成。因此如能建置資料庫，實可解決現實面許多問題，在學術價值方面，也才能有如國外的數十年之長期追蹤報告呈現，這對國內學術研究領域為一大突破性進展與貢獻。

貳、階層線性模式於縱貫性研究中的應用

　　縱貫性研究目的可包括描述變項的方向與程度，描述變化的型態、建立改變與某一變項之因果關係、確定個人間的異同。研究方式有六項：預測（prospective）、隨行（follow-along）、追隨（follow-though）、追蹤（follow-up）、回溯（retrospective）和追溯（follow-back）等（高新建，1999）。就測量方法上的缺失而言，過去有關改變的研究所發展出來的測量工具，大多只能用來辨別個體間在固定時間點上的差別；在發展測量工具時，一般甚少考慮到該測量工具是否足以用來區別個體間在改變速率上的差異。過去研究者經常使用之調整測量工具的作法，係以共同的平均數和標準差對各次的分數加以標準化，以便在不同的時間點能有固定的變異數。然而，此種作法十分容易掩蓋個體的成長特性，其對探究改變和改變的影響因素更是不利（O'Connell & McCoach, 2008）。最後可能也是最嚴重的，乃是研究設計上的問題。大多數有關改變的研究只蒐集兩個時間點的資料，例如：前測與後測的分數，此種設計在研究個體的成長時

是不夠的。當研究者想試著解決上述的種種問題，而嘗試分析具有多個量數的資料，並且對受試者之內在個體成長的模式，以及此一成長模式和受試者的其他特質或是其生長環境的各項因素之間的關聯感興趣時，階層線性模式（hierarchical linear models, HLM）是一種可以考慮採用的分析技術。

目前大部分縱貫研究，仍然採用傳統之重複量數 ANOVA 或 MANOVA 來分析資料。此類統計方法未能提供個體之成長軌跡以及與個體成長軌跡關聯之因素探討，而且須滿足其「複對稱性」、測量時距相同和資料完整（排除缺失值）等嚴格的界定（吳璧如，2005）。階層線性模式在第一個層次的分析，即明確地描述個人的成長模式。相對的，傳統多變項重複量數的方式，並未直接對個人成長的變異情形建立模式。因此，在觀念上階層線性模式較富有對成長曲線作分析的精神。階層線性模式並不受複對稱性假定的限制，因此，其並不需要對不相等的變異數及共變數進行調整。亦即，階層線性模式容許各次重複觀察保有彈性的共變數結構，而且能夠提供合適的方法對能影響該結構的因素作直接的假設考驗（Bryk & Raudenbush, 1992; Goldstein, 1995; Heck, & Thomas, 2000）。就線性模式而言，每個受試者至少要有三個時間點；就二次式模式而言，則至少需要有四個時間點。階層線性模式使用研究者在各個時間點所能取得的所有資料，從而進行受試者的迴歸斜率和截距的估計工作（高新建，1999）。對少於必要數目之資料點的受試者，也可以納入階層線性模式的分析。不過研究者必須要能自行查明造成缺失資料的原因，以及有多少受試者沒有足夠的資料點（Hox, 2003）。

簡而言之，變化研究受到概念化、測量及設計等方面不適切的影響。概念方面的考慮是：研究者需要一個模型來引導對研究現象進行更加深入的檢驗。然而，個體變化的研究一直都不能確定一個關於個人成長的明確模型。在測量問題上，個體變化研究經常使用的是在固定時點上對個體差別進行區分的工具，這種測量很少考慮個體之間變化率差異的適當性。此外，在實際應用這種測量工具時，規定「所有時間點上都具有相同變異數」是研究變化及其決定因素的致命問題（Rogosa et al., 1982）。最後，或許也是最重要的，就是研究設計問題。

許多變化研究僅蒐集兩個時點上的資料，這種研究設計對於個體成長過程研究來說是不夠的（Bryk & Raudenbush, 1987; Bryk & Weisberg, 1977; Rogosa et al., 1982），縱貫研究中的頻數與間隔將會嚴重影響統計的精確度（Raudenbush & Liu, 2001）。

　　就階層線性模式的應用而言，每個結果的量數與其基準線和資料蒐集的間距是結合在一起的。如果某位學生在接受教學實驗處理時，因故錯過了某一次的測量，其個人的資料可以在稍後再加以蒐集。此一允許時間變化的方式比傳統固定時間的方式，要來得有彈性（O'Connell & McCoach, 2008）。階層線性模式之所以對資料的要求較富有彈性，是因為其將對個體所作的重複觀察，視為巢套（nested）於個人之內，而非如多變項重複量數之要求每個人均要有相同且固定的一組觀察（Snijders & Bosker, 1999）。就階層線性模式而言，對每個個人所進行的觀察次數，以及各次觀察之間的間隔時間，都可以有所不同。亦即，時間點的變項可以是連續變項，而不一定非要是固定的時間點不可（Bryk & Raudenbush, 1992; Bryk, Raudenbush, & Congdon, 1996）。運用階層線性模式分析縱貫資料時的基本概念為，分析個人之內的重複量數的趨勢，然後檢驗該趨勢如何受到個體特質的影響。國外直接應用 HLM 於縱貫性資料的分析逐年增加，例如：Choi（2004）以及 Jean、Jennifer、Ranjini 與 Katia（2004）、Schonfeld 與 Rindskopf（2007）以及 Tasa、Taggar 與 Seijts（2007）等。國內卻少有這方面的探討，目前僅有吳璧如（2005）、陳玉樹與周志偉（2009）、蕭佳純與董旭英（2011）、蕭佳純與陳雯惠（2012）、蕭佳純（2014、2015、2016、2017、2018）的研究，以 HLM 探討縱貫性資料分析，由此可知，國內在這方面的研究尚有相當大的發展空間。

　　藉由縱貫研究對學生學習曲線的改變、學校教育的成效、教育政策或措施的長期效果等，能夠提供重要訊息給學生家長、關心教育的大眾、教育人員，以及政策制定者（何希慧、劉怡、吳佩真，2010；Anseel & Lievens, 2007; Dawn et al., 2005）。故近幾年間受到國內學界相當的重視，被廣泛應用於國內心理學、

教育學及社會學相關研究，且利用縱貫性分析的階層線性模式來探討學生學習表現，應能在時間的影響下察覺有效的獨特變化情形，如此不但可同時獲得與其他變項之間的關係以及成長模式的平均發展趨勢，還能夠真正顯示個體發展或變化的真實情形，並深入了解變化的歷程，控制樣本變異所造成的偏誤（溫福星，2006；劉子鍵、陳正昌，2003）。在一些研究（何希慧等人，2010；潘淑滿，2003；Brooks, Schraw & Crippen, 2005; Goodman & Wood, 2005; Steelman, Levy, & Snell, 2004）當中，相繼發現學生的學習能力並非固定不變，隨著年齡增長與時間的發展，其成長歷程也會有變化，且會因為重複練習或加強訓練而予以增強，進而有助其心智能力之發展。如 Barron、Harackiewicz 和 Tauer（2001）利用縱貫性的研究發現，若能抱持精熟目標、強烈成就動機，且能持續有興趣主動學習者，更能學習成功。對此 Conley（2003）以及 Yorke、Knight、Baume 與 Tait（2006）相繼肯定應由大學教育培養能力，而有能力的人就是能長時間持續進行有效且合宜的行動，由經驗中學習，並能在挑戰和多變的環境中，運用自己的知識和技能。據此，Naumann、Bandalos 與 Gutkin（2003）指出，只有當學生能夠管理自己，將心力投注在他們的學習時，才能開始真正地吸收學習資源，並能選擇學習策略和途徑以達成他們的學習任務，因此僅以單一層級和單一時間點評估學生的學習成效可能無法顯見其個人特質及環境因素如何發生關聯，還有經時間變化造成的影響。

因此隨著統計技術與電腦程式逐漸的成熟，以及各領域為更進一步解決縱貫資料的階層問題，使得階層線性模式應用在縱貫性的研究漸漸廣受重視。教育領域以縱貫性階層線性模式為主題的實證研究相當多，表示 HLM 在縱貫研究上具有相當大的發展與重要性。其中，在學校組織型態、學校策略與變革、學校領導與效能方面，研究結果（Lee, 2000; Shay & Gomez, 2002; Shin, Espin, Deno & Mc Connell, 2004; Von Secker, & Lissitz, 1997）認為良好的學校組織型態欲達成目標，須重視學校效能研究成果，轉化為領導與改革策略，才能見到成效，也才能帶動師生良好互動與促成良好教育品質。在探討教師教學動機、教學行為及專業

成長的關係方面，檢視其結果（Shay & Gomez, 2002; Shapley, Sheehan, Maloney, & Caranikas-Walker, 2010; Von Secker & Lissitz, 1997）皆顯示彼此可能直接或間接具有正向的中高度相關，且對學生的學習成效與動機亦有高度相關。在生活事件、家庭因素對學生表現方面（Jennifer & Jacquelynne, 2002; Lutz, Stults-Kolehmainen, & Bartholomew, 2010），結果發現不管是對其身體、心理、社會各層面有顯著影響，在學業成績或其他各方面的表現亦有相當程度的影響。在學生背景與特質、學生動機與行為、學生學習型態與成就表現方面（Asendorpf, 2006; Benjamin, 2006; Shay & Gomez, 2002; Shin et al., 2004; Xing, 2008），多數認為不同的家庭、學校，甚至班級、教師對學生造成的影響會因各國界、地域、文化不同而有高低差異，但大致上皆認同會正向影響到學生的成就表現。經上述整理發現，這些國外文獻除了演示教育領域上各種變項對學校、教師、學生三層次或兩層次的交互影響，也分別從理論、測量、評鑑、測量的操作等不同層面來討論縱貫性的 HLM 應用，成為回顧 HLM 技術應用於縱貫資料上的重要文獻。但在 Bryk 與 Raudenbush（1992）、Kreft 和 de Leeuw（1998）整理了涉及 HLM 縱貫性應用的文獻，發現舊有文獻部分可能受限於當時相關知識與技術發展不純熟且沒有太多專業諮詢與書籍，致使後續檢驗其基本假設、過程設定、結果呈現等有所誤差。於此，Raudenbush 與 Bryk（2002）指出 HLM 的縱貫性應用應有更長期發展空間和實證研究展現。

參、縱貫性資料模型

讓我們試想一個問題，如果對學生的語言能力重複觀察四次（Y_1、Y_2、Y_3、Y_4），並將前面 22 位學生的觀察值分別以下圖 6-1 表示之，針對這樣的資料，我們將如何分析？

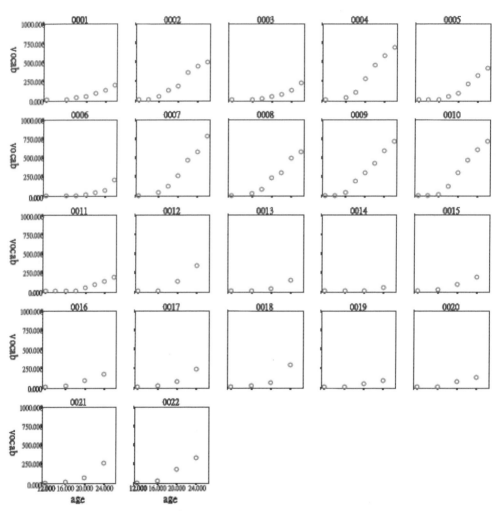

圖 6-1 學生語言能力散布圖

　　若研究者還是以多變量變異數分析或重複測量變異數分析，則可能會遇到以下的限制：第一，無法同時提供不同的函數形式來描述每個受試者依變項隨時間變化的情形，基本上這些方法是用來捕捉整體受試者的平均變化趨勢；第二，僅適合分析無遺漏值的資料，亦即每個受試者的測量時間及測量次數都須相同；第

三，無法考慮個體的特徵對依變項變化趨勢的影響。此時，階層線性模式是一個很值得運用的統計分析技術，而此縱貫性資料的模式分別敘述如下。

一、重複觀察模型（層次一）

許多個體變化現象可以透過一個兩層階層模型來代表。在層次一中，每個人的發展可以用一套獨特參數所決定的個體成長軌跡來表達。這些個人的成長參數是層次二模型中的結果變項，取決於一些個人層次的特徵。就形式而言，將對每一個人的多次觀察視為嵌套於這個人。

假定 Y_{ti} 是一個系統的成長線性或者成長曲線加上隨機誤差的函數。其中，Y_{ti} 是個體 i 在時間 t 上所觀察到的狀態，如果系統的成長隨時間變化可以表達為 P 階多項式的話，就比較方便了。這時層 1 模型可以表示為：

$$Y_{ti} = \pi_{0i} + \pi_{1i}a_{ti} + \pi_{2i}a_{ti}^2 + ... + \pi_{pi}a_{ti}^p + e_{ti} \qquad （公式 6.1）$$

其中，$i = 1, \cdots, n$ 分別表示不同的個人，a_{ti} 是指第 i 個人在時間 t 上的年齡，而 π_{pi} 則是對應於個人 i 的成長曲線的參數 p，它與多項式的階數 P 相關聯（即 $p = 0$, $\cdots$, P），每個人被觀察的時點為 t_i。注意，測量的次數和間隔在每個人之間可以是不同的。

在通常情況下，總是假設 e_{ti} 有一個簡單的誤差結構；也就是說，每一誤差 e_{ti} 是獨立的，服從平均值為 0 和變異數為常數 σ^2 的常態分配。

二、個人層次模型（層次二）

公式 6.1 的一個重要特徵就是，假設個體之間的成長參數是不同的，因此我們發展了層次二模型（如公式 6.2）來表示這種變化。具體來說，對 $P + 1$ 個個體成長參數中的每一個有：

$$\pi_{pi} = \beta_{p0} + \sum_{q=1}^{Qp} \beta_{pq} X_{qi} + r_{pi} \qquad （公式 6.2）$$

其中：

X_{qi} 是測量個人的背景特徵（如性別或社經地位），或是實驗分組（如課程類型或教學評量）。

β_{pq} 表示 X_q 對第 p 個成長參數的效果。

r_{pi} 是平均值為 0 的隨機效果。

假定對第 i 個人的一系列 $P + 1$ 個隨機效果服從多變量常態分配，有滿秩的 $(P + 1) \times (P + 1)$ 階的共變數矩陣 T。

或是更為簡單的將層次一、二的模式，以下列模型表示。

線性成長模式（Linear Growth Model）

$$Y_{ti} = \boxed{\pi_{0i}} + \boxed{\pi_{1i}} T_{ti} + \varepsilon_{ti} \qquad \varepsilon_{ti} \overset{iid}{\sim} N(0, \sigma^2)$$

$$\boxed{\pi_{0i}} = \beta_{00} + \beta_{01} Z_i + u_{0i}$$

$$\boxed{\pi_{1i}} = \beta_{10} + \beta_{11} Z_i + u_{1i} \qquad \begin{matrix} u_{0i} \\ u_{1i} \end{matrix} \sim N\left(\begin{pmatrix} 0 \\ 0 \end{pmatrix}, \begin{pmatrix} \tau_{00} & \tau_{01} \\ \tau_{10} & \tau_{11} \end{pmatrix} \right)$$

截距（intercept）= 觀察值的起始值（initial value）

也就是說，當層 1 為線性模型時，公式 6.1 簡化為：

$$Y_{ti} = \pi_{0i} + \pi_{1i} a_{ti} + e_{ti} \qquad （公式 6.3）$$

其中，我們假定誤差項 e_{ti} 是獨立的，而且服從變異數為相同 σ^2 的常態分配。

於此，π_{1i} 是第 i 個人在資料蒐集過程中的成長率，表示固定單位時間中的期望變化。截距參數 π_{0i} 是第 i 個人在 $a_{ti} = 0$ 時的真實能力，因此，π_{0i} 的具體意義就有賴於年齡的計量單位。

截距和成長率參數都被允許在層 2 中作為個人特徵測量的函數而變化，因此，公式 6.2 可以轉換成公式 6.4：

$$\pi_{0i} = \beta_{00} + \sum_{q=1}^{Q0} \beta_{0q} X_{qi} + r_{0i} \qquad （公式 6.4）$$

$$\pi_{1i} = \beta_{10} + \sum_{q=1}^{Q1} \beta_{1q} X_{qi} + r_{1i}$$

注意，這裡有兩個層 2 的隨機效果 r_{0i} 和 r_{1i}，它們的變異數分別為 τ_{00} 和 τ_{11}，共變數為 τ_{01}。

三、二次成長模型

　　以下說明二次成長模型的應用在建立模型的過程中，如何應用各種假設考驗。因此，層 1 模型變成下面的形式：

$$Y_{ti} = \pi_{0i} + \pi_{1i}(a_{ti} - L) + \pi_{2i}(a_{ti} - L)^2 + e_{ti} \qquad （公式 6.5）$$

　　先前曾經介紹過層 1 預測變數為 a_{ti} 的冪時，可參照一種特定的，或稱預先的（priori）常數 L 置中。這樣，公式 6.5 中每個成長參數都有了實際意義。截距 π_{0i} 代表第 i 個人在時間 L 時的狀況，線性係數 π_{1i} 是指第 i 個人在時間 L 時的瞬間成長率，而 π_{2i} 則是指每一成長曲線的曲率或者加速度。儘管加速度是整個曲線的特徵，但初始狀況和瞬間成長率參數還是取決於 L 值的選擇。

　　在層 2，我們專門為每一個層 1 係數 π_{pi}（其中 $p = 0, 1, 2$）建立各自的公式，即：

$$\pi_{pi} = \beta_{p0} + \sum_{q=1}^{Qp} \beta_{pq} X_{qi} + r_{pi} \qquad （公式 6.6）$$

若以讀者們習慣的 HLM 模式表示，則如下所示。

HLM 第一層（第一層次：受試者內）迴歸模型

$$Y_{it} = \beta_{0i} + \beta_{1i} Time_{it} + \beta_{2i} Time_{it}^2 + \beta_{3i} X_{it} + \varepsilon_{it}$$

HLM 第二層（個案層次：受試者間）迴歸模型

$$\beta_{0i} = \gamma_{00} + \gamma_{01} w_j + \sum_{j=1}^{10} \gamma_{0j+1} z_j + u_{0i}$$

$$\beta_{1i} = \gamma_{10} + \gamma_{11} w_j$$

$$\beta_{2i} = \gamma_{20} + \gamma_{21} w_j + u_{2i}$$

$$\beta_{3i} = \gamma_{30}$$

其中層次二模型的各公式不相同的原因，乃是因為對於層次二的影響因素可以不盡相同。在係數的解釋上，一般來說，在某一特定年齡上的成長率是成長率模型對年齡的一階導數。對於二次成長模型來說，

$$年齡\ t\ 時的成長率 = \pi_{1i} + 2\pi_{2i}(a_{ti} - L) \qquad （公式\ 6.7）$$

肆、其他形式的成長模式

一、分段線性成長模式

對資料的探測檢視呈現是非線性時，一種選擇是將曲線成長軌跡拆成幾段。當希望從實際意義上比較兩段不同時期中的成長率時，這種方法就特別有吸引力。可能的研究問題包括：「第一段時期的成長率上的差異是否比第二段更大？」、「這兩段時期中對成長率的影響因素是否相同？」例如：Frank 和 Seltzer（1990）曾對芝加哥公立學校一年級到六年級之間，學生閱讀能力的提高

做了調查。在每個學年末對每個學生安排一次測驗，但由於各種原因，某些學生一次或多次未能參加其中的測驗。根據性別、種族和學校分別選擇部分樣本，對某些個人和子類樣本的成長軌跡進行探索性分析後發現，一年級到三年級之間的學生在提高閱讀能力時與四年級以上的同學存在著模式上的差異。前者的成長率與後者相比，表現出速度更快、差別更大的特點。這個結果表示，可以利用兩段的線性成長模式來嘗試適配：第一段時期用一個統一的成長率，後一段時期用另一個不同的成長率。具體的說，層 1 模型可以設爲：

$$Y_{ti} = \pi_{0i} + \pi_{1i}a_{1ti} + \pi_{2i}a_{2ti} + e_{ti} \qquad （公式 6.8）$$

其中，a_{1ti} 和 a_{2ti} 分別爲研究中所定義的編碼變數，表示分段的迴歸。

二、隨時間變動的共變數

在某些應用中，除了年齡或時間外，可能用其他形式的層 1 預測變數來解釋 Y_{ti} 的變化，我們將這些指標稱爲隨時間變動的共變數（time-varying covariates）。例如：在閱讀能力研究中，假設還有另一個測量指標來表示每一年級學生的缺席狀況。試想，如果一位兒童在一個學年中缺席了很長一段時間，那麼，這位兒童在期末時所能取得的成績肯定會低於個人成長軌跡的預測值。這種臨時的變化可以透過在公式 6.8 的層 1 模型中，加入學生的缺席指標來表示。具體地說，當定義 a_{3ti} 爲在某一階段的缺席狀態，那麼，層 1 模型就成爲：

$$Y_{ti} = \pi_{0i} + \pi_{1i}a_{1ti} + \pi_{2i}a_{2ti} + \pi_{3i}a_{3ti} + e_{ti}$$

伍、實例分析與操作說明

一、研究樣本

　　本研究之研究對象為國小任教的初任教師。由於近年來受到少子化、師資膨脹的影響，使得流浪教師暴增、教師缺額的需求亦逐年降低，故國小初任教師的樣本難以取得，且每個縣市的初任教師人數相當的稀少，甚至有未開缺的縣市，本研究採縱貫性研究，欲了解初任教師在創意教學行為上的成長，因此樣本的選取以便利性為主，以掌握樣本的回收。問卷發放情形如下：共有 62 所國小，78 名教師協助進行調查。本縱貫性研究資料可被視為多階層的資料，即對於同一個體的重複觀察資料嵌套該個體，形成至少具有兩階層資料，階層一為對個人的重複觀察模式，階層二為以階層一成長參數為結果變項的個人層次模式，因此，可使用階層線性模式（hierarchical linear modeling, HLM）來分析資料，亦即於第一層的單位是各時間點對研究樣本數的重複觀察，而它也巢套於第二層單位中的每一名教師（溫福星，2006；Pascarella & Terenzini, 2005）。

二、研究架構

　　初任教師的創意教學可能隨時間變動而不同；其創意角色認定的程度又可能對創意教學行為造成影響，抑或產生不同創意教學成長速率，故形成本研究之架構，如圖 6-2。須特別補充說明的是，本研究架構中並未考量任何控制變項，理由在於目前有關於初任教師創意教學行為的相關研究中，有關於教師個人背景變項，例如：是否擔任導師、行政、年資、性別等的討論並不多，因此在缺乏相關研究及理論基礎下，本研究並未加入控制變項，而架構圖中共有三個研究假設。

三、研究變項測量

　　本研究採用問卷調查方式長期蒐集資料，以文獻分析歸納出的變項包含時間、創意角色認定以及創意教學行為。針對各變項界定與測量說明如下：

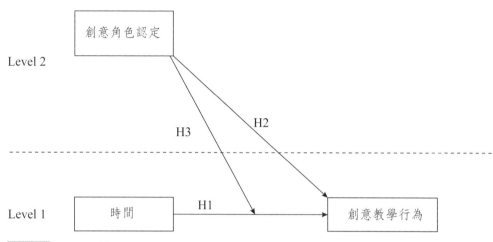

Level 2　創意角色認定

H3　H2

Level 1　時間　H1　創意教學行為

圖 6-2　研究架構圖

註：「時間」所指為本研究施測的時間點，由同一群教師填答四次的縱貫性時間。

（一）時間

　　本研究由同一群初任教師填答之縱貫資料，一共施測四次，並於每一學期開學的一個月內進行調查。所以四次調查的時間分別為 100 年 9～10 月間、101 年 2 月～3 月間、101 年 9～10 月間，以及 102 年 2 月～3 月間，施測時間共兩年。於此，將時間變項取各組中點，並選取第一次施測點置中設定為 0，表示起始狀態，往後推算以年為單位，分別為第二次施測的 0.5 年、第三次施測的 1 年和第四次施測的 1.5 年。

（二）創意角色認定

　　本研究採用 Jaussi、Randel 和 Dionne（2007）編製的量表共 4 題，其中第 3 題是反向題。以 Likert 六點量表測量，所得到的分數愈高，則其創意角色認定在個人認定中所占地位愈高。本研究將量表中文化後，經 50 位教師先行進行預試及探索性因素分析，經項目分析後，各題項校正項目總分相關係數從 .489~.713，決斷值從 23.33~46.96；因素分析共抽取一個共同因素，命名為

「創意角色認定」，累積解釋變異量為 69.89%，而預試時的 Cronbach's α 值為 .82。而正式量表經驗證性因素分析後得 SRMR、GFI 值分別為 .017、.94 均達到理想標準。在增值適配度方面，適配度指數 NFI、RFI、IFI、CFI 依序為 .94、.94、.95、.95，皆大於 .90 的標準，RMSEA = .004，顯示此構念之效度達適配水準。本量表 Cronbach's α 值為 .84，結果顯示信度良好，以上資料皆顯示本量表的理論行為與觀察資料的整體適配度達到理想標準。

（三）創意教學量表

本研究採用陳玉樹、胡夢鯨（2008）修改自 Scott 與 Bruce（1994）的量表，創意教學表現共六題，例如：「我常使用新方法來提升教學品質」。以 Likert 六點量表測量，所得分數愈高，表示教師的創意教學表現愈好。問卷發放回收後，採用 LISREL 進行驗證性因素分析，GFI = .90、NNFI = .91、CFI = .92、RMSEA = .054、SRMR = .027，其內部一致性係數 Cronbach's α 值為 .90，顯示此構念之信、效度均良好。

此外，須補充說明的是，因本研究的問卷均採用教師填答方式，所以在問卷回收之後以哈門氏單因子測試法（Harman's one-factor test; Podsakfoff, MacKenzie, Lee, & Podsakfoff, 2003）檢測是否可能產生共同方法變異（common method variance, CMV）的問題。本研究將所有題項一起進行因素分析，在未轉軸的情況下可萃取兩個因子，其中也未有包含綜合的因子，而第一個因素的解釋變異量僅占 16.7%，因此並未發生嚴重的共同方法變異問題。

四、成長模式的評估

為了評估並選擇較佳的模式，本研究以概似比考驗（likelihood ratio test），使用卡方值差異檢驗（χ^2 difference test）來比較兩個模型的離異數（deviance）與自由度（degree freedom）。當複雜模型的離異數降低，其改變可以超過卡方顯著值，則選擇複雜模型；反之，則保留簡單模型。概似比考驗估計法改以最大概似法進行之。

五、研究結果與分析

（一）敘述統計與相關分析

　　由表 6-1 可知，單就平均數之呈現，可發現初任教師的創意教學行為於兩年間呈現先上升後下降的發展趨勢；換句話說，初任教師於剛到學校任教的第一、二學期，創意教學行為呈現上升趨勢；到第二學期時為最高點（平均數為 4.48），但自此開始逐漸下降，但是到第四學期的創意教學行為又稍回升，但仍是比第一學期時略高些。

表 6-1　研究變項描述統計與相關情形摘要表

	平均數	標準差	1	2	3	4	5
1. 創意角色認定	4.36	0.69	—				
2. 創意教學行為 (1)	4.27	0.76	.49**	—			
3. 創意教學行為 (2)	4.48	0.80	.37**	.58**	—		
4. 創意教學行為 (3)	4.36	0.82	.56**	.62**	.78**	—	
5. 創意教學行為 (4)	4.39	0.72	.50**	.52**	.74**	.62**	—

註1：** $p < .01$
註2：創意教學行為(1)、創意教學行為(2)、創意教學行為(3)、創意教學行為(4)表示四次施測的時間點。
註3：此相關係數為各變項之題項加總平均的得分進行分析。

　　由表內的相關分析可知，創意角色認定與各學期的創意教學行為皆呈現顯著正相關（$p < .01$），表示創意角色認定對於四次調查的初任教師而言，都有可能對創意教學行為產生影響，亦即創意角色認定愈強，創意教學行為愈高。此外，各次調查之間的創意教學行為亦達到顯著相關，表示後一次的創意教學行為與前一次的創意教學行為強度是息息相關的。

（二）以階層線性成長模式進行縱貫性分析

本研究以階層線性模式進行資料分析，探討初任教師的創意教學行爲隨時間成長之變化及創意角色認定對創意教學行爲成長速率的可能影響。層次一之解釋變項爲時間，層次二之解釋變項則爲創意角色認定。

1. 虛無模式

虛無模式主要在檢驗測量資料中，是否具有組內一致性（consistency within-group）與組間變異（variances between-group），確認使用 HLM 分析的適當性。其公式如下：

$$Y_{ti} = \pi_{0i} + e_{ti}$$
$$\pi_{0i} = \beta_{00} + r_{0i}$$

其中 i = 1, 2, ……, n 爲個體，Y_{ti} 爲對初任教師於時間點 t 所測量到的創意教學行爲；π_{0i} 爲截距項，代表教師 i 的平均創意教學得分；e_{ti} 爲層次一的隨機誤差，假定每一個 e_{ti} 均爲常態分配，其平均數爲 0 且有共同的變異數 σ^2。β_{00} 爲所有教師樣本的平均創意教學得分，r_{0i} 爲層次二之隨機效果。

由表 6-2 可知，層次二的個體間變異成分（between group component, τ_{00}）顯著異於 0（χ^2 = 314.74，df = 77，p < .001），滿足階層線性模式中，依變項的個體內與個體間必須存在顯著變異之要求。層次一個體內變異成分（within group component, σ^2）之值爲 1.617；計算出組內相關係數 ICC 之值爲 .497，遠高於 .059 的標準，且高於 .138 時可稱爲高度關聯（溫福星，2006），即個體內相關係數高。由上可知，在創意教學行爲的總變異量中，來自個體間的變異量占 49.7%，而個體內重複測量的變異量占 50.3%；換言之，創意教學行爲存在著教師間與教師內變異，不同教師間的創意教學行爲得分有顯著的差異，因此適合進行後續之 HLM 分析。而在 HLM 中，操作步驟則如下所示，需要特別說明的是，縱貫性資料於 SPSS 呈現與橫斷性資料有不同之處。縱貫性資料須將資料整理爲直的，每一波次整理爲一橫列，且需要按照 ID 順序來排列，並須有「time」與「time

平方」及波次的變數欄位。以本研究共蒐集四波資料，故 ID111 即有四橫列資料。而變項中的 time2 指的是時間的平方項，而時間變項也都以第一波的調查時間進行平減，而時間的變項可以週、月，甚至是年來作為登錄依據。

表 6-2 階層線性模式分析結果摘要表

	虛無模式			非條件化成長模式			條件化成長模式		
	係數	標準誤	t 值	係數	標準誤	t 值	係數	標準誤	t 值
固定效果									
初階段創意教學（π_{0i}）									
β_{00}	4.27	.17	25.12**	4.29	.19	22.58**	4.27	0.36	11.82***
β_{01}							1.23	0.31	4.01***
成長率（π_{1i}）									
β_{10}				1.52	.58	2.62***	5.41	4.89	1.11
加速度（π_{2i}）									
β_{20}				-0.99	.41	-2.44**	-3.28	1.22	-2.69**
β_{21}							-0.95	0.36	-2.64**
隨機效果									
	變異數成分	χ^2	p 值	變異數成分	χ^2	p 值	變異數成分	χ^2	p 值
e_{ti}	1.617			1.193			1.011		
r_{0i}	1.598	314.74**	< .001	1.677	124.22	< .001	1.293	107.58	< .001
r_{1i}				4.504	64.89	.221			
r_{2i}				1.331	107.21	< .001	1.127	102.46	< .001

* $p < .05$ ** $p < .01$ *** $p < .001$

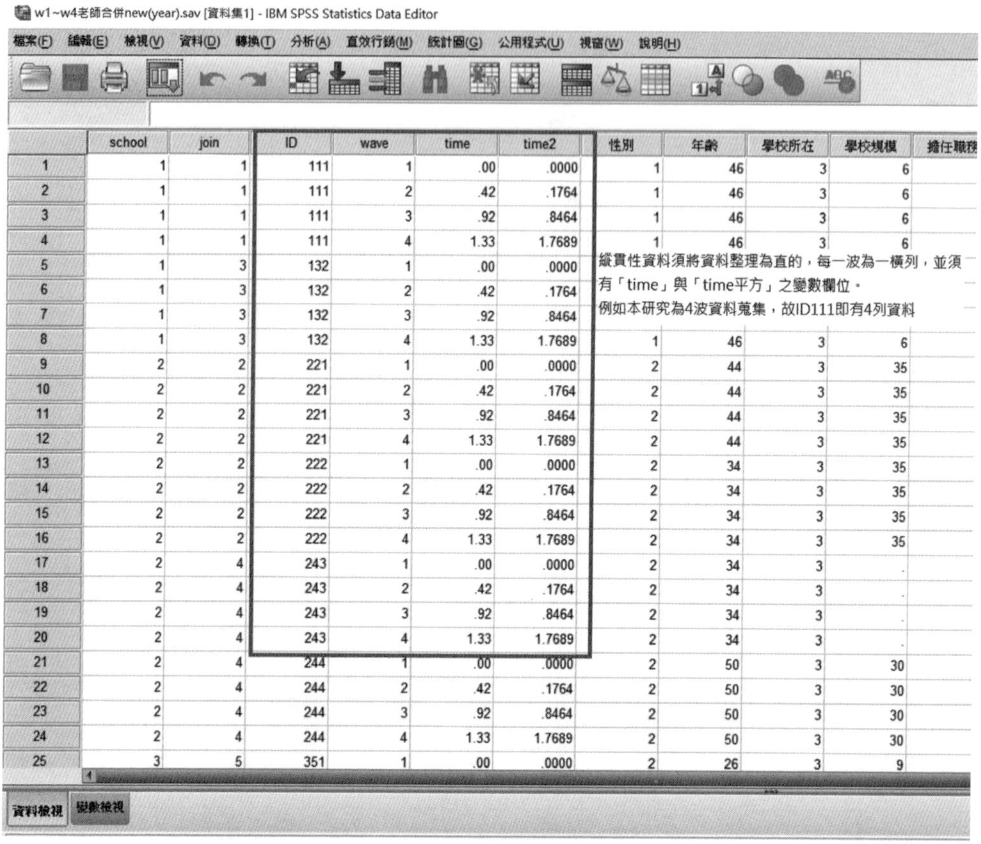

	school	join	ID	wave	time	time2	性別	年齡	學校所在	學校規模	擔任職務
1	1	1	111	1	.00	.0000	1	46	3	6	
2	1	1	111	2	.42	.1764	1	46	3	6	
3	1	1	111	3	.92	.8464	1	46	3	6	
4	1	1	111	4	1.33	1.7689	1	46	3	6	
5	1	3	132	1	.00	.0000					
6	1	3	132	2	.42	.1764					
7	1	3	132	3	.92	.8464					
8	1	3	132	4	1.33	1.7689	1	46	3	6	
9	2	2	221	1	.00	.0000	2	44	3	35	
10	2	2	221	2	.42	.1764	2	44	3	35	
11	2	2	221	3	.92	.8464	2	44	3	35	
12	2	2	221	4	1.33	1.7689	2	44	3	35	
13	2	2	222	1	.00	.0000	2	34	3	35	
14	2	2	222	2	.42	.1764	2	34	3	35	
15	2	2	222	3	.92	.8464	2	34	3	35	
16	2	2	222	4	1.33	1.7689	2	34	3	35	
17	2	4	243	1	.00	.0000	2	34	3	.	
18	2	4	243	2	.42	.1764	2	34	3	.	
19	2	4	243	3	.92	.8464	2	34	3	.	
20	2	4	243	4	1.33	1.7689	2	34	3	.	
21	2	4	244	1	.00	.0000	2	50	3	30	
22	2	4	244	2	.42	.1764	2	50	3	30	
23	2	4	244	3	.92	.8464	2	50	3	30	
24	2	4	244	4	1.33	1.7689	2	50	3	30	
25	3	5	351	1	.00	.0000	2	26	3	9	

圖 6-3

縱貫性資料須將資料整理爲直的，每一波爲一橫列，
並須有「time」與「time平方」之變數欄位。
例如本研究爲4波資料蒐集，故ID111即有4列資料

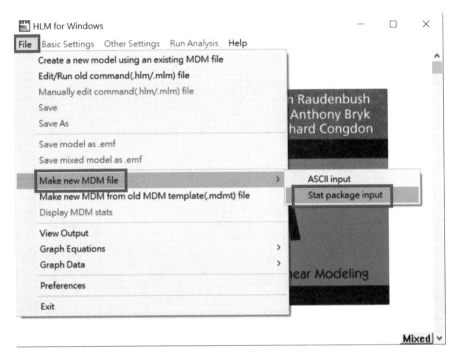

圖 6-4　開啓 HLM 軟體，「File」 → 「Make new MDM file」 → 「Stat package input」

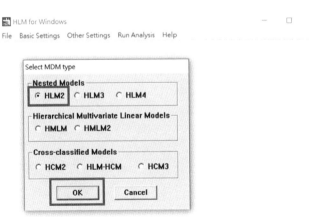

圖 6-5　選擇「HLM2」 → 「OK」

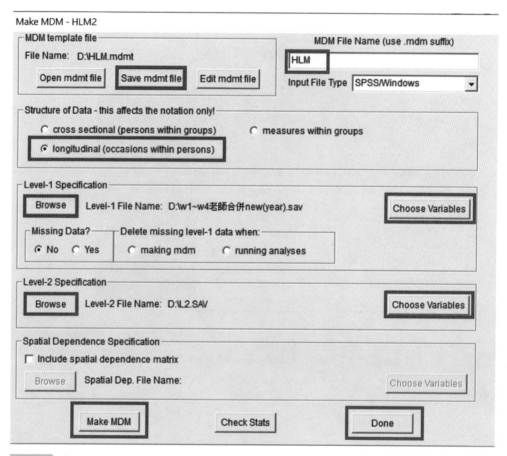

圖 6-6　先 更 改 為 「longitudinal (occasions within persons)」 後，再 選 擇 Level 1 與 Level 2 之 SPSS 檔案

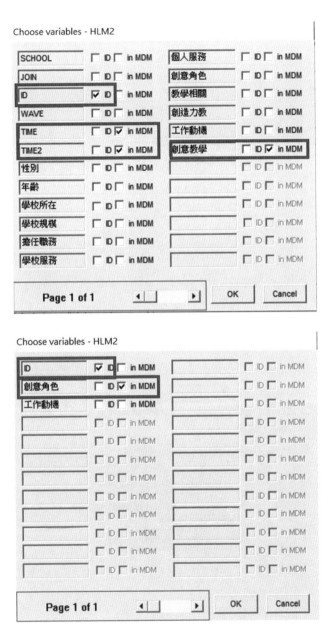

圖 6-7、6-8　分別選擇 Level 1 與 Level 2 的辨識 ID 與變數，選取完畢後取檔名→儲存檔案後，點選按「Make MDM」，接下來如果有出現選取之變項之敘述統計則代表資料讀取成功。讀取成功後按「Done」，則進入 HLM 操作介面

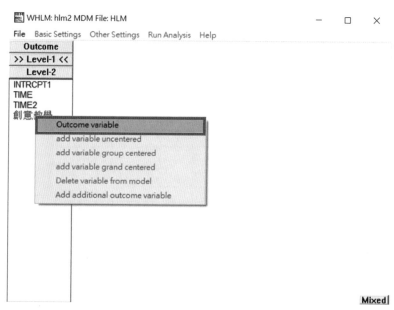

圖 6-9　選擇將要作為依變項（Y）點選後選擇「Outcome variable」

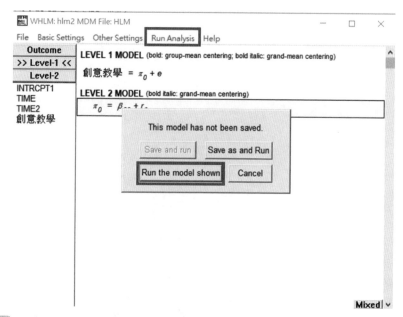

圖 6-10　要跑虛無模式分析結果，點選「Run Analysis」→「Run the model shown」

Final estimation of fixed effects
(with robust standard errors)

Fixed Effect	Coefficient	Standard error	t-ratio	Approx. $d.f.$	p-value
For INTRCPT1, π_0					
INTRCPT2, β_{00}	4.271971	0.173968	25.124	77	<0.001

Final estimation of variance components

Random Effect	Standard Deviation	Variance Component	$d.f.$	χ^2	p-value
INTRCPT1, r_0	2.13911	1.59841	77	314.74238	<0.001
level-1, e	2.06284	1.61731			

圖 6-11　虛無模式結果

2. 非條件化成長模式

　　當虛無模式得到驗證後，接著進行非條件化成長模式與成長曲線模型之檢定，以驗證層次一中的斜率與截距是否存在；也就是說，須透過兩個變數來表示：時間（time）與時間平方（time²）（Fitzmaurice, Laird & Ware, 2004），其成長可能是緩慢、減少或加速，因此更複雜的成長曲線則須解釋其成長速率（謝俊義，2010）。以下為初任教師創意教學成長線性模型及成長曲線模型之公式。

　　(1) 成長線性模型公式

$$Y_{ti} = \pi_{0i} + \pi_{1i}(Time)_{ti} + e_{ti}$$
$$\pi_{0i} = \beta_{00} + r_{0i}$$
$$\pi_{1i} = \beta_{10} + r_{1i}$$

(2) 成長曲線模型公式

$$Y_{ti} = \pi_{0i} + \pi_{1i}(Time)_{ti} + \pi_{2i}(Time)^2_{ti} + e_{ti}$$
$$\pi_{0i} = \beta_{00} + r_{0i}$$
$$\pi_{1i} = \beta_{10} + r_{1i}$$
$$\pi_{2i} = \beta_{20} + r_{2i}$$

謝俊義（2010）表示，若要評估成長曲線模型是否比線性成長模型適配度來得好，可使用概似比考驗（likelihood ratio test）來評估。所以，關於時間的變化率，本研究先進行非條件化線性成長與成長曲線等兩個模式的概似比考驗，將此兩模型的離異數統計量進行比較。數據指出，第一個線性模型的離異數爲898.03，自由度爲 6，第二個成長曲線的離異數爲 886.71，自由度爲 10，兩者之差爲 11.32，此差服從自由度爲 4 的卡方分配，考驗結果達到顯著（$p = .02$），表示兩模型之間有差異，使用簡化之線性模式並不恰當。據此，本研究採用二次曲線成長模式，以檢驗初任教師創意教學是否存在不同的截距與斜率。

如表 6-2 所示，非條件化成長模式中，初任教師創意教學初階段之固定效果 $\beta_{00} = 4.29$（se = .19），達到顯著水準（$p < .001$），成長率 $\beta_{10} = 1.52$（se = .58），達到顯著水準（$p < .001$），曲率 $\beta_{20} = -.99$（se = .41），亦達到顯著水準（$p < .001$）。成長率 β_{10} 爲正值，而曲率 β_{20} 爲負值，可知初任教師創意教學變化爲一開口向下之圖形，表示初任教師創意教學成長呈現先上後下之趨勢。隨機效果部分，測量個人成長曲線參數變異情形之估計值，截距項 r_{0i} 的變異 = 1.677，達到顯著水準（$p < .001$），成長率 r_{1i} 的變異 = 4.504，未達顯著水準（$p = .221$），曲率變異 $r_{2i} = 1.331$，亦達到顯著水準（$p < .001$）。結果指出，截距項與二次項之變異皆達到顯著，但一次項的變異未達顯著，表示在初任教師創意教學間之截距及曲率存在顯著差異。

對於二次成長模型而言，某一特定時間（t）的平均成長率爲模型的一階導數（也就是瞬間成長率），其公式爲：$\beta_{10} + 2\beta_{20}$(time)，而表 6-2 的成長率指的就

是 t = 0 時的瞬間成長率。據此，初任教師創意教學從第一學期至第二學期時的平均成長率為 0.53（即 1.52 + 2×-0.99×0.5），第二學期至第三學期時為 -0.46，第三學期至第四學期時為 -1.45。亦即，初任教師的創意教學行為從剛到學校的第一學期到第二學期間是屬於正成長，平均上升 0.53 個單位，但是第二學期到第三學期時就開始呈現負成長，平均下降 .46 個單位，到第三學期至第四學期時，持續呈現負成長的現象，下降幅度為 1.45 個單位。此研究結果支持假設一：初任教師的創意教學行為會在任教的兩年內呈現先上後下的曲線發展趨勢；也就是說，在第二學期開始，初任教師的創意教學行為將開始逐漸下降，且愈加明顯，而依據研究結果所繪製的成長趨勢圖如圖 6-12 所示。而操作步驟如圖 6-13 到圖 6-16，分析結果如圖 6-17。再者，比較此模式與虛無模式可知，創意教學行為層次一時間變項所解釋的變異數比例為 26.22%，即引進時間變數可以減少第一層誤差項的變異數達 26.22% 的程度。

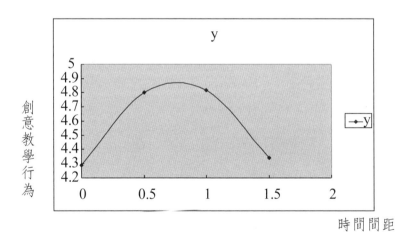

圖 6-12　非條件化成長模式

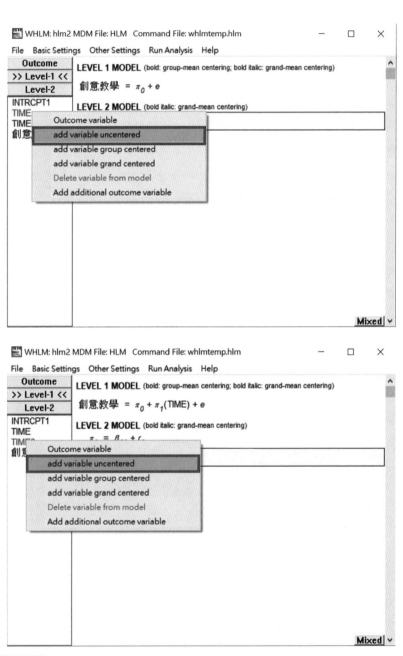

圖 6-13、6-14 非條件化成長模式，分別放入「TIME」、「TIME2」，並選擇「add variable uncentered」

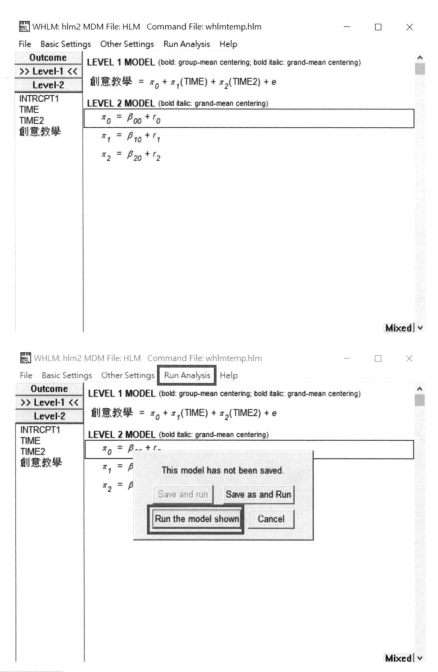

圖 6-15、6-16　加入完畢後，即可點選「Run Analysis」→「Run the model shown」

(with robust standard errors)

Fixed Effect	Coefficient	Standard error	t-ratio	Approx. $d.f.$	p-value
For INTRCPT1, π_0					
INTRCPT2, β_{00}	4.291655	0.191873	22.581	77	<0.001
For TIME slope, π_1					
INTRCPT2, β_{10}	1.521878	0.578529	2.620	77	<0.001
For TIME2 slope, π_2					
INTRCPT2, β_{20}	-0.994343	0.414521	-2.442	77	<0.001

Final estimation of variance components

Random Effect	Standard Deviation	Variance Component	$d.f.$	χ^2	p-value
INTRCPT1, r_0	2.22369	1.67718	57	124.22341	<0.001
TIME slope, r_1	0.27467	4.50445	57	64.88898	0.221
TIME2 slope, r_2	0.01107	1.33112	57	107.21209	<0.001
level-1, e	1.84345	1.19331			

圖 6-17　非條件化成長模式結果

3. 條件化成長模式

　　由於非條件化成長模式的截距項與二次成長曲線的曲率變異成分達到顯著，需要繼續進行條件化成長模式的分析，以檢驗層次二變項（創意角色認定）對教師創意教學的影響及其是否會對教師創意教學發展趨勢中產生不同的成長曲

率，分析之模型如下所示：

$$Y_{ti} = \pi_{0i} + \pi_{1i}(Time)_{ti} + \pi_{2i}(Time)^2_{ti} + e_{ti}$$

$$\pi_{0i} = \beta_{00} + \beta_{01}（創意角色認定）+ r_{0i}$$

$$\pi_{1i} = \beta_{10}$$

$$\pi_{2i} = \beta_{20} + \beta_{21}（創意角色認定）+ r_{2i}$$

　　在開始分析之前，由表 6-2 可以注意到，相對非條件成長模式而言，條件化成長模式的標準誤都較大，是否可能共線性造成問題？作者經共線性檢驗後發現，VIF 值介於 1.12~1.96，並未有共線性問題的疑慮。條件化成長模式如表 6-2 所示，教師初階段之創意教學行為（π_{0i}）部分，截距項（β_{00}）為 4.27，解釋變項創意角色認定（β_{01}）為 1.23，兩者均達顯著，表示初任教師在剛任教時的創意教學行為有顯著的個體間差異，且創意角色認定會對於教師初階段（剛任教時）之創意教學行為產生影響。由表 6-2 的分析結果可知，教師初階段（剛任教時）之創意教學行為會因為創意角色認定（$t = 4.01, p < .001$）之不同而有差異，其中，創意角色認定愈高的教師，其創意教學行為愈高。須特別提及的是，本研究所分析層次二（創意角色認定）對於層次一變項（創意教學行為）之直接效果，並非如同過去文獻以橫斷式研究進行討論，而是以初始的創意角色認定預測教師初階段（剛任教時）之創意教學行為，此分析結果支持本研究假設二：創意角色認定對教師剛任教時之創意教學行為有正向影響；換言之，創意角色認定可有效預測教師初階段（剛任教時）之創意教學行為。此外，截距誤差項隨機效果部分，其變異數成分（r_{0i}）之值為 1.293，χ^2 值為 107.58，達到顯著（$p < .001$），表示仍存在可能影響教師創意教學行為截距差異的個體層次變數尚未被本研究所討論；也就是說，可能還有其他因素會影響教師初階段（剛任教時）的創意教學行為。

　　在成長曲線模式的調節效果部分，初始的創意角色認定之係數達到顯著（β_{21}

= -0.95，t = -2.64，p = .013），表示創意角色認定會影響教師創意教學行為的二次成長曲線趨勢，且由表中數據可知，β_{21} 為負值，表示創意角色認定對於教師創意教學行為的成長曲線為負向影響，但是因為創意教學行為是一個先上後下的發展趨勢，所以此為正向調節；也就是會加劇創意教學行為的曲率，使得開口變小；換言之，教師創意教學行為之二次成長曲線趨勢呈現先上後下之開口向下圖形，且當初始的創意角色認定愈好時，若教師創意教學行為的成長趨勢為上升時，則會上升的更高；但是若創意教學行為原本呈下降趨勢，則在創意角色認定愈高的情況之下，下降幅度（斜率）會更大。從先前計算之教師創意教學行為各階段成長率看來，初任教師創意教學行為從一開始任教後開始逐漸上升，直至第二學期初時創意教師得分為最高，此後開始逐漸下降，約在第三學期時為最低點，在此階段中，初始創意角色認定較高的初任教師，其創意教學行為反而下降速度會更快。此結果支持本研究之假設三：創意角色認定對初任教師的創意教學行為成長速率具有影響，但是方向卻是大異其趣。本模式之曲率變異數成分達到顯著（τ_{22} = 1.127, p < .001），表示仍有其他屬於個體層次，但尚未被探討到的變項會影響到初任教師的創意教學行為的二次成長曲線趨勢。再者，比較此模式與非條件成長模式可知，創意教學行為層次二的創意角色認定變項所解釋的變異數比例為 15.26%，即引進創意角色認定變數可以減少的變異數達 15.26% 的程度。此外，為了了解創意角色認定對於創意教學行為成長情形的影響，本研究除了圖 6-12 之外，特將研究樣本依照創意角色認定的分數分為高低分組，繪製如圖 6-18 及圖 6-19 所示。對照圖 6-12 可以發現，當創意角色認定初始階段的分數愈高時，則其剛開始的創意教學行為程度也會愈高，但是下降的速率也會愈高，幅度愈大。

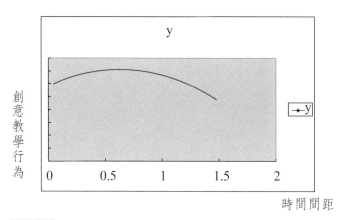

圖 6-18　創意角色認定低分組

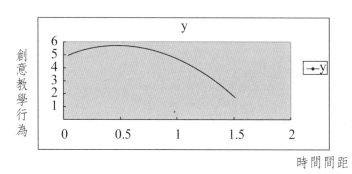

圖 6-19　創意角色認定高分組

　　而操作步驟部分條件化成長模式的如圖 6-20 到圖 6-22 所示，而分析結果如圖 6-23。

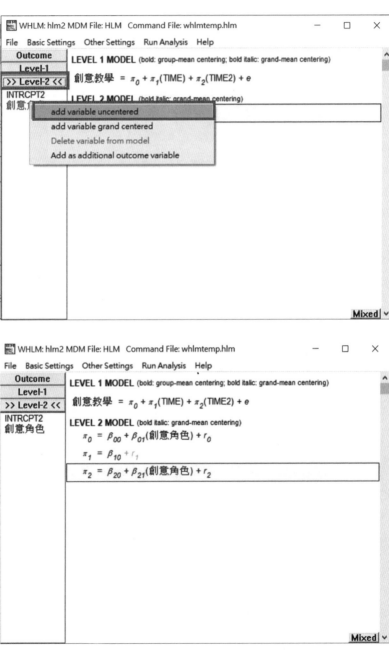

圖 6-20、6-21　將層次二的變數以「add variable uncentered」加入 LEVEL2 MODEL 公式中

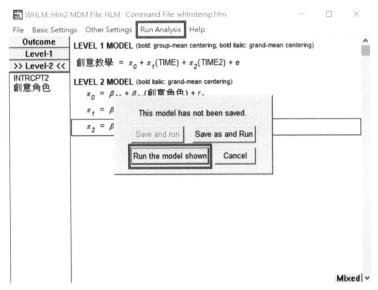

圖 6-22　點選「Run Analysis」→「Run the model shown」顯示結果

(with robust standard errors)

Fixed Effect	Coefficient	Standard error	t-ratio	Approx. d.f.	p-value
For INTRCPT1, π_0					
INTRCPT2, β_{00}	4.265801	0.355838	11.826	76	<0.001
創意角色, β_{01}	1.233240	0.306610	4.010	76	<0.001
For TIME slope, π_1					
INTRCPT2, β_{10}	5.407274	4.889970	1.111	81	0.278
For TIME2 slope, π_2					
INTRCPT2, β_{20}	-3.278870	1.220934	-2.690	76	0.002
創意角色, β_{21}	-0.945242	0.362194	-2.640	76	0.013

Final estimation of variance components

Random Effect	Standard Deviation	Variance Component	d.f.	χ^2	p-value
INTRCPT1, r_0	2.03385	1.29255	67	107.58067	<0.001
TIME2 slope, r_2	0.00496	1.12702	67	102.45885	<0.001
level-1, e	1.96941	1.01149			

圖 6-23　條件化成長模式結果

後設分析於階層線性
模式的應用

壹、何謂後設分析？

　　許多研究者都對從一系列相關研究中總結出結論的定量方法感興趣，這種形式的探索稱為「後設分析」（meta-analysis），或稱「統合研究」（research synthesis），在這種「對研究的研究」中，一個研究就成了對同一假設進行檢驗的一系列研究中的一個案例。後設分析的關鍵問題是各研究結果的一致性，如果每個新實驗的實施產生相同的效果，那麼將整個系列研究概括為一個單一的共同效果量估計就是順理成章的事了。然而，如果研究結果不一致，也就是說實驗效果的大小在各個研究之間有所不同，那麼後設分析的主要任務就是建立並檢驗這樣一個問題的可能解釋：為什麼這些研究的結論有變化？哪些實驗特徵、樣本背景、研究環境或是研究方法有可能導致這些研究結果出現不同？

　　在評估研究結果的一致性以及在解釋不一致時最主要的困難就是，即使每個研究結果得到的都是同一「真正的」效果，此一效果的估計在不同研究之間仍然會由於抽樣誤差而有所變化。例如：在「真正的」實驗中，實驗效果的估計會受到實驗效果的影響，以及實驗組與控制組之間隨機差異的影響。因此，即使研究具有完全相同的研究設計和實施，或者即使研究的樣本都是從同一母體中隨機抽取的，從一系列研究中所得的一套效果估計仍然會出現變異。後設分析面對的任務就是辨別效果估計中的變異成分，其中第一種成分源於抽樣誤差，第二種成分則是由於效果量參數之間的不一致而產生。如果發現了不一致，那麼就可以建立一個模型來對其進行解釋。這時，差異成分的問題還會產生：在研究效果估計的殘差變異中，在多大程度上是反映抽樣誤差，又在多大程度上是代表模型所不能解釋的、真正的不一致。此時，階層線性模型提供了一個非常有用的架構，來解決後設分析中差異成分的問題，這個模型使後設分析可以完成的任務有：(1) 估計不同研究結果的平均效果量；(2) 估計效果量參數的變異數；(3) 估計每一線性模型的效果量參數的殘差變異數；(4) 利用所有研究的資訊對每一研究的效果做出實證貝氏估計。

　　本章的範例是以創造力教學作爲後設分析的例子，基於研究方法論的角度，有些相關的創造力教學問題相當值得思考。例如：創造力教學到底有沒有效果？如果有，用在哪些科目？哪種學生？什麼樣的創造力教學模式比較有效？其所具的普遍性有多高？其變異性多大？研究者認爲上述問題都不容易回答。所以，針對前述諸多問題，除了採用傳統的文獻回顧方式進行研究之外，若能輔以量化的後設分析（meta-analysis）方法來統整歷年的研究成果，或許能全面地檢視問題。「後設分析」是指分析的分析（the analysis of the analysis）（Glass, 1976），也就是針對某特定領域的許多研究結果運用量化統計的技術進行分析，以尋求一般化的結論。此外，後設分析還可以依研究特色加以分類與整合，進一步探究造成研究結果差異的原因，尋求潛在的調節變項及研究特徵，形成較爲合理可能的假設，同時提供研究者概括性的資訊，以作爲日後決策的依據（Gersten & Vaughn, 2000）。後設分析因爲可以統整研究結果，有助於知識的累積及進展，所以在社會科學上受到極大的重視，也經過諸多學者的推廣，已漸漸被研究者所了解，算是相當成熟的量化分析方法（秦夢群、吳勁甫，2013）。但是，國內採用量化的後設分析研究仍不多見（吳政達、陳芝仙，2006），故仍有推廣應用的價值。

　　近年來，多層次分析（multilevel analysis）已經是一個熱門的研究議題，實證研究雖然相當多，但是多是應用問卷蒐集或是資料庫的量化研究。就學理而言，後設分析的資料結構具有層次性，可以利用多層次分析對資料做進一步的探討（Goldstein, 2011）。就統計的角度來說，此種多層次取向的後設分析（multilevel approach to meta-analysis）相較傳統的後設分析，有其優勢之處，在應用上也較有彈性。例如：在多層次的分析架構下，比較容易將模式擴充成更多的層次（兩個層次以上），也可以納入多個研究結果變項（多變項的後設分析），估計的時候也可以採取最大概似法（maximum likelihood, ML）及其他估計與檢定的方法。上述這些都是傳統後設分析不易進行或是較爲受限之處（Hox, 2010）。而在國外，早有研究者採用多層次取向的後設分析來分析教育領導與

學生成就之間的關係（Witziers et al., 2003），且此方法也成為教育或學校效能領域上重要的量化分析方法之一（Kyriakides & Creemers, 2010），而國內也有秦夢群、吳勁甫（2013）以多層次的研究取向進行校長轉型領導與教師組織承諾關係的後設分析。所以，採用多層次取向的後設分析方法來整合相關研究，具有統計方法學的應用與推廣的價值。

貳、後設分析資料的階層結構

將階層線性模式運用到後設分析中是非常自然的事情，因為這種後設分析資料也具有階層結構：樣本「巢套」於不同研究之中。模型需要區分樣本層次和研究層次的變異。其實，每一項研究的分析者都試圖釐清不同對象之間的差異來源，那麼後設分析者的任務就是將不同研究中的變異篩選出來。後設分析的兩個特徵為：第一，在後設分析中，不一定都可以得到每個研究的原始資料，後設分析所能得到的往往僅是研究報告中的概要統計。第二，不同的研究經常會用不同的測量指標，儘管他們可以被看成是相同結構的測度。例如：研究者關於老師對學生智商的期望所用的是不同的智商測驗，每個測量值都有不同的尺度。

為了解決這些問題，後設分析運用了一系列標準化的效果測度，最常用的是標準化平均數差和相關係數（更詳細內容請見 Cooper & Hedges, 1994），利用標準化的效果測度將所有的研究結果轉換為相同的尺度，從而可以加以比較。如果將模型擴展到其他層次一「變異數已知」的問題時，如果標準化效果測度是根據中等樣本取得的，例如：每個研究中有 30 個或更多的樣本，那麼統計量的抽樣分配就會近似於常態分配，其抽樣變異數也可以假設是已知的。因此，從統計的角度而言，後設分析為分析者提供了一系列獨立的效果估計值，它們都服從常態分配，並且層 1 的變異數已知。有趣的是，除了後設分析以外，許多其他的研究問題都有這種相同的結構。眾多研究中的每一個都可以提供一個單獨的統計量（例如：標準差、比例或相關係數），而其目標則是比較這些統計量。通常，統

計量的轉換可以證明常態分配及變異數已知的假設，我們將這種情況稱為層 1 變異數已知（variance-known，或 V-known）的應用。於是，後設分析也就代表了這類情況的一個重要特例。

參、後設分析模式之建構

一、標準化平均數差異

　　後設分析很少能得到每個研究的原始資料，相反地，所能得到的是對研究樣本資料的某一概括性統計指標，例如：各篇研究所得到的平均數、相關係數等摘要統計數。如果是實驗研究的整合分析，那最常用的效果量（effect size）指標是將實驗組與控制組平均數之差異加以標準化的「標準化平均數差異」（standardized mean differences）。這個統計量表示了效果的幅度或各變數之間關聯的強度。我們將第 j 個研究的「效果估計量」標示為 d_j。在許多實際應用中，d_j 是一個實驗組與一個控制組之間標準化的平均值之差：

$$d_j = (\overline{Y}_{Ej} - \overline{Y}_{Cj}) / S_j$$

$\overline{Y}_{Ej}$ 是實驗組的平均結果；$\overline{Y}_{Cj}$ 是控制組的平均結果；S_j 是匯合的組內標準差。

　　每個 d_j 都是實驗組與控制組用標準離差單位測量的母體平均值差異的估計值，例如：$d_j = .50$，表示在第 j 個研究中，實驗組樣本的估計值在平均水準上比控制組樣本高出半個標準差。

　　統計量 d_j 也可被視為相應母體參數 δ_j 的估計值：

$$\delta_j = (\overline{\mu}_{Ej} - \overline{\mu}_{Cj}) / \sigma_j$$

　　當然，d_j 作為 δ_j 的估計值的準確性取決於實驗組和控制組各自的樣本規模 n_{Ej} 和 n_{Cj}。Hedges（1981）說明，對於一個 δ_j 的固定值，統計量 d_j 是近似不偏的，而且服從變異數為 V_j 的常態分配，即：

$$d_j \big| \delta_j \sim N(\delta_j, V_j)$$

其中：

$$V_j = (n_{Ej} + n_{Cj})/(n_{Ej} n_{Cj}) + \delta_j^2 /[2(n_{Ej} + n_{Cj})]$$

事實上，d_j 並不是確切不偏的。Hedge（1981）也提供了當 n_{Ej} 或 n_{Cj} 非常小時，特別有用的一種對偏差的矯正方法。更普通的作法是，用 d_j 代替上列公式中的 δ_j，然後假定 V_j 為「已知」。而除了上述的效果量之外，因為不見得所有研究都會提供效果量，而是提供其他的相關統計資訊，例如：相關係數、標準差、p 值等，因此提醒讀者應先將統計量經由效果量轉換公式進行轉換。

二、後設分析二階層線性模式

（一）層次一模型（研究內模式）

層 1 模型是比較簡單的，對於研究 $j = 1, \cdots\cdots, J$，有：

$$d_j = \delta_j + e_j \qquad\qquad （公式 7.1）$$

其中，e_j 是與 d_j（δ_j 的估計值）相關聯的抽樣誤差，並假設 $e_j \sim N(0, V_j)$。

我們注意到，公式 7.1 在推廣到後設分析時用的是效果量測度，而不是標準化的平均值差異。也就是說，d_j 是研究 j 中任意的標準化效果測度；δ_j 是相應的參數；V_j 是作為 δ_j 估計值 d_j 的抽樣變異數。例如：假設一個相關係數 r_j 是由一系列研究所報告的，那麼，標準化效果測度 d_j 為：

$$d_j = \frac{1}{2} \log[(1 + r_j)/(1 - r_j)]$$

而相應的參數是：

$$\delta_j = \frac{1}{2} \log[(1 + \rho_j)/(1 - \rho_j)]$$

抽樣變異數 d_j 近似為：

$$V_j = 1/(n_j - 3)$$

其中：

r_j 是研究 j 中觀測的兩個變數之間的樣本相關係數。

ρ_j 是相應的母體相關係數。

n_j 是研究 j 中的樣本規模。

　　在這個例子中，d_j 是「Fisher 的 r → Z」轉換。注意，V_j 獨立於未知的 ρ_j，而這正是一個優點。

（二）層次二模型（各研究之間模式）

　　在層 2 模型中，真正的未知效果量 δ_j 取決於研究特徵和層 2 的隨機誤差：

$$\delta_j = \gamma_0 + \gamma_1 W_{1j} + \gamma_2 W_{2j} + ... + \gamma_s W_{Sj} + u_j$$
$$= \gamma_0 + \sum_s \gamma_s W_{sj} + u_j \qquad （公式 7.2）$$

其中：

$W_{1j}, \cdots, W_{Sj}$ 表示影響這些效果量的研究特徵。

$\gamma_0, \cdots, \gamma_s$ 為迴歸係數。

u_j 是層 2 隨機誤差項，假定其服從 $u_j \sim N(0, \tau)$ 。

（三）組合模型

　　將公式 7.2 代入公式 7.1，可以得到觀測 d_j 的單一公式：

$$d_j = \gamma_0 + \sum_s \gamma_s W_{sj} + u_j + e_j$$

顯而易見，d_j 服從常態分配：$d_j \sim N(\gamma_0 + \sum_s \gamma_s W_{sj}, \tau + V_j)$。為了簡單起見，我們標示：

$$Var(d_j) = \tau + V_j = \Delta j$$

三、參數估計

　　HLM 在整合分析模式的參數估計與一般 HLM 的估計方法一樣，唯一的不同是，每個 V_j 假定為已知，因此只須估計「τ」一個變異數成分。「τ」之估計方法是最大概似法，階層二的迴歸係數「γ_s」之估計方法是加權最小平方法，加權係數是其精確性「Δ_j^{-1}」。

　　用來估計每個研究的效果（δ_j）之實徵貝氏估計值（δ_j^*）的計算公式如下：

$$\delta_j^* = \lambda_j d_j + (1-\lambda_j)(\hat{\gamma}_0 + \sum_s \hat{\gamma}_s W_{sj})$$

$$\lambda_j = \tau/(\tau + V_j)$$

四、HLM 的分析步驟

　　當利用 HLM 來做後設分析時，大致上可依據以下步驟：

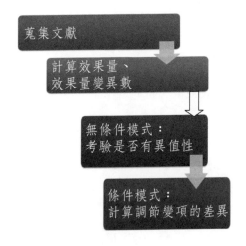

蒐集文獻

計算效果量、效果量變異數

無條件模式：考驗是否有異值性

條件模式：計算調節變項的差異

肆、HLM 在後設分析上的應用

　　運用後設分析之相關研究不在少數，然而以階層線性模式進行後設分析者相較之下則爲數不多。由於 HLM 可爲單一主題設計提供有效的方法，且 HLM 用於後設分析可控制型 I 錯誤的風險，是種可被接受的方式（Jenson, Clark, Kircher & Kristjansson, 2007）。目前國內外應用 HLM 於後設分析的部分尚屬開始，數量也不多。以國外研究而言，較具代表性的約有 6 篇，分別爲 Denson 與 Seltzer（2011）、Kim 與 Suen（2003）、Lietz（2006）、Nowak 與 Heinrichs（2008）、Preckel、Zeidner、Goetz 與 Schleyer（2008）、Wang 與 Rauno Parrila（2011）等相關研究；國內的學術期刊論文則分別爲林季玲與楊淑晴（2009）、張萬烽與鈕文英（2010）、劉仿桂（2010）、秦夢群、吳勁甫（2013）等人之研究。各研究之內容分別簡述如下：

　　國外相關的研究部分，首先是 Kim 與 Suen（2003），主要探討從早期的評估分數預測孩子的學業成就之後設分析，目的是爲了要回答兒童的早期評估與後來之學業成就兩者間的關係究竟是可概括的，還是視情境而定的。該研究從 44 項其他的研究中檢驗了 716 個預測相關係數，並且以階層線性模式進行分析。研究結果指出，早期評估的預測效度並非可概括，且更多的分析顯示，預測效度的不同會因爲測驗類型的函數、具體建構評估、預測的時程長度以及管理的過程而有所不同。Lietz（2006）之研究則是在了解性別差異程度對閱讀的影響，以及這些差異是否可以應用在英語系和非英語系國家。無論年齡還是語言教學，女中學生的閱讀成就比同年齡的男生高 0.19 個單位的標準差。Nowak 與 Heinrichs（2008）主要在運用後設分析衡量所有關於「評估 3P—正向教養計畫（Positive Parenting Program）對親子的影響」，並討論哪些變項會對此計畫的有效性產生調節效果。該研究運用三層次階層線性模型分析效果量，總共分析了 55 個相關研究，結果指出，3P 計畫對於教養技巧、孩子的問題行爲以及家長幸福感確實有正向的影響，隨著介入的強度而有不同，其中樣本的特徵（如年紀、性別等）

以及方法（如學習品質）會導致不同的預測力。

　　Preckel、Zeidner、Goetz 與 Schleyer（2008）對以色列的 769 名資優生，針對「大魚小池效應」之研究進行兩次檢視。該研究運用階層線性模式進行再分析（reanalysis），討論個體差異與組間變異，並且驗證一些重點假設，譬如課堂上性別與性別比例對自我觀念的影響。研究結果支持，大魚小池效應對學業自我概念有所影響。Wang 與 Rauno Parrila（2011）之研究主要在檢驗同儕介入與影片示範之社會技能干預對患有 ASD 孩童之效果，該研究檢驗同儕介入與影片示範的效果，這兩種方法是最常用於 ASD 孩童的社會技能訓練，此兩者的平均效果量為 1.27（同儕介入為 1.3，影片示範為 1.22），皆能有效提高自閉症兒童的社會表現。此外，年齡則為干預效果中一個顯著的調節變項。Denson 與 Seltzer（2011）的研究，目的是為了提供高等教育研究者一個運用階層線性模式進行後設分析的例證，該研究逐步示範後設分析的做法及過程，所用的例子是近年來出版關於研究課程與聯課活動多樣性對大學生種族偏見的影響。

　　在國內研究部分，林季玲與楊淑晴（2009）以後設分析方式探討生命教育與死亡教育實驗研究的量化文獻，討論生死態度教學的整體效果，以及其中可能之調節變項。該研究共統整 41 篇研究樣本的教學成效，發現生死態度的整體成效達到中度以上效果量，且教學介入後，教育階段別以高中職為研究對象的效果量最高；教學節數與樣本數為該研究的調節變項；前後測實驗設計、研究者與教學者是否為同一人則對教學成效未有顯著影響。張萬烽與鈕文英（2010）的研究是對美國 1999 年到 2008 年間，38 篇考試調整策略對一般和身心障礙學生成效的後設分析；研究結果指出，考試調整對一般學生具有些微效果；對身心障礙學生為小效果量。未接受考試調整之一般學生的測驗成績，高於接受調整之身心障礙學生，兩者間呈現「中」效果量的差異，顯示考試調整能維持「公平與權益的平衡」。

　　劉仿桂（2010）之研究是統整臺灣自 1991 年 7 月到 2010 年 7 月的 41 篇碩博士論文，以團體輔導介入增進兒童與青少年學生人際關係的「準實驗量化研

究」，進而探討團體輔導對兒童與青少年學生人際關係影響成效的整體效果，並找出可能的調節變項。分析後的整體效果值方面，人際關係團體輔導成效的立即效果量與追蹤效果量分別為 0.64 與 0.60，皆達到顯著。在人際關係團體輔導介入之後，實驗的樣本數、團體輔導次數、時數與週數為立即與追蹤輔導效果的調節變項；反之，研究者經驗、研究年代、教育階段與團體性質對人際關係團體輔導之立即輔導效果與追蹤輔導成效的影響則未達顯著水準。最近期的研究是秦夢群、吳勁甫（2013）利用多層次取向的後設分析方法，以臺灣 1995 年到 2010年相關校長轉型領導及教師組織承諾的期刊與碩博士論文為研究對象，分析兩變項間的關聯。研究結果發現，整體校長轉型領導與教師組織承諾之間存有正向關聯，同時，有效樣本數在變項關聯上具有正向的調節效果。由以上研究可知，應用 HLM 於後設分析的研究在國內外仍屬少數，表示此一領域仍有相當大的開發空間。

伍、操作實例與步驟

一、操作步驟說明

1. 前置步驟：同之前的二層次跑法（不同之處，是所使用的資料都是同一個檔案）。

2. 無條件模式的界定：如下所示。

1. 將「Level_1」的「EFFSIZE」界定為「Outcome variable」	**WHLM: hlm2 MDM File: META_ANALY　Command File: META_ANAL**
	File　Basic Settings　Other Settings　Run Analysis　Help
	Outcome　　**LEVEL 1 MODEL** (bold: group-mean centering; bold italic: gran **>> Level-1 <<**　EFFSIZE $= \beta_0$ **Level-2** INTRCPT1　　**LEVEL 2 MODEL** (bold italic: grand-mean centering) EFFSIZE　　$\beta_0 = \gamma_{00} + u_0$ ERRVAR

2. 進入「Other Settings」的「Estimation Settings」	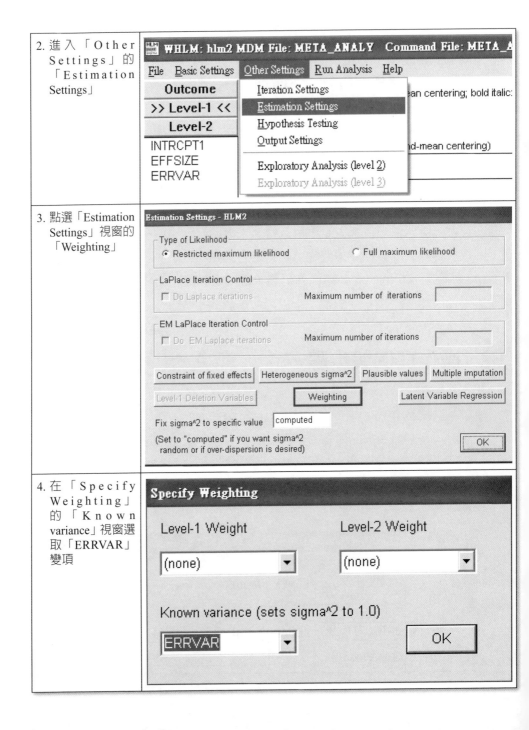
3. 點選「Estimation Settings」視窗的「Weighting」	
4. 在「Specify Weighting」的「Known variance」視窗選取「ERRVAR」變項	

3. 條件模式設定：如下所示。

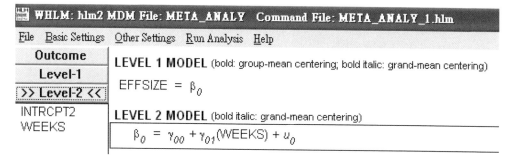

二、實例分析

　　本研究採用的實例是作者於 2019 年發表於《特殊教育研究學刊》（44 卷 3 期）的創造力教學對學生創造力影響的後設分析文章，詳細內容也可參考該期刊。以下，將依照後設分析的步驟來介紹分析的過程與 HLM 的操作介面。

（一）界定文獻蒐集的來源與範圍

　　本研究以國內創造力教學、創造思考教學及創造性問題解決教學的實證研究為主，預計蒐集國內從 2007 年至 2018 年約十多年期間，以「創造力教學」、「創造思考教學」以及「創造性問題解決教學」為關鍵字，至「臺灣博碩士論文」、「CETD 中文碩博士論文」、「臺灣期刊論文索引」、「CEPS 中文電子期刊」等資料庫檢索相關文獻。預計選取的研究至少 30 篇，以達到 HLM 進行後設分析的樣本數需求。為避免「出版偏差」的問題，只要是與「創造思考教學」相關之研究，無論是否已公開或已出版，皆為本研究之研究對象及搜尋的目標。研究文獻納入的標準為：

　　1. 研究主題：符合本研究目的，必須是國內與創造力教學、創造思考教學及創造性問題解決教學對學生創造力影響之相關實證研究。

　　2. 研究方法：必須是準實驗研究或實驗研究。

3. 研究結果：必須提供後設分析所需的數據，例如：實驗組與控制組的標準差、平均數及樣本數；或者須有 F 值或 T 值及樣本數。有這些數據才能計算出相關研究報告的效果量。

4. 研究對象：必須為國小、國中或高中職，因此大學生、成人不在研究範圍內。

5. 當文獻同時具有期刊及碩博士論文時，為避免重複，以期刊者納入。

根據上述原則，研究者在篩選過程中如果有不符合上述標準者即立刻刪除，因此最後可作為後設分析的文獻，共計有 38 篇。

（二）變項的歸類並登錄研究資料

後設分析工作中最困難的是自變項與依變項對定義的歸類。由於每篇研究的實驗情境不同，對自變項與依變項的定義也會有所不同，故以後設概念（meta concept）涵蓋概念（concept），而概念又涵蓋次概念（sub-concept）（馬信行，2007）。為了解各研究樣本提供資訊所具有之共同性，研究者詳細整理及登錄研究樣本諸項資訊，本研究所登錄的特徵變項包括一般特徵（包括發表日期、資料來源）、研究對象特徵（包括班級性質、學齡層級、教學區域、實驗組人數、控制組人數）、實驗設計特徵（包括實驗設計類型、取樣方式、是否具控制組、自變項為何、實驗組教學法、控制組教學法、依變項為何、實驗組之教學內容設計者、研究假設、量化統計方法、前後測內容、實驗科目或領域、實驗持續時間）等三類研究特徵。登錄後發現部分特徵變項（如研究者主要身分、實驗組與控制組教學環境等）僅有少數幾篇研究樣本有提供，或提供資料不夠完整，因此暫不列入本研究之研究變項作探討。研究者最後選取作為本研究之研究變項，是研究者特別感興趣，且各研究樣本普遍皆有提供相關資訊之變項。所以，最後列入探討之研究變項，包括以下類別的研究。

1. 文件性質

(1) 出版形式：文獻資料的來源，分為碩博士論文及期刊文獻。

2. **受試者性質**

(1)年級：將各研究中的受試者依照學習者身心發展分為不同學習階段，包括：低年級（國小一、二年級）、中年級（國小三、四年級）、高年級（國小五、六年級）、國中（七年級、八年級、九年級）、高中職（十年級、十一年級、十二年級）一共五個類別。

(2)對象：即為受試者的班級類型，區分為普通班、資優班。

3. **研究方法**

(1)研究工具：於實驗研究中獲得創造力分數之研究工具量表，分為自編、威廉斯創造力測驗，以及新編圖形創造力測驗三種。

(2)研究設計：於教學實驗過程中，有實驗組與控制組，抑或是僅有實驗組的設計。

4. **研究設計性質**

(1)教學節數：為實驗期間扣除前後測及延宕測驗的教學時間之課程節數，最少 3 節，最多到 40 節以上。

(2)課程：將創造力教學方式融入的教學科目，分為自然與生活科技（包含國中、高中職的理化），以及一般性課程（分別為語文、數學、藝術生活、綜合活動等），一般性課程的編碼為 0，作為參照組。

(3)教學方法：分為創造思考教學（包含創造性問題解決教學）以及一般性的創造力教學（例如：心智圖法、遊戲式教學）。

符合標準之研究報告，經由閱讀與分析之後，將每篇的內容依所訂定的調節變項，編碼於登錄表格中。而「編碼者的信度」在後設分析中受到相當重視，為降低個人主觀因素之影響，以提高編碼的可信度，每一篇研究報告必須經過至少兩位編碼者進行編碼，並於編碼登錄後，檢核兩者編碼結果的一致性（廖遠光、許宛琪，2010）。因此研究者邀請兩位教育系博士班學生一同登錄資料，再經過計算編碼者信度（coder's reliability），檢核兩者編碼結果的一致性 Kappa 為 94.78%，並針對不同之處進行討論以取得共識，確保編碼的可信度。

（三）效果量的大小與計算

　　由於不同的研究使用不同的樣本與工具，爲了統合這些來自不同研究報告與不同測驗工具的學習成果，必須「標準化」。而標準化的公式即爲效果量（effect size, ES），也就是將實驗組與對照組之間平均數的差，除以整體樣本或控制組之標準差。本研究採用 d 值來表示效果量，一般來說，以 d 值所顯示的效果量其偏誤最小且變異也小，尤其在小樣本時，常以 d 值作爲效果量的指標（黃寶園，2006）。在本研究中，若無成對平均數及標準差，則採 Rosenthal（1991）之效果量計算方法，亦即求得 r 值，再將 r 值轉換成 d 值。針對效果量的評估，Xiaofeng（2013）根據 Cohen（1988）所提的標準，若效果量小於 0.2 表示效果量低；0.5 左右爲中度效果量；0.8 以上則爲高度效果量。除此之外，本研究所蒐集的樣本，若有兩個或兩個以上的分量表，先算出各分量表的效果量，再加以平均，即可求出綜合效果量與變異數（吳政達、陳芝仙，2006；馬信行，2007；林季玲、楊淑晴，2009）。而利用一般研究效果量的 d 值，來評估 HLM 參數估計值效果量的作法，也常見於國內外的研究，如林季玲與楊淑晴（2009）、張萬烽與鈕文英（2010）、劉仿桂（2010），以及 Preckel、Zeidner、Goetz 與 Schleyer（2008）、Wang 與 Rauno Parrila（2011）等相關研究。而有些研究並未提供平均數、標準差，只提供 F 值或 t 值，爲尋求共同的量尺標準，本研究也進行效果量的轉換。

三、分析結果與操作

　　本研究的分析結果，可以從兩個模式來談創造力教學對學生創造力影響的成效，茲分述如下。

（一）無條件模式：層次一模型（研究內模式）

　　層 1 模型是比較簡單的，對於研究 $j = 1, \cdots\cdots, J$，有：

$$d_j = \delta_j + e_j \qquad\qquad （公式 7.3）$$

其中，e_j 是與 d_j（δ_j 的估計值）相關聯的抽樣誤差，並假設 $e_j \sim N\,(0, V_j)$。我們注意到，公式 7.3 在推廣到後設分析時用的是效果量測度，而不是標準化的平均值差異。也就是說，d_j 是研究 j 中任意的標準化效果測度；δ_j 是相應的參數；V_j 是作為 δ_j 估計值 d_j 的抽樣變異數。表 7-1 列出了效果量的總平均數以及階層二的變異數。效果量總平均數估計值 γ_0 為 0.157，表示實驗組學生的平均數比控制組學生高 0.157 個標準差，屬於低度效果量，χ^2 為 113.358，達顯著差異，表示各篇研究的真正效果量有不可忽視的差異存在。而操作步驟如下圖所示。

表 7-1　HLM 分析結果摘要表

固定效果	無條件模式				隨機係數模式			
	γ 係數	S.E.	t	P	γ 係數	S.E.	t	P
總平均值 γ_0	0.157	0.037	4.228	< .05				
以出版類型為調節變項								
截距（論文）γ_0					0.121	0.039	3.153*	.004
期刊 γ_1					0.122	0.056	2.176*	.036
以教學方法為調節變項								
截距（一般創造力教學）γ_0					0.274	0.061	4.469*	< .05
創造思考教學 γ_1					0.138	0.072	1.935	.061
以研究方法為調節變項								
截距（無對照組）γ_0					0.798	0.212	3.758*	.001
有對照組 γ_1					0.677	0.214	3.157*	.004
以研究對象為調節變項								
截距（一般生）γ_0					0.140	0.037	3.812*	.001
資優生 γ_1					0.138	0.088	1.564	.126
以課程為調節變項								
截距（其餘課程）γ_0					0.134	0.039	3.457*	.002
自然與生活科技 γ_1					0.223	0.065	3.431*	.003

固定效果	無條件模式				隨機係數模式			
	γ 係數	S.E.	t	P	γ 係數	S.E.	t	P
以研究時程為調節變項								
截距 γ_0					0.084	0.076	1.109	.275
研究時程 γ_1					0.006	0.005	1.319	.196
以研究工具為調節變項								
截距（自編測驗）γ_0					0.405	0.130	3.106*	.004
威廉斯創造力測驗 γ_1					0.291	0.138	2.110*	.042
新編圖形創造力測驗 γ_2					0.226	0.133	1.702	.097
以教育階段為調節變項								
截距（低年級）γ_0					0.059	0.033	1.799	.081
中年級 γ_1					0.191	0.081	2.365*	.024
高年級 γ_2					0.250	0.141	1.766	.086
國中 γ_3					0.150	0.051	2.951*	.006
高中職 γ_4					0.112	0.048	2.347*	.025
隨機效果								
	標準差	變異量成分	χ^2	p	標準差	變異量成分	χ^2	p
U_0	0.063	0.0041	113.35*	.03				
排除出版類型後效果量，U_0					0.061	0.0037	52.15*	.040
排除教學方法後效果量，U_0					0.062	0.0038	53.11*	.033
排除研究方法後效果量，U_0					0.057	0.0032	52.97*	.034
排除研究對象後效果量，U_0					0.062	0.0038	53.11*	.033
排除課程後效果量，U_0					0.062	0.0038	53.11*	.033
排除研究時程後效果量，U_0					0.062	0.0038	53.11*	.033
排除研究工具後效果量，U_0					0.061	0.0037	51.68*	.034
排除教育階段後效果量，U_0					0.063	0.0041	50.39*	.027

*表示達.05的顯著水準

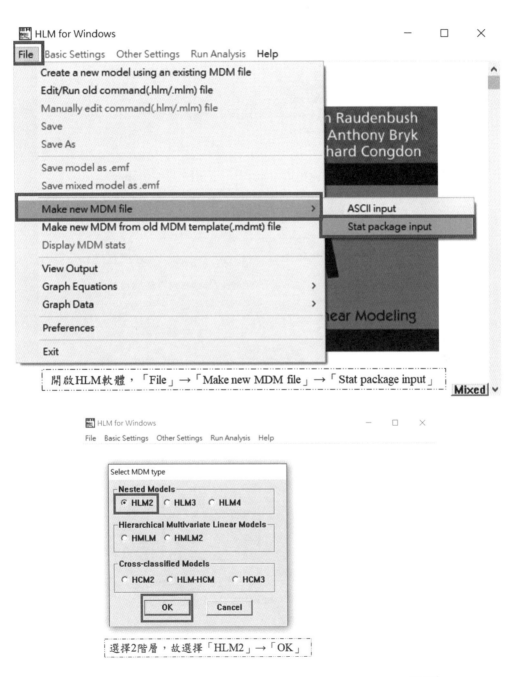

開啟HLM軟體，「File」→「Make new MDM file」→「Stat package input」

選擇2階層，故選擇「HLM2」→「OK」

分別選擇Level 1 與Level 2所需之變項

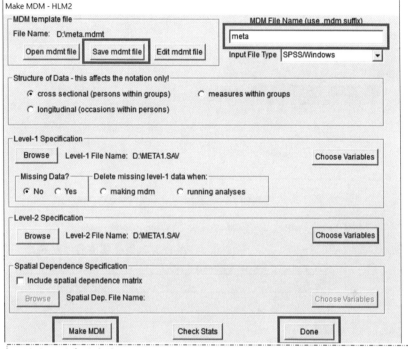

取檔名→儲存檔案後
點選按「Make MDM」，接下來如果有出現選取之變項之敘述統計則代表資料讀取成功。讀取成功後按「Done」則進入HLM操作介面

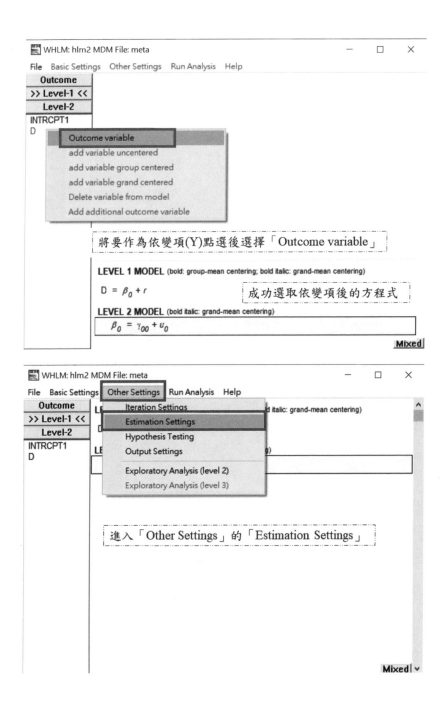

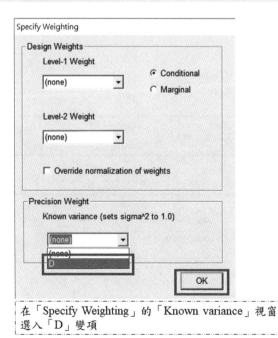

在「Specify Weighting」的「Known variance」視窗
選入「D」變項

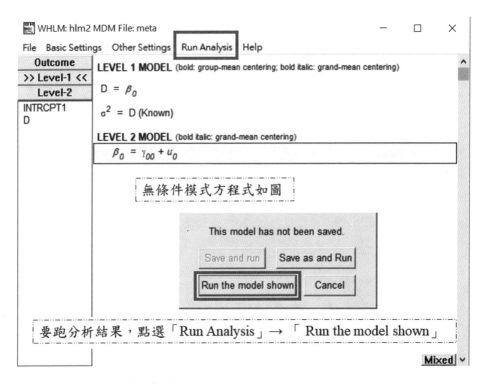

Final estimation of fixed effects
(with robust standard errors)

Fixed Effect	Coefficient	Standard error	t-ratio	Approx. d.f.	p-value
For INTRCPT1, β_0					
INTRCPT2, γ_{00}	0.156612	0.037044	4.228	37	<0.001

Final estimation of variance components

Random Effect	Standard Deviation	Variance Component	d.f.	χ^2	p-value
INTRCPT1, u_0	0.0633	0.00411	37	113.3580	0.030

（二）條件模式：層次二模型（各研究之間模式）

　　爲了解以創造力教學、創造性問題解決教學、創造思考教學爲主題的實驗處理，是否能有效提升學生的創造力，其影響層面以有無對照組（有爲 1，無爲 0）、教育階段別（以國小低年級爲虛擬變項的參照組）、課程（自然與生活科技課程爲 1、其餘類別課程爲 0）、教學方法（以創造思考教學、創造性問題解決教學爲 1、其餘的創意教學方法如心智圖法爲 0）、研究對象（以資優生爲 1、一般生爲 0）、研究時程（以週次計）、出版類型（期刊爲 1、論文爲 0）、研究工具（一般自編測驗爲 0、威廉斯測驗爲 1、新編圖形創造力測驗爲 2）等變項加以預測，並且利用 HLM 處理，找出階層二的調節變項。而層次二的模式如下所示。

　　在層 2 模型中，眞正的未知效果量 δ_j 取決於研究特徵和層 2 的隨機誤差：

$$\delta_j = \gamma_0 + \gamma_1 W_{1j} + u_j \qquad\qquad （公式 7.4）$$

其中，W_{1j} 表示影響效果量的研究特徵；γ_0、γ_1 爲迴歸係數；u_j 是層 2 隨機誤差項，假定其服從 $u_j \sim N(0, \tau)$。而在本研究中，因爲屬於創造力教學模式後設分析的初探性研究，目前並不清楚研究特徵之間的共變情形，也爲了避免研究特徵之間的共線性關係，因此在投入研究特徵時乃是個別放入模式（林季玲、楊淑晴，2009）。但因爲每次只投入一個預測變項，因此很難排除其他變項的影響力，所以可能會有兩個變項的影響力是混淆在一起的，這是需要注意的。

　　由表 7-1 可知，以出版類型爲調節變項，期刊爲 1，學位論文爲 0，期刊的參數估計值爲 0.122，達顯著水準（$t = 2.176$，$p = .036$），顯示期刊、論文可以提升 0.122 個標準差。然而，以教學方法爲調節變項時，創造思考教學、創造性問題解決教學並未達顯著水準，表示創造力教學、創造思考教學、創造性問題解決教學對於學生創造力的影響是一樣的，並無差異。以研究方法爲調節變項，有對照組爲 1，無對照組爲 0，研究結果顯示，有對照組的參數估計值爲 0.677，達顯著水準（$t = .157$，$p = .004$），顯示有對照組可以提升 0.677 個標準

差。以研究對象為調節變項時，則未達顯著水準，表示創造力教學不論是應用於資優生或是一般學生，對於學生創造力的影響都是一樣的。以研究課程為調節變項，當應用於自然與生活科技課程時的參數估計值為 0.223，達顯著水準（$t = 3.431$，$p = .003$），顯示應用於自然與生活科技課程可以提升 0.223 個標準差。而研究時程為調節變項時，則無顯著差異，表示創造力教學的時程並未對創造力造成影響。研究工具為調節變項，威廉斯測驗與一般自編測驗比較的參數估計值為 0.291，達顯著水準（$t = 2.11$，$p = .042$），顯示採用威廉斯測驗可以提升 0.291 個標準差；反之，一般自編測驗與新編圖形創造力測驗的比較未達到顯著水準，影響創造力程度的差異並不明顯。而在教育階段部分，低年級與中年級的教育階段有差異，表示以中年級為研究對象的效果會高於以低年級為研究對象時有 0.191 個標準差（$t = 2.365$，$p = .024$）；低年級與國中的教育階段有差異，表示以國中為研究對象的效果會高於以低年級為研究對象時有 0.15 個標準差（$t = 2.951$，$p = .006$）；低年級與高中職的教育階段有差異，表示以高中職為研究對象的效果會高於以低年級為研究對象時有 0.112 個標準差（$t = 2.347$，$p = .025$）；但是低年級反而與高年級之間的比較卻是沒有差異。除了迴歸係數是否達到顯著的分析之外，本研究從表 7-1 下方隨機效果的變異量成分可以發現，無條件模式的變異量成分極低，即使是加了預測變項的條件模式變異量成分也極低，變異量的改變介於 0.0003~0.0009，可解釋的百分比介於 7.3~22.19%，平均效果量為 0.09，也是一個極低的效果量。如此結果是否是因為部分類別樣本數較少的原因不得而知，有待後續研究者累積更多的樣本數後討論之。而操作步驟則如下方各圖所示。

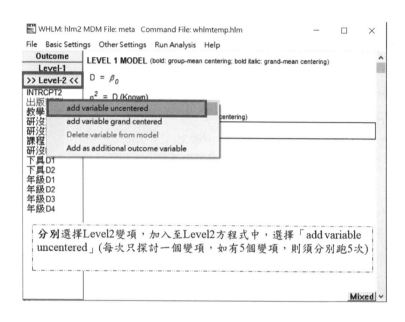

分別選擇Level2變項，加入至Level2方程式中，選擇「add variable uncentered」（每次只探討一個變項，如有5個變項，則須分別跑5次）

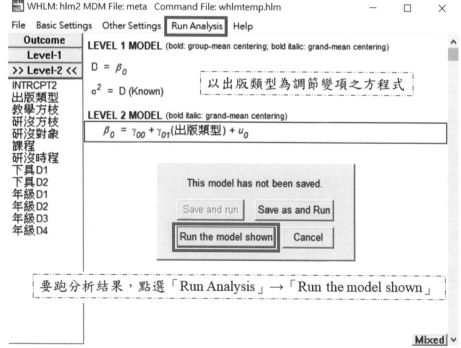

要跑分析結果，點選「Run Analysis」→「Run the model shown」

Final estimation of fixed effects
(with robust standard errors)

Fixed Effect	Coefficient	Standard error	t-ratio	Approx. $d.f.$	p-value
For INTRCPT1, β_0					
INTRCPT2, γ_{00}	0.121364	0.038553	3.153	36	0.004
出版類型, γ_{01}	0.121612	0.055876	2.176	36	0.036

Final estimation of variance components

Random Effect	Standard Deviation	Variance Component	$d.f.$	χ^2	p-value
INTRCPT1, u_0	0.06061	0.00374	36	52.15206	0.040

LEVEL 1 MODEL (bold: group-mean centering; bold italic: grand-mean centering)

$D = \beta_0$

$\sigma^2 = D$ (Known)

以教學方法為調節變項之方程式

LEVEL 2 MODEL (bold italic: grand-mean centering)

$\beta_0 = \gamma_{00} + \gamma_{01}(教學方枝) + u_0$

LEVEL 1 MODEL (bold: group-mean centering; bold italic: grand-mean centering)

$D = \beta_0$

$\sigma^2 = D$ (Known)

以研究方法為調節變項之方程式

LEVEL 2 MODEL (bold italic: grand-mean centering)

$\beta_0 = \gamma_{00} + \gamma_{01}(研沒方枝) + u_0$

LEVEL 1 MODEL (bold: group-mean centering; bold italic: grand-mean centering)

$D = \beta_0$

$\sigma^2 = D$ (Known)　以研究對象為調節變項之方程式

LEVEL 2 MODEL (bold italic: grand-mean centering)

$\beta_0 = \gamma_{00} + \gamma_{01}(研沒對象) + u_0$

LEVEL 1 MODEL (bold: group-mean centering; bold italic: grand-mean centering)

$D = \beta_0$

$\sigma^2 = D$ (Known)　以課程為調節變項之方程式

LEVEL 2 MODEL (bold italic: grand-mean centering)

$\beta_0 = \gamma_{00} + \gamma_{01}(課程) + u_0$

LEVEL 1 MODEL (bold: group-mean centering; bold italic: grand-mean centering)

$D = \beta_0$

$\sigma^2 = D$ (Known)　以研究時程為調節變項之方程式

LEVEL 2 MODEL (bold italic: grand-mean centering)

$\beta_0 = \gamma_{00} + \gamma_{01}(研沒時程) + u_0$

LEVEL 1 MODEL (bold: group-mean centering; bold italic: grand-mean centering)

$D = \beta_0$

$\sigma^2 = D$ (Known)　以研究工具(虛擬變項)為調節變項之方程式

LEVEL 2 MODEL (bold italic: grand-mean centering)

$\beta_0 = \gamma_{00} + \gamma_{01}(下具D1) + \gamma_{02}(下具D2) + u_0$

LEVEL 1 MODEL (bold: group-mean centering; bold italic: grand-mean centering)

$$D = \beta_0$$

$$\sigma^2 = D \text{ (Known)} \quad \boxed{\text{以教育階段(虛擬變項)為調節變項之方程式}}$$

LEVEL 2 MODEL (bold italic: grand-mean centering)

$$\beta_0 = \gamma_{00} + \gamma_{01}(\text{年級D1}) + \gamma_{02}(\text{年級D2}) + \gamma_{03}(\text{年級D3}) + \gamma_{04}(\text{年級D4}) + u_0$$

階層線性模式的其他
應用：中介、調節、
調節式中介

壹、組織行為研究中的 3M

組織研究中的 3M，指的是中介（mediation, indirect effect）、調節（moderation, interaction effect）以及多層次（multilevel），其中多層次部分又可細分為調節式中介（moderated mediation）以及中介式調節（mediated moderation）。中介與調節是社會科學研究中重要的方法學概念（溫福興、邱皓政，2009），雖然調節作用與中介作用在社會科學研究中都已有一定的歷史，但研究者有時還是會把它們混淆。例如：Findley 與 Cooper（1983），本來是想解釋調節作用的，卻把性別、年齡、種族及社會經濟水準，解釋為控制焦點（locus of control）與學術成就間的中介變項。直到 1980 年代中才有研究者（Baron & Kenny, 1986）正式提出調節變項，作為研究方法中的一個問題，並與中介變項加以區分，以下就針對中介與調節變項在研究中的作用作一簡單介紹。

一、中介變項概念陳述

早在 1920 年代，已經有心理學家開始體認到中介變項的重要性，並利用中介變項解釋一個關係背後的原理與內部機制。Woodworth（1928）在「刺激—反應（S-R）」理論的基礎上提出了「刺激—有機體—反應（S-O-R）」模型，說明刺激對於行為的作用是透過有機體內部的轉換過程而發生的，這個模型的關鍵，是認識到一個活動的有機體介入了刺激與反應之間的作用過程，這可能是一個最早比較嚴格之中介作用的假設。一般來說，當一個變項能夠解釋自變項與依變項間的關係時，就認為它具有中介作用。因此，研究中介作用的目的，是在已知某些關係的基礎上，探索這個關係產生的內部機制。在這個過程中，可以把原有的關於同一個現象的研究連結在一起，使已有的理論更為系統化；另外，如果把事物間影響的關係看作是一個因果鏈，則研究中介變項就可以使獨變項與依變項間的關係鏈更為清楚與完善，而可以解釋在獨變項改變與依變項隨之變化時發生了什麼事。所以，理論上，中介變項至少有兩項重要意義：1. 中介變項整合已

有的研究或理論；2. 中介變項解釋關係背後的作用機制。同樣的，中介變項也可幫助我們發展既有理論，但它是從另一方面來展現這項功能的，即解釋變項之間為什麼會存在某種關係，以及這個關係是如何發生的。

簡單說，凡是 X 影響 Y，並且 X 是透過一個中間變項 M 對 Y 產生影響時，M 就是中介變項。中介變項可用來解釋現象，在研究中扮演很重要的角色。中介變項可分為兩類：一類是完全中介（full mediation）；另一類是部分中介（partial mediation）。完全中介就是 X 對 Y 的影響，完全透過 M，沒有 M 的作用，X 就不會影響 Y；部分中介就是 X 對 Y 的影響部分是直接的，部分是透過 M 的。

二、調節變項概念陳述

調節變項所解釋的不是關係內部的機制，而是一個關係在不同的條件下是否會有所變化。讓我們把調節作用變成生活語言就很容易理解了，調節變項就是「視情況而定」、「因人而異」。什麼是調節變項？簡單說，如果變項 X 與變項 Y 有關係，但是 X 與 Y 的關係受到第三個變項 Z 的影響，那麼變項 Z 就是調節變項，調節變項所產生的作用稱為調節作用。調節變項的一個主要作用，是為現有理論找出限制條件與適用範圍。因為靠有限的認知能力所建立的理論，都是有一定侷限的，尤其在理論發展初期，很難完全考慮到所有的限制條件與適用範圍。研究調節變項時，正是透過研究一組關係在不同條件下的變化及其背後的原因，以豐富原有的理論。這裡的「不同條件」就是理論的適用範圍與假設。所以，調節變項能夠幫助我們發展已有的理論，使理論對變項間關係的解釋更為精細。

有一點要注意的，當研究中有調節變項時，在研究假設中一定要說明清楚，究竟調節變項的作用是什麼、如何具體影響變項間的關係。研究假設的提出應該盡量準確，不應該籠統地假設「Z 在 X 與 Y 的關係中具有調節作用」，應該具體說明 Z 是如何調節 $X \rightarrow Y$ 的關係。例如：「當 Z 高的時候，X 會對 Y 有正面的影響；當 Z 低的時候，X 會對 Y 有負面的影響。」調節變項從原理上看很簡

單，但在應用時要特別注意它在理論上的涵義，以及調節變項、自變項及依變項間的關係。

三、多層次中介效果簡述

　　當前的中介效果更是已經發展到多重中介效果（multiple mediation）（Preacher & Hayes, 2008; MacKinnon, 2008）和多層次中介效果（multilevel mediation）（溫福興、邱皓政，2009；Fairchild & McQuillion, 2010; MacKinnon, 2008; Yuan & MacKinnon, 2009）。這些效果使得研究者可以探討多層次數據間各層變量之間的相互影響，彌補了簡單中介效應中容易忽略組織層面自變項的缺陷（方杰、張敏強、邱皓政，2010）。早在 Baron 與 Kenny（1986）提出中介與調節效果的檢測原理與程序之外，他們同時也提到了中介變項與調節變項的組合效果，亦即調節式中介效果（moderated mediation）與中介式調節效果（mediated moderation）。本章的目的是在探討多層次模型中的中介與調節效果，將研究重點放在 2-1-1 模式（第一個數字代表解釋變項為組織層級、第二個數字代表中介變項為個體層級、第三個數字代表結果變項為個體層級），亦即多層次調節中介效果（multilevel moderated mediation）的檢驗（溫福興、邱皓政，2009）。本章進行的主要考量有三：第一，國內過去文獻多侷限在單獨討論中介或調節效果，而未同時研究多層次變項之間的中介與調節效果，反觀國外，有關 2-1-1 的相關研究則在近幾年迅速增加，如 Avolio、Zho、Koh 與 Bhatia（2004）、Mensinger（2005）、Wegge、Dick、Fisher、West 與 Dawson（2006），以及 Zohar 與 Luria（2005）等皆是。第二，在組織研究中，特別是在多層次架構下，因個體巢套於組織中，所以在某一個組織內組織成員因共享的組織文化或組織氣氛，組織內個體層次的關係卻因不同的組織而異，這就是調節現象。因此本章不僅可以觀察到 2-1-1 的中介效果，也可以觀察到 1-1 的效果被 2 所調節。第三，環境因素也可能透過個人因素的中介效果而影響個人層次結果變項，這是過去研究較易忽略的一點。本書之前所介紹的多為多層次調節模型，其架構圖如圖 8-1 所示，這部分讀者已較為熟悉，所以接下來本章先以部分篇幅來說明多層次中介模型。

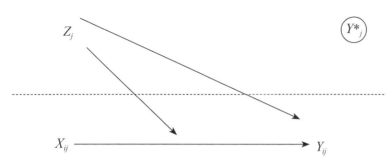

圖 8-1 多層次調節模型

貳、多層次中介模型

一、多層次中介模型介紹

一般而言，多層次中介模型有以下三種模式。

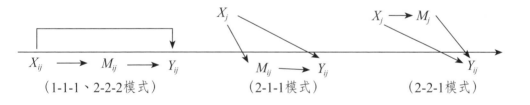

Krull 與 MacKinnon（2001）整理出兩層資料結構 HLM 的四種形式多層次中介效果：1-1-1、2-1-1、2-2-1 與 2-2-2，這四種形式的表達是以三個數字來描述多層次間的中介關係，這三個數字的順序分別代表解釋變項、中介變項與結果變項所歸屬的層次，數字 1 代表為個體層次變項，數字 2 代表總體層次或是組織層次變項。由於多層次分析主要是探討對個體層次結果變項的影響，因此前面三種形式的多層次中介效果的最後一個數字都為 1。

　　在單一層次的中介效果研究中，MacKinnon、Warsi 與 Dwyer（1995）證明了解釋變項對依變項的總效果可以拆解爲直接效果與透過中介變項的間接效果和。溫福星與邱皓政（2009）在一個多層次調節性中介效果的實證研究中，亦發現了多重中介變項的 2-1-1 模式，這種總體層次解釋變項對個體層次結果變項的總效果，亦可以約略拆解爲總體層次解釋變項對個體層次結果變項的直接效果與透過多重個體層次中介變項的間接效果和。

二、多層次中介模型 2-1-1 的檢驗

　　關於檢驗步驟可以分爲三個步驟：

（一）以截距爲結果模型檢驗

　　多層次中介效果檢驗的第一個程序，是檢驗 Y、M 兩個模型中的結果變項，各自是否可以被總體層次解釋變項（X）有效解釋，模型中並沒有任何個體層次解釋變項，屬於以截距爲結果變項模型（intercept-as-outcome model）。如果以圖形及公式表示，如下所示。

1. 多層次中介模型──自變項至依變項

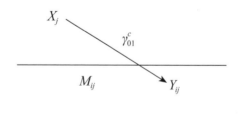

$$Y_{ij} = \beta_{0j}^c + \varepsilon_{ij}^c$$
$$\beta_{0j}^c = \gamma_{00}^c + \gamma_{01}^c X_j + u_{0j}^c$$

2. 多層次中介模型——自變項至中介變項

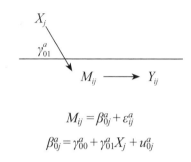

$$M_{ij} = \beta_{0j}^a + \varepsilon_{ij}^a$$
$$\beta_{0j}^a = \gamma_{00}^a + \gamma_{01}^a X_j + u_{0j}^a$$

（二）隨機效果共變數分析與隨機係數模型檢驗

　　多層次中介效果檢驗的第二個程序，是檢驗作為中介變項的個體層次解釋變項（M）對於結果變項（Y）的解釋是否具有統計意義，此時並不納入總體層次解釋變項，僅有個體層次解釋變項。當斜率係數設定為固定效果時，則為隨機效果共變數分析模型；而斜率係數設定為隨機效果時，則為隨機係數分析模型。分別檢驗兩個模型的目的，主要是檢驗固定效果與隨機效果的差異。

X_j

γ_{01}^a

$M_{ij} \longrightarrow Y_{ij}$

$$M_{ij} = \beta_{0j}^a + \varepsilon_{ij}^a$$
$$\beta_{0j}^a = \gamma_{00}^a + \gamma_{01}^a X_j + u_{0j}^a$$

（三）多層次中介效果模型檢驗（多層次中介變項——自變項與中介變項至依變項）

　　第三個程序則是進一步將高層次解釋變項與中介變項一起放入公式中，檢驗 X 與 M 變項對 Y 的解釋力，尤其著重於公式中 $\gamma_{01}^{c'}$（$X \rightarrow Y$）的顯著性考驗。此

時斜率被設定為固定常數，不檢驗跨層級交互作用（調節效果），所以不會有斜率變異數的估計，為固定斜率之無調節效果模型。在此模型中，研究者關心的是 $\gamma_{01}^{c'}$ 的估計值須為不顯著，而 γ_{10}^{b} 的估計值須達統計顯著水準，才符合條件獲致完全的跨層級中介效果。其中，如果 $\gamma_{01}^{c'}$ 的估計值是顯著的，但其絕對值小於 γ_{01}^{c} 估計值的絕對值，則稱獲致部分的跨層級中介效果。

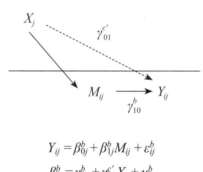

$$Y_{ij} = \beta_{0j}^{b} + \beta_{1j}^{b} M_{ij} + \varepsilon_{ij}^{b}$$
$$\beta_{0j}^{b} = \gamma_{00}^{b} + \gamma_{01}^{c'} X_j + u_{0j}^{b}$$
$$\beta_{1j}^{b} = \gamma_{10}^{b}$$

除了將 Baron 與 Kenny（1986）的單一層次中介效果檢測的四條件應用到多層次中介效果外，亦可以利用 Sobel（1982）的中介效果統計檢定。值得一提的是，在之前跨層級或多層次中介效果的研究裡，都假設在斜率為固定效果的情況下進行，然後利用 Sobel（1982）所提的檢驗方法，檢測間接效果是否達到顯著，來判斷中介效果是否存在。而 Kenny、Bolger 與 Korchmaros（2003）更進一步假設這些斜率參數是可以變動的（只有在模型 1-1-1 下），亦即在第二層的斜率方程式具有隨機效果時，在這樣的條件下，Sobel（1982）所提的檢驗方法，其間接效果的標準誤必須要調整成下式：

$$\sigma_{(ab)}^{2} = b^2 \sigma_a^2 + a^2 \sigma_b^2 + \sigma_a^2 \sigma_b^2 + 2ab\sigma_{ab} + \sigma_{ab}^2$$

由於現有的 HLM 軟體，主要的單變量模組一次只能處理一個結果變項，

因此在這裡的多層次中介效果必須處理三次的 HLM 操作，但這樣並無法估計共變部分 σ_{ab}，所以 Kenny、Bolger 與 Korchmaros（2003）採取分段方式去估計 σ_{ab}。而 Bauer、Preacher 與 Gil（2006）則利用堆疊方式（stacking）配合選擇變項（selection variables）設計，將 Kenny、Bolger 與 Korchmaros（2003）要三次估計的 HLM 以多變量形式來完成，一次同時估完三組 HLM 迴歸係數的變異數共變數矩陣，直接獲得 σ_{ab} 估計值來進行 Sobel 檢定。除此之外，Bauer、Preacher 與 Gil（2006）更將 Muller、Judd 與 Yzerbyt（2005）所提的調節式中介效果考慮進來，建構一個調節式多層次中介效果模式。以下將介紹多層次調節式中介模式。

參、多層次調節式中介模式

一、何謂多層次調節式中介模式

　　所謂的調節式中介效果是指在圖 8-1 中的任何箭頭，都有一個調節變項指向線段上例如：圖 8-2 的呈現，說明在中介過程中存在調節變項對中介效果產生影響。在公式上的呈現，是在前述公式上多增加了調節變項（*Mo*）和調節變項與解釋變項（或中介變項）的乘積項（*Mo*×*X* 或 *Mo*×*M*）。Muller、Judd 與 Yzerbyt（2005）進一步將所有解釋變項、中介變項與調節變項，以及交乘積項放到依變項的公式中，建構調節式中介效果與中介式調節效果的分析模式，並指出調節式中介效果與中介式調節效果之間的關係。此外，Edward 與 Lambert（2007）則結合了 Muller、Judd 與 Yzerbyt（2005）的研究，建構了單一層次調節與中介效果整合分析方法，並將這整合分析模式區分為七大類型，將過去文獻探討有關中介效果與調節效果作一完整的論述。

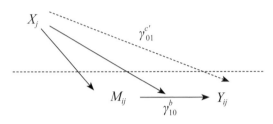

圖 8-2 多層次調節中介模式

二、多層次調節式中介效果模型檢驗

多層次調節式中介效果模型的最後一個步驟，是探討跨層級交互作用是否存在，亦即納入調節效果的檢測，成為一個同時帶有中介與調節效果的 3M 模型。在多層次調節式中介效果模型檢驗中，必須先檢驗多層次中介效果的存在，一旦多層次中介效果存在後，再進一步檢測這個中介效果是否受到高層解釋變項所影響（Mathieu & Taylor, 2007）。更明確的說，前一個步驟所關心的是 $X \rightarrow M \rightarrow Y$ 中介效果的檢驗與 γ_{01}^{c} 變化情形的檢視，而此步驟則關心 γ_{01}^{d}（$X \times M \rightarrow Y$）的調節作用。檢測跨層級的調節效果，是要看個體層次中介變項 M_{ij} 對結果變項 Y_{ij} 的影響，是否 β_{1j}^{b}、β_{2j}^{b}、β_{3j}^{b} 會隨著 j 變動，亦即是否存在斜率迴歸係數的變異數；也就是說，斜率的固定效果與隨機效果的設定，是作為檢測調節式中介效果的判斷依據，而其公式可以如下所示。以下，本章將利用實例來讓讀者更了解多層次調節式中介模型的操作步驟。

$$Y_{ij} = \beta_{0j}^{d} + \beta_{1j}^{d} X_{ij} + \varepsilon_{ij}^{d}$$
$$\beta_{0j}^{d} = \gamma_{00}^{d} + \gamma_{01}^{d} M_{j} + U_{0j}^{d}$$
$$\beta_{1j}^{d} = \gamma_{10}^{d} + \gamma_{11}^{d} M_{j} + U_{1j}^{d}$$

肆、實例分析

一、研究對象

　　本實例之研究對象為大臺南地區的國小六年級學童，在問卷的發放上採納 Bryk 與 Raudenbush（1992）的建議，應符合 50/20 原則，即至少有 50 位教師，每班中至少有 20 位學生。所以本研究參閱全國法規資料庫（2006）之各縣市國民小學組織規程學校規模分類標準，抽取大規模（學校班級數 25 班以上）學校，每校 2 班六年級學生，並請全班同學填答問卷。問卷回收狀況共有 78 位教師協助進行調查，平均每班學生介於 17~25 位，學生部分共有 1,808 位學生。

二、研究架構

　　本研究之分析架構如圖 8-3 所示，其中學生學習動機為個體層次中介變項，學業成就為個體層次結果變項，而教師創意教學則為總體層次解釋變項。

三、研究結果與討論

（一）變項描述統計與 ICC 量數

　　表 8-1 列出了本研究所有變項的描述統計量。首先，教師創意教學作為本研究的總體層次解釋變項（X），由教師自行填寫得來，因此共有 78 筆教師創意教學的觀察值。所有教師創意教學中的各構面平均為 4.77、5.04、4.88、4.66 以及 4.61。至於四個個體層次中介變項價值（$M1$）、預期（$M2$）、情感（$M3$）以及執行意志（$M4$）的平均數，分別為 4.73、4.24、4.23 以及 4.27。而所有變項的 ANOVA 檢定結果，也都發現具有顯著的教師間差異。此外，表 8-1 列出變項間的相關，其中四個學習動機變項將作為中介變項，因此它們之間的中、高度相關是否造成共線性問題值得注意。經迴歸中的 VIF 值分析發現，VIF 值均未大於 10，所以變項間並未發生嚴重的共線性問題。

在本研究中，除了學生學習成效（Y）為結果變項外，$M1$、$M2$、$M3$ 與 $M4$ 四個作為中介變項的學習動機變項也將作為結果變項，被教師創意教學（X）變項解釋，因此，Y、$M1$、$M2$、$M3$ 與 $M4$ 五者均須進行零模型（隨機效果 ANOVA 模型）檢驗，以計算組內相關係數（ICC）來確認是否有必要進行多層次分析（Bryk & Raudenbush, 1992）。分析後發現，學業成就（Y）、價值（$M1$）、預期（$M2$）、情感（$M3$）以及執行意志（$M4$）五個變項的 ICC 分別

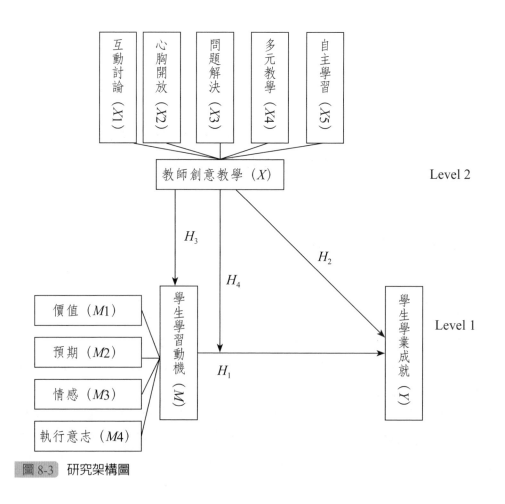

圖 8-3　研究架構圖

表 8-1　變項敘述統計分析摘要表

	敘述統計				變項相關							
	平均數	標準差	$X1$	$X2$	$X3$	$X4$	$X5$	$M1$	$M2$	$M3$	$M4$
總體層次											
互動討論 $X1$	4.77	0.65						.12*	.06*	-.11*	.24*
心胸開放 $X2$	5.04	0.66	.79*					.09*	.20*	-.12*	.27*
問題解決 $X3$	4.88	0.59	.76*	.81*				.17*	.05*	-.04*	.18*
多元教學 $X4$	4.66	0.64	.70*	.69*	.69*			.14*	.22*	-.17*	.36*
自主學習 $X5$	4.61	0.63	.77*	.74*	.75*	.66*		.11*	.19*	-.15*	.28*
個體層次											
預期 $M1$	4.73	0.95									
價值 $M2$	4.24	1.02						.69*			
情感 $M3$	4.23	1.10						-.77*	-.79*		
執行意志 $M4$	4.27	0.92						.62*	.56*	-.52*	
學業成就 Y	350.92	40.47	.11	.09*	.17*	.14	.11	.08	.30*	-.04	.36*

*$p<0.05$

是 .12、.09、.13、.21、.09，其顯著效果 χ^2 值分別介於 212.72~429.28，均達 .05 的顯著水準，表示總體層次的區間差異在五個變項的變異數中占了相當比例，適合進行多層次分析。此外，因本研究的問卷分別採用教師與學生填答方式，因此較能避免產生共同方法變異（common mcthod variance, CMV）的問題。

（二）以截距為結果模型檢驗

多層次中介效果檢驗的第一個程序，是檢驗學業成就（Y）、價值（$M1$）、預期（$M2$）、情感（$M3$）以及執行意志（$M4$）五個模型中的結果變項，各自是否可以被總體層次之解釋變項（X）有效解釋。模型中並沒有任何個體層次解釋變項，屬於以截距為結果變項模型（intercept-as-outcome model），其迴歸方

程式如公式 8.1、8.2，而以 $M2$、$M3$ 與 $M4$ 為結果變項的迴歸方程式則類推，分析結果列於表 8-2 的 model 1（以學業成就為結果變項）、model 2a（以價值為結果變項）、model 2b（以預期為結果變項）、model 2c（以情感為結果變項）、model 2d（以執行意志為結果變項）。在公式 8.1 中，重要的是 $\gamma_{01}^c \sim \gamma_{05}^c$ 的估計值是否達到顯著水準，如果 $\gamma_{01}^c \sim \gamma_{05}^c$ 的估計值顯著，則表示教師創意教學對於學習動機的中介效果存在。而在公式 8.2 中，關心的是 $\gamma_{01}^a \sim \gamma_{05}^a$ 的估計值顯著與否，只有達到顯著，才可繼續進行檢測，而限於篇幅，所以公式 8.2 中僅以「價值」為例列出公式。

$$學業成就_{ij} = \beta_{0j}^c + \varepsilon_{ij}^c$$
$$\beta_{0j}^c = \gamma_{00}^c + \gamma_{01}^c \, 互動討論_j + \gamma_{02}^c \, 心胸開放_j + \gamma_{03}^c \, 問題解決_j + \gamma_{04}^c \, 多元教學_j$$
$$+ \gamma_{05}^c \, 自主學習_j + U_{0j}^c \qquad\qquad （公式 8.1）$$

$$價值_{ij} = \beta_{0j}^a + \varepsilon_{ij}^a$$
$$\beta_{0j}^a = \gamma_{00}^a + \gamma_{01}^a \, 互動討論_j + \gamma_{02}^a \, 心胸開放_j + \gamma_{03}^a \, 問題解決_j + \gamma_{04}^a \, 多元教學_j$$
$$+ \gamma_{05}^a \, 自主學習_j + U_{0j}^a \qquad\qquad （公式 8.2）$$

由表 8-2 可知，五個模型中，心胸開放對 Y、$M1$、$M3$ 進行解釋的係數 γ_{01} 均具有統計意義，且問題解決對 Y、$M1$、$M2$ 與 $M4$ 進行解釋的係數 γ_{01} 均具有統計意義。其中心胸開放對 Y、$M1$ 與 $M3$ 的係數值分別為 6.03（$t = 4.45$，$p = .000$）、0.24（$t = 2.52$，$p = .015$）、0.19（$t = 2.81$，$p = .009$）。而問題解決對 Y、$M1$、$M2$ 與 $M4$ 的係數值分別為 8.45（$t = 2.14$，$p = .038$）、0.29（$t = 2.96$，$p = .005$）、0.43（$t = 2.74$，$p = .008$）、0.28（$t = 2.30$，$p = .025$）。這五個以截距為結果變項模型的截距變異數（即 τ_{00}）皆顯著，表示當教師創意教學（$X1 \sim X5$）對於各學生的 Y、$M1$、$M2$、$M3$ 與 $M4$ 五個平均數分別進行解釋後，各自存在教師間的差異，有待進一步由教師層級解釋變項來加以解釋。除此之外，值得注意的是，model 1 中的 $\gamma_{02}^c = 6.03$ 及 $\gamma_{03}^c = 8.45$，在多層次中介效果的分析中扮演著非

常重要的角色，此一係數若在模型中考慮了中介變項後變成不顯著（完全中介作用）或顯著但下降（部分中介作用）（Baron & Kenny, 1986），而係數值改變的程度就是間接效果的強度。此外，其虛假決定係數 R^2 為 2.6%〔此為針對虛無模型的截距變異項計算而得，亦即 $R^2 = (203.57 - 198.31)/203.57 = 0.0258$，以下定義相同〕，表示引進層次二因素後發現，教師創意教學對於學生學業成就的直接影響貢獻力其實是相當有限的。由此可知，藉由此步驟的 model 1 了解，在不考量其他變項的影響下，教師創意教學構面中的「心胸開放」與「問題解決」對學生學業成就具有正向影響，因此假設二獲得支持。也就是說，當教師在施行創意教學的過程中，若心胸愈開放，或是愈能教授學生問題解決的技巧，則學生的學業成就將會愈高。而軟體的操作步驟則如下所示。

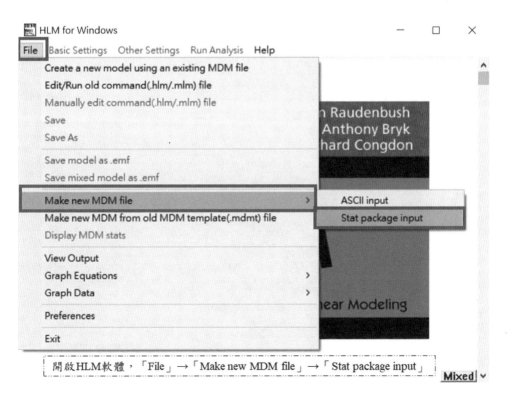

開啟HLM軟體，「File」→「Make new MDM file」→「Stat package input」

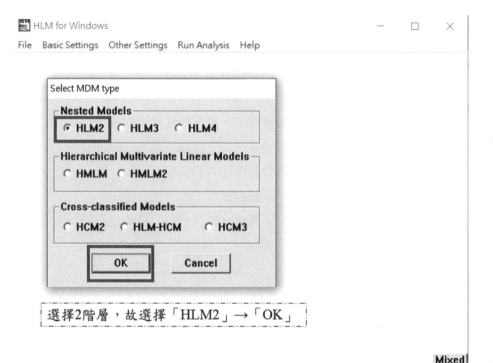

選擇2階層，故選擇「HLM2」→「OK」

Mixed

選擇Level 1 與Level 2之SPSS檔案，以及選擇各階層所需的識別ID與變項

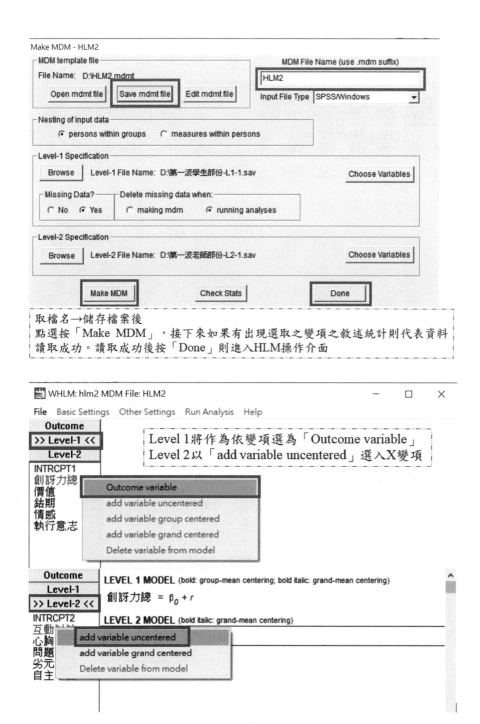

取檔名→儲存檔案後
點選按「Make MDM」，接下來如果有出現選取之變項之敘述統計則代表資料
讀取成功。讀取成功後按「Done」則進入HLM操作介面

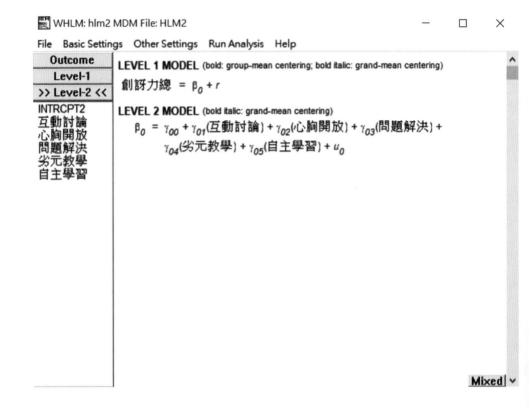

（三）隨機係數模型檢驗

多層次中介效果檢驗的第二個程序，是檢驗作為中介變項的個體層次解釋變項（M）對於結果變項（Y）的解釋是否具有統計意義，此時並不納入總體層次解釋變項，僅有個體層次解釋變項，而模型如公式 8.3 所示。

$$學業成就_{ij} = \beta_{0j}^c + \beta_{1j}^c 價值 + \beta_{2j}^c 預期 + \beta_{3j}^c 情感 + \beta_{4j}^c 執行意志 + \varepsilon_{ij}^c$$

$$\beta_{0j}^c = \gamma_{00}^c + U_{0j}^c$$

$$\beta_{1j}^c = \gamma_{10}^c + U_{1j}^c$$

$$\beta_{2j}^c = \gamma_{20}^c + U_{2j}^c$$

$$\beta_{3j}^c = \gamma_{30}^c + U_{3j}^c$$

$$\beta_{4j}^c = \gamma_{40}^c + U_{4j}^c \qquad\qquad （公式 8.3）$$

　　從表 8-2 數據可知，model 3 中同時以 $M1$、$M2$、$M3$ 與 $M4$ 來解釋 Y 時，價值的係數為 3.41（$t = 2.91$，$p = .005$）、預期的係數為 11.81（$t = 7.85$，$p = .000$）、情感的係數為 -7.15（$t = -4.71$，$p = .000$）、執行意志的係數為 3.87（$t = 2.14$，$p = .036$），皆達到顯著水準。而 R^2 為 13.23%，表示以價值、預期、情感及執行意志來解釋學業成就時，可削減的解釋變異達 13.23%。換言之，本研究的假設一獲得支持，學生的學習動機（價值、預期以及執行意志）會正向影響學生的學業成就。本研究結果顯示，學習動機中的情感成分會負向影響學業成就。究其原因乃是因為本研究所指的情感成分是學生對於學習所產生的壓力、憂鬱等的情緒反應，因此為負向影響的結果就相當合理。

　　除此之外，隨機係數模型認為個體層次解釋變項對於 Y 的解釋（斜率），在各教師之間是隨機變動的，因此可以檢驗斜率變異數（τ_{11}、τ_{22}、τ_{33} 與 τ_{44}）的顯著性，而 model 3 的斜率變異數（12.59、75.28、60.56 與 87.52），僅預期與情感的斜率變異數達到顯著（$\chi^2 = 112.11$，$p = .003$；$\chi^2 = 108.24$，$p = .006$），表示各教師之間的斜率變異數僅有預期與情感較為明顯。當然，為了評估並選擇較佳的模式，本研究以概似比考驗（likelihood ratio test），使用卡方值差異檢驗（χ^2 difference test）來比較兩個模型的離異數（deviance）與自由度（degree freedom）。當複雜模型的離異數降低，其改變超過卡方顯著值，則選擇複雜模型；反之，則保留簡單模型。因此本研究進行「價值」與「執行意志」含斜率變異數及價值與執行意志未含斜率變異數兩個模式的概似比考驗，結果第一個含斜率變異數模型的離異數為 18,181.68，第二個未含斜率變異數模型的離異數為 18,201.32，兩者的差為 19.64，這個差服從自由度為 9 的 X^2 分配，其考驗結果達到顯著（$p = .02 < .05$），表示模式的簡化並不恰當。所以在後續的分析中，本研究仍是納入「價值」與「執行意志」的斜率變異數。除此之外，截距的變異數（$\tau_{00} = 159.39$，$\chi^2 = 225.58$，$p = .000$）仍然存在，表示各教師班級中的學生學業

成就的調整平均數在控制學生的學習動機後，還可進一步找出有意義的解釋變項來分析教師間調整平均數的差異，且學習動機中還有預期與情感的斜率變動有被解釋的必要，但後續價值與執行意志的斜率變動就不再具有解釋的必要。而操作步驟如下所示。

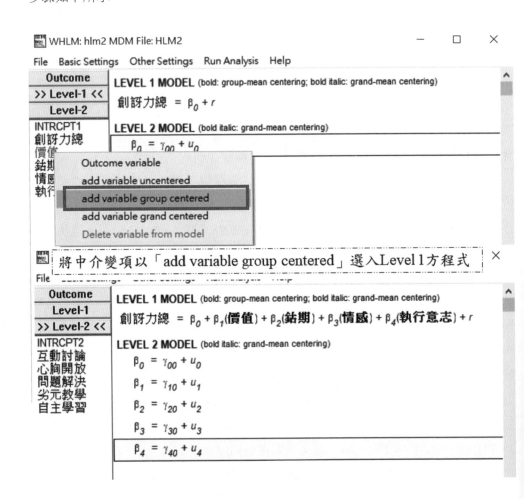

（四）多層次中介效果模型檢驗

第三個程序則是進一步將高層次解釋變項與中介變項一起放入公式中，檢驗 X（$X1$、$X2$、$X3$、$X4$、$X5$）與 M（$M1$、$M2$、$M3$、$M4$）變項對 Y 的解釋力，尤其著重於公式 8.4a 中 $\gamma_{01}^{c'} \sim \gamma_{05}^{c'}$（$X \to Y$）的顯著性考驗。此時斜率被設定爲固定常數，不檢驗跨層級交互作用（調節效果），所以不會有斜率變異數的估計，爲固定斜率之無調節效果模型。

$$學業成就_{ij} = \beta_{0j}^b + \beta_{1j}^b \, 價值 + \beta_{2j}^b \, 預期 + \beta_{3j}^b \, 情感 + \beta_{4j}^b \, 執行意志 + \varepsilon_{ij}^b$$

$$\beta_{0j}^b = \gamma_{00}^b + \gamma_{01}^{c'} \, 互動討論_j + \gamma_{02}^{c'} \, 心胸開放_j + \gamma_{03}^{c'} \, 問題解決_j + \gamma_{04}^{c'} \, 多元教學_j$$
$$\qquad + \gamma_{05}^{c'} \, 自主學習_j + U_{0j}^b$$

$$\beta_{1j}^b = \gamma_{10}^b$$
$$\beta_{2j}^b = \gamma_{20}^b$$
$$\beta_{3j}^b = \gamma_{30}^b$$
$$\beta_{4j}^b = \gamma_{40}^b \qquad\qquad\qquad （公式 8.4a）$$

在 model 4a 的模型中，同時考量四個中介變項與總體解釋變項後，$\gamma_{02}^{c'}$ 下降到 3.94，$\gamma_{03}^{c'}$ 下降到 1.41，重點是皆未達到顯著水準（$t = 0.91$，$p = .364$；$t = 0.84$，$p = .402$），所以爲完全中介效果。而四個中介變項皆達到顯著水準（$\gamma_{10}^b = 3.19$，$t = 2.77$，$p = .006$；$\gamma_{20}^b = 9.96$，$t = 6.01$，$p = .000$；$\gamma_{30}^b = -4.52$，$t = 3.26$，$p = .002$；$\gamma_{40}^b = 2.49$，$t = 2.48$，$p = .014$），表示 $X \to M1 \to Y$、$X \to M2 \to Y$、$X \to M3 \to Y$ 以及 $X \to M4 \to Y$ 的間接效果成立。分析至此，本研究合併 model 2-1~model 2-5 及 model 4 的分析結果可以發現，教師創意教學中的問題解決構面可透過學生學習動機中的價值、預期及執行意志產生完全中介的效果；而創意教學中的心胸開放構面則必須透過學生學習動機中的價值與情感構面的完全中介而對學業成就產生影響。此外，值得注意的是，在計算效果值時，除了可以 γ_{02}^c、γ_{03}^c 的改變量來計算之外，例如：$\gamma_{02}^c - \gamma_{02}^{c'} = 6.03 - 3.94 = 2.09$，也可以兩個中介變項的間接效果值加總而得。其中 $X2 \to M1 \to Y$ 的間接效果值 $= 0.24 \times 3.3 = 0.792$；

$X2 \to M2 \to Y$ 的間接效果值 $= 0.19 \times 6.84 = 1.3$；兩者相加會等於 2.092，近似於 γ_{01}^c 的改變量；同理，問題解決的中介效果值等於 7.04（$0.29 \times 3.3 + 0.43 \times 11.67 + 0.28 \times 3.82$）。據此，本研究所發展的假設三獲得成立；也就是說，教師創意教學（問題解決）會透過學生的學習動機（價值、預期及執行意志），以及教師創意教學（心胸開放）會透過學生的學習動機（價值與情感）的完全中介而對學業成就產生影響。而具體的操作步驟如下所示。

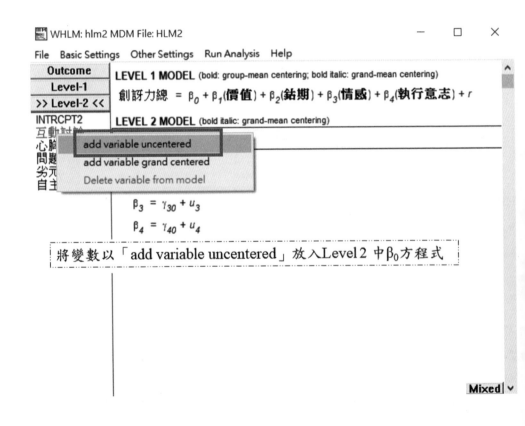

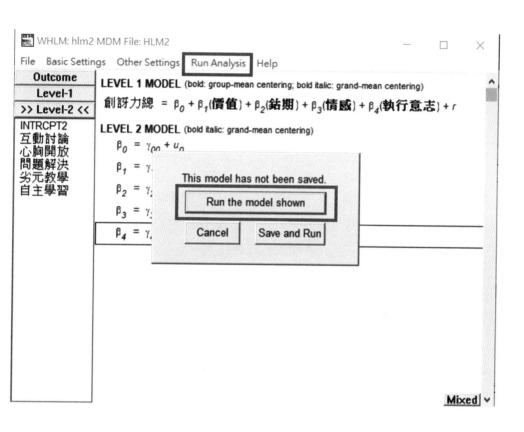

（五）多層次調節式中介效果模型檢驗

　　多層次調節式中介模型的最後一個步驟，是探討跨層級交互作用是否存在，亦即納入調節效果的檢測，成為一個同時帶有中介與調節效果的 3M 模型。在多層次調節式中介效果的模型檢驗中，必須先檢驗多層次中介效果的存在，一旦多層次中介效果存在之後，再進一步檢測這個中介效果是否受到高層解釋變項所影響（Mathieu & Taylor, 2007）。更明確的說，前一個步驟 model 4a 所關心的是 $X \rightarrow M \rightarrow Y$ 中介效果的檢驗與 $\gamma_{01}^c \sim \gamma_{05}^c$ 變化情形的檢視，而此步驟則關心 $\gamma_{01}^d \sim \gamma_{04}^d$（$X \times M \rightarrow Y$）的調節作用（蕭佳純，2011），而檢測模式如公式 8.4b 所示。

$$學業成就_{ij} = \beta_{0j}^b + \beta_{1j}^b 價值 + \beta_{2j}^b 預期 + \beta_{3j}^b 情感 + \beta_{4j}^b 執行意志 + \varepsilon_{ij}^b$$

$$\beta_{0j}^b = \gamma_{00}^b + \gamma_{01}^{c'} \text{ 互動討論}_j + \gamma_{02}^{c'} \text{ 心胸開放}_j + \gamma_{03}^{c'} \text{ 問題解決}_j + \gamma_{04}^{c'} \text{ 多元教學}_j$$
$$+ \gamma_{05}^{c'} \text{ 自主學習}_j + U_{0j}^b$$

$$\beta_{1j}^b = \gamma_{10}^b + U_{1j}^b$$
$$\beta_{2j}^b = \gamma_{20}^b + U_{2j}^b$$
$$\beta_{3j}^b = \gamma_{30}^b + U_{3j}^b$$
$$\beta_{4j}^b = \gamma_{40}^b + U_{4j}^b \qquad\qquad （公式 8.4b）$$

在公式 8.4b 中，如果 γ_{10}^b、γ_{20}^b、γ_{30}^b、γ_{40}^b 的估計值達統計顯著水準，且 $\gamma_{01}^{c'} \sim \gamma_{05}^{c'}$ 的估計值不顯著（或顯著，但其絕對值小於 γ_{01}^c 估計值的絕對值），並且隨機效果 τ_{11}、τ_{22}、τ_{33} 與 τ_{44} 的估計值亦顯著，則存在 β_{1j}^b、β_{2j}^b、β_{3j}^b、β_{4j}^b 的異質性，所以可以進一步引進個體層次的解釋變項在公式中，考慮多層次調節式中介效果。由表 8-2 中的 model 4b 中可知，$\gamma_{01}^{c'} \sim \gamma_{05}^{c'}$ 的估計值皆不顯著，而 γ_{10}^b、γ_{20}^b、γ_{30}^b、γ_{40}^b 的估計值均達到顯著水準（$\gamma_{10}^b = 3.30$，$t = 2.51$，$p = .014$；$\gamma_{20}^b = 11.67$，$t = 7.23$，$p = .000$；$\gamma_{30}^b = -6.84$，$t = 4.30$，$p = .000$；$\gamma_{40}^b = 3.82$，$t = 2.05$，$p = .043$），且隨機效果中的 τ_{22} 以及 τ_{33} 估計值亦顯著（$\tau_{22} = 78.80$，$X^2 = 111.50$，$p = .003$；$\tau_{33} = 59.15$，$X^2 = 107.46$，$p = .007$），表示可檢驗跨層級的交互作用 γ_{21}^d、γ_{31}^d 是否顯著，以獲得調節式中介作用，檢驗此 $3M$ 的公式如公式 8.5 所示。

$$\text{學業成就}_{ij} = \beta_{0j}^d + \beta_{1j}^d \text{ 價值} + \beta_{2j}^d \text{ 預期} + \beta_{3j}^d \text{ 情感} + \beta_{4j}^d \text{ 執行意志} + \varepsilon_{ij}^d$$

$$\beta_{0j}^d = \gamma_{00}^d + \gamma_{01}^d \text{ 互動討論}_j + \gamma_{02}^d \text{ 心胸開放}_j + \gamma_{03}^d \text{ 問題解決}_j + \gamma_{04}^d \text{ 多元教學}_j$$
$$+ \gamma_{05}^d \text{ 自主學習}_j + U_{0j}^d$$

$$\beta_{1j}^d = \gamma_{10}^d + U_{1j}^d$$

$$\beta_{2j}^d = \gamma_{20}^d + \gamma_{21}^d \text{ 互動討論}_j + \gamma_{22}^d \text{ 心胸開放}_j + \gamma_{23}^d \text{ 問題解決}_j + \gamma_{24}^d \text{ 多元教學}_j$$
$$+ \gamma_{25}^d \text{ 自主學習}_j + U_{2j}^d$$

$$\beta_{3j}^d = \gamma_{30}^d + \gamma_{31}^d \text{ 互動討論}_j + \gamma_{32}^d \text{ 心胸開放}_j + \gamma_{33}^d \text{ 問題解決}_j + \gamma_{34}^d \text{ 多元教學}_j$$
$$+ \gamma_{35}^d \text{ 自主學習}_j + U_{3j}^d$$

$$\beta_{4j}^d = \gamma_{40}^d + U_{4j}^d \qquad\qquad （公式 8.5）$$

由表 8-2 中的 model 5 中可知，在同時考量 $M2$、$M3$ 與 X 對 Y 的影響下，$X \times M2$ 的 $\gamma_{23}^d = 7.54$（$t = 2.01$，$p = .039$），具有顯著的調節效果；$X \times M3$ 的 $\gamma_{32}^d = 5.76$（$t = 2.34$，$p = .021$），也具有顯著的調節效果。除此之外，斜率的隨機效果 τ_{22} 與 τ_{33} 依然顯著（$X^2 = 81.53$，$p = .005$；$X^2 = 58.82$，$p = .007$），顯示總體層次解釋變項（教師創意教學）在解釋斜率的變動之後，各學生學習動機中的預期與價值構面對於學業成就的影響仍存在著差異，而此時的解釋變異量為 11.6%。分析至此，本研究的假設四獲得部分成立；也就是說，教師創意教學構面中的問題解決在學生學習動機中的預期構面與學業成就間具有正向調節效果，以及教師創意教學構面中的互動討論在學生學習動機中的情感構面與學業成就間，具有負向調節效果。

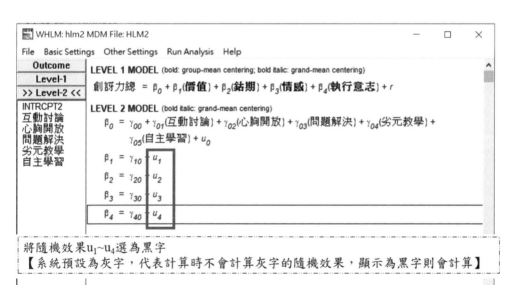

WHLM: hlm2 MDM File: HLM2 — □ ×

File   Basic Settings   Other Settings   Run Analysis   Help

| Outcome |
| Level-1 |
| >> Level-2 << |
| INTRCPT2 |
| 互動討論 |
| 心胸開放 |
| 問題解決 |
| 劣元教學 |
| 自主學習 |

LEVEL 1 MODEL (bold: group-mean centering; bold italic: grand-mean centering)

$$創訝力總 = \beta_0 + \beta_1(價值) + \beta_2(鑽期) + \beta_3(情感) + \beta_4(執行意志) + r$$

LEVEL 2 MODEL (bold italic: grand-mean centering)

$$\beta_0 = \gamma_{00} + \gamma_{01}(互動討論) + \gamma_{02}(心胸開放) + \gamma_{03}(問題解決) + \gamma_{04}(劣元教學) + \gamma_{05}(自主學習) + u_0$$

$$\beta_1 = \gamma_{10} + u_1$$

$$\beta_2 = \gamma_{20} + \gamma_{21}(互動討論) + \gamma_{22}(心胸開放) + \gamma_{23}(問題解決) + \gamma_{24}(劣元教學) + \gamma_{25}(自主學習) + u_2$$

$$\beta_3 = \gamma_{30} + \gamma_{31}(互動討論) + \gamma_{32}(心胸開放) + \gamma_{33}(問題解決) + \gamma_{34}(劣元教學) + \gamma_{35}(自主學習) + u_3$$

$$\beta_4 = \gamma_{40} + u_4$$

Mixed

表 8-2 多層次分析結果摘要表

	Model 1		Model 2a		Model 2b		Model 2c		Model 2d		Model 3		Model 4a		Model 4b		Model 5	
	r	se	r	se	r	se	r	se	r	se	r	se	r	se	r	se	r	se
γ_{01}^{c}	1.51	5.86																
γ_{02}^{c}	6.03*	1.36																
γ_{03}^{c}	8.45*	3.95																
γ_{04}^{c}	1.02	4.17																
γ_{05}^{c}	-0.01	5.28																
γ_{01}^{a}			0.16	0.11	0.03	0.11	0.01	0.14	0.04	0.08								
γ_{02}^{a}			0.24*	0.10	0.14	0.13	0.19*	0.07	0.14	0.11								
γ_{03}^{a}			0.29*	0.10	0.43*	0.16	0.35	0.19	0.28*	0.12								
γ_{04}^{a}			0.15	0.08	0.15	0.11	0.31*	0.14	0.12	0.08								
γ_{05}^{a}			0.16	0.09	0.19	0.10	0.16	0.13	0.10	0.08								
γ_{10}^{c}											3.41*	1.18						

	Model 1		Model 2a		Model 2b		Model 2c		Model 2d		Model 3		Model 4a		Model 4b		Model 5	
	r	se	r	se	r	se	r	se	r	se	r	se	r	se	r	se	r	se
γ^c_{20}											11.81*	1.51						
γ^c_{30}											-7.15*	1.52						
γ^c_{40}											3.87	1.82						
γ^c_{01}													1.41	5.17	4.32	3.64		
γ^c_{02}													3.94	4.33	4.05	3.66		
γ^c_{03}													1.41	1.68	1.17	4.26		
γ^c_{04}													1.99	3.94	1.21	3.38		
γ^c_{05}													1.96	4.92	4.73	4.26		
γ^b_{10}													3.19*	1.15	3.30*	1.19		
γ^b_{20}													9.96*	1.66	11.67*	1.53		
γ^b_{30}													-4.52*	1.39	-6.84*	1.52		
γ^b_{40}													2.49*	1.01	3.82*	1.83		
γ^d_{01}																	1.81	4.75
γ^d_{02}																	3.27	4.54
γ^d_{03}																	3.26	4.75
γ^d_{04}																	0.87	3.83
γ^d_{05}																	3.29	4.49
γ^d_{21}																	4.52	4.45
γ^d_{22}																	1.32	4.25
γ^d_{23}																	7.54*	3.75
γ^d_{24}																	1.24	2.99
γ^d_{25}																	3.53	3.96
γ^d_{31}																	5.76*	2.46
γ^d_{32}																	0.35	4.33
γ^d_{33}																	4.88	4.12
γ^d_{34}																	2.02	2.50
γ^d_{35}																	0.71	3.28
隨機效果																		
	VC	χ^2	VC	χ^2	VC	χ^2	VC	χ^2	VC	χ^2	VC	χ^2	VC	χ^2	VC	χ^2	VC	χ^2
R	1450.79		0.84		0.93		1.01		0.79		1257.54		1352.56		1257.75		1260.49	

	Model 1		Model 2a		Model 2b		Model 2c		Model 2d		Model 3		Model 4a		Model 4b		Model 5	
	r	se	r	se	r	se	r	se	r	se	r	se	r	se	r	se	r	se
τ_{00}	108.31*	283.76	0.06*	187.98	0.12*	276.79	0.22*	372.95	0.07*	212.46	159.39*	225.58	171.43*	272.10	160.22*	202.93	158.72*	196.06
τ_{11}											12.59	53.19			12.76	53.36	8.70	53.06
τ_{22}											75.28*	112.11			78.80*	111.51	81.53*	103.32
τ_{33}											60.56*	108.24			59.15*	107.46	58.82*	100.91
τ_{44}											87.52	85.50			87.66	85.43	84.72	85.08

1. *$p<.05$，VC 為變異數成分（variance component）的縮寫。
2. model 1、model 2a~2d 以截距為結果變項模型；model 3 為隨機係數模式；model 4a 為中介效果模式；model 4b 為檢測model 5 存在的必要性；model 5 為調節效果中介模型。
3. 隨機效果表格中的(a)、(b)、(c)、(d)乃本研究為了簡化表格，因此置於同一欄位，其中(a)表示為以價值為結果變項的 model 2a 所產生的 τ_{00} 及 R；(b)表示為以預期為結果變項的 model 2b 所產生的 τ_{00} 及 R；(c)表示為以情感為結果變項的 model 2c 所產生的 τ_{00} 及 R；(d)表示為以執行意志為結果變項的 model 2c 所產生的 τ_{00} 及 R。

四、結論

　　經由前述的四個步驟與五種模型，可以獲得總體層次解釋變項與中介變項對於 Y 影響的各項數據，利用這些數據與標準誤，應可進行多層次中介與調節效果的整理與報告，這些係數的關係可由圖 8-4 表示。須說明的是，為了閱讀的順暢度，因此這部分的圖示僅列出達到顯著的部分，並且研究結論對應研究目的，可以以下四點說明之。

　　1. 學生的學習動機對學業成就具有直接影響。

　　2. 教師創意教學對學生學業成就具有正向直接影響效果。

　　3. 教師創意教學透過學生學習動機的中介效果對學生學業成就產生影響。

　　4. 教師創意教學在學生學習動機對學業成就的影響間具有調節效果。

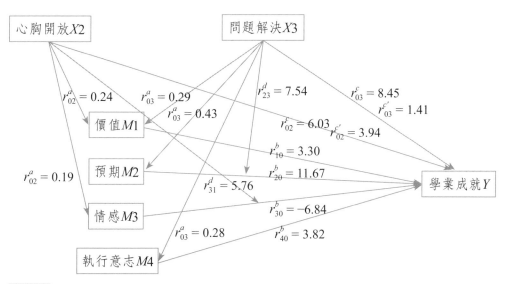

圖 8-4　多層次調節式中介效果模型估計結果

參考文獻

Allport, F. H. (1924). The group fallacy in relation to social science. *Journal of Abnormal and Social Psychology, 19*, 60-73.

Amabile, T. M. (1996). *Creativity in context. Boulder, CO: Westview Press. M. Baer et al.* / The Leadership Quarterly 14 (2003) 569-586.

Anseel, F., & Lievens, F. (2007), The long-term impact of the feedback environment on job satisfaction: A field study in a Belgian context, Applied Psychology: *An International Review, 56*, 254-266.

Asendorpf, J. B. (2006). Typeness of Personality Profiles: A Continuous Person-Centred Approach to Personality Data. *European Journal of Personality, 20,* 83-106.

Avolio, B.J., Zho, W., Koh W., & Bhatia, P.(2004). Transformational leadership and organizational commitment: mediating role of psychological empowerment and moderating role of structural distance. *Journal of Organizational Behavior, 25*, 951-968.

Baer, J.C. & Schmitz, M. F. (2007). Ethnic differences in trajectories of family cohesion for Mexican-American and Non-Hispanic White adolescents. *Journal of Youth and Adolescence, 36*(4), 583-592.

Baltes, P. B. & Nesselroade, J. R. (1979). *Longitudinal Research in the Study of Behavior and Development*. New York: Academic Press.

Baron, R. M. & Kenny, D. A.(1986). The moderator-mediator variable distinction in social psychological research: Conceptual, strategic, and statistical consideration. *Journal of Personality and Social Psychology, 51*,1173-1182.

Barron, K. E., Harackiewicz, J. M., & Tauer, J. M. (2001). *The interplay of ability and motivational variables over time: A 5 year longitudinal study of predicting college student success.* Paper presented at The Annual Meeting of the American Educational Research Association, Seattle,WA.

Bassiri, D. (1988). Large and small sample properties of maximum likelihood estimates for the hierarchical linear model. Unpublished doctoral dissertation, Department of Counseling, Educational Psychology and Special Education, Michigan State University.

Bauer, D. J., Preacher, K. J., & Gil, K. M. (2006). Conceptualizing and testing random indirect effects and moderated mediation in multilevel models: New procedures and recommendations. *Psychological Methods, 11*(2), 142-163.

Benjamin, A. (2006). Valuing differentiated instruction. *The Education Digest, 72*(1), 57-59.

Bickel,R. (2007). *Multilevel Analysis for applied research*. NY: The Guilford press.

Bliese, P. & Halverston, R. (1998). Group size and measures of group-level properties: An examination of eta-squared and ICC values. *Journal of Management, 24*, 157-172.

Bliese, P. D. (1998). Group size, ICC values, and group-level correlations: A simulation. *Organizational Research Methods, 1*, 355-373.

Bliese, P. D. (2000). Within-group agreement, non-independence, and reliability: Implications for data aggregation and analysis. In K. J. Klein, & S. W. J. Kozlowski (Eds.), *Multilevel theory, research, and methods in organizations: Foundations, extensions, and new directions*: 349-381. San Francisco, CA: Jossey-Bass.

Brooks, D. W., Schraw, G., & Crippen, K. J. (2005).Improving chemistry instruction using an interactive, *compensatory model of learning.J. Chem. Educ., 82*(4), 637-640.

Bryk, A. S., & Raudenbush, S. W. (1987). Application of hierarchical linear models to assessing change.*Psychological Bulletin, 101*, 147-58

Bryk, A. S., Raudenbush, S. W., & Congdon, R. T. Jr. (1996), *Hierarchical linear and nonlinear modeling with the HLM/2L and HLM/3L program*, Chicago: Scientific Software Internationa.

Bryk, A.S., & Raudenbush, S.W. (1992). *Hierarchical Linear Models in Social and Behavioral Research: Applications and Data Analysis Methods* (First Edition). Newbury Park, CA: Sage Publications.

Bryk,A .S ., & Weisberg, H. I. (1977). Use of the nonequivalent control group design when subjects are growing. *Psychological Bulletin, 84* ,950-962.

Camic. (2008). Supportive adult relationships and the academic engagement of Latin American immigrant youth. J*ournal of School Psychology,46*, 393-412.

Caro, D. H. McDonald, J. T. & Willms, J. D. (2009). Socio-economic status and academic achievement trajectoriesfrom childhood to adolescence. *Canadian Journal of Education, 32*, 558-590.

Carreker, S., Swank, P. R., Tillman-Dowdy, L., Neuhaus, G. F., Monfils, M. J., Montemayor, M. L., & Johnson, P. (2005). Language enrichment teacher preparation and practice predicts third-grade reading comprehension. *Reading Psychology, 26,* 401-432.

Carron, A.V., & Spink,K.S.(1995). The group size-cohesion relationship in minimal group. *Small Group Research,26*,86-105.

Chan, D. (1998). Functional relations among constructs in the same content domain at different levels of analysis: A typology of composition models. *Journal of Applied Psychology, 83*, 234-246.

Chang, M., Park, B., & Kim, S. (2009). Parenting classes, parenting behavior and child cognitive development in Early Head Start: A longitudinal model. *School Community Journal, 19*(1), 157-176.

Chen, G., Mathieu, J. E., & Bliese, P. D. (2004). A framework for conducting multilevel construct validation. In F. J. Dansereau & F. J. Yammarino (Eds.), *Research in multi-level issues: The many faces of multi-level issues 3*: 273-303. Oxford, UK: Elsevier Science.

Choi, J. N. (2004), Individual and contextual predictors of creativity performance: The mediating role of psychological processes, *Creativity Research Journal, 16*(2), 187-199.

Clements, M., Reynolds, A., & Hickey, E. (2004). Site-level Predictors of School and Social Competence in the Chicago Child-Parent Centers. *Early Childhood Research Quarterly, 19*, 273-296.

Cohen, D. K., Raudenbush, S. W., & Ball, D. L. (2003). Resources, instruction, and research. Educational. *Evaluation and Policy Analysis,25*(2), 119-142.

Cohen, J. (1988). *Statistical power analysis for the behavioral sciences* (2nd ed.). New Jersey: Lawrence Erlbaum.

Conley, H.(2003) Temporary Work in the Public Services: Implications for Equal Opportunities, *Gender, Work and Organization 10(4): 455-477, ISSN: 0968-6673*

Cooper, H., & Hedges, L. V. (Eds.). (1994). The handbook of research synthesis. Russell Sage Foundation.

Courgeau, D. (2003) (ed.), *Methodology and Epistemology of Multilevel Analysis. Approaches from Different Social Sciences*, Dordrecht: Kluwer.

Dawn, L. S., Michael, D. C., & Richard, A. D. (2005), A longitudinal study of employment and skill acquisition among individuals with developmental disabilities, *Research in Developmental Disabilities, 26*(5), 469-486.

Denson, N., & Seltzer, M. H. (2011). Meta-analysis in higher education: An illustrative example using hierarchical linear modeling. *Research in Higher Education, 52*(3), 215-244.

Edwards, J., & Lambert, L. (2007). Methods for integrating moderation and mediation: A general analytical framework using moderated path analysis. *Psychological Methods, 12*(1), 1-22.

Enders, C. K., & Tofighi, D. (2007). Centering Predictor Variables in Cross-Sectional Multilevel Models: A New Look at an Old Issue. *Psychological Methods, 12*(2), 121-138.

Fairchild, A. J., & McQuillin, S. D.(2010). Evaluating mediation and moderation effects in school psychology: A presentation of methods and review of current practice. *Journal of school psychology, 48*(1),53-84.

Firebaugh, G. (1979). Assessing group effects: A comparison of two methods. *Sociological Methods and Research, 7*, 384-395.

Gersten, R. & Vaughn, S.(2000). Meta-analysis in learning disabilities: Introduction to the special issue. *The Elementary School, 101*(3), 247-249.

Gillian Green, Jean Rhodes, *Abigail Heitler Hirsch ,Carola Suárez-Orozco*, Paul M. Heck, R.

H., & Thomas, S. L. (2000). *An introduction to multilevel modeling techniques*. Mahwah, NJ: Lawrence Erlbaum Associates.

Glass, G. V. (1976). Primary, Secondary, and Meta-Analysis of Research. *Educational Researcher, 5*(10), 3-8.

Goldstein, H. (1995). *Multilevel Statistical Models* (3rd ed.). London, Edward Arnold: New York, Halstead Press.

Goldstein, H.(2011). *Multilevel statistical models* (4th ed.). Chichester, West Sussex, UK: John Wiley & Sons.

Goodman, J. S. & Wood, R. E. (2005). *Feedback and learning. Presented at the annual meeting of the Society for Organizational Behavior (Australia)*, Sydney, Australia.

Heck, R. H., & Thomas, S. L. (2009). *An introduction to multilevel modeling techniques (2nd ed.)*. New York: Routledge.

Hofmann, D. & Gavin, M. (1998). Centering decisions in hierarchical linear models : Implications for research in organizations. *Journal of Management, 24*(5), 623-641.

Hofmann, D. A. (1997). An overview of the logic and rationale of HLM. *Journal of Management, 23*(6), 723-744.

House, R., Rousseau, D. M., & Thomas-Hunt, M. (1995). The meso paradigm: A framework for the integration of micro and macro organizational behavior. In B. Staw & L. L . Cummings (Eds.), *Research in organizational behavior, 17*, (pp. 71-114). Greenwich, CT: JAI Press.

Hox, J.J. (2002). *Multilevel analysis: Techniques and applications*. Mahwah, NJ: Erlbaum.

Hox, J.J. (2010). *Multilevel analysis: Techniques and applications* (2nd ed.). New York, NY: Routledge.

James, L. R. (1982). Aggregation bias in estimates of perceptual agreement. *Journal of Applied Psychology, 67*, 219-229.

James, L. R., Demaree, R. G., & Wolf, G. (1984). Estimating within group interrater reliability with and without response bias. *Journal of Applied Psychology, 69*,85-98.

Jean, R., Jennifer, R., Ranjini, R., & Katia, F. (2004), Changes in self-esteem during the middle school years : a latent growth curve study of individual and contextual influences, *Journal of school psychology, 42*, 243-261.

Jennifer Appleton Gootman and Jacquelynne Eccles(2002) .*Community Programs To Promote Youth Development.* NATIONAL ACADEMY PRESS Washington, DC.

Jenson, W. R., Clark, E., Kircher, J. C., & Kristjansson, S. D. (2007). Statistical reform: Evidence-based practice, meta-analyses, and single subject designs. *Psychology in the Schools, 44*(5), 483-393.

Kenny, D. A., Bolger, N., & Korchmaros, J. D. (2003). Lower level mediation in multilevel models. *Psychological Methods, 8*, 115-128.

Kharkhurin, A. V. (2009). The role of bilingualism in creative performance on divergent thinking and Invented Alien Creatures tests. *Journal of Creative Behavior, 43*, 59-71.

Kim, J., & Suen, H. K. (2003). Predicting children's academic achievement from early assessment scores: a validity generalization study. *Early Childhood Research Quarterly, 18*, 547-566.

Knight, P., Baume, D., Tait, J., & Yorke, M. (2007). Enhancing part-time teaching in higher education: A challenge for institutional policy & practice. *Higher Education Quarterly, 61*(4),420-438.

Kozlowski, S. W. J., & Klein, K. J. (2000). A multilevel approach to theory and research in organization: Contextual, temporal, and emergent processes. In K. J. Kein and S. W. J. Kozlowski (eds.) *Multilevel theory, research, and methods in organizations: Foundations, extensions, and new directions.* San Francisco: Jossey Bass.

Kreft, I. I., de Leeuw (1998). I*ntroducing multilevel modeling.* Thousand Oaks, CA: Sage Publications.

Kreft, I., De Leeuw, J., & Aiken, L. (1995). The Effect of Different Forms of Centering in Hierarchical Linear Models. *Multivariate Behavioral Research ,30*, 1-21.

Kreft, I.,& De Leeuw, J.,(1998). *Introducing Multilevel Modeling. Sage,* London Raudenbush,

S.W. & Bryk, A.S. (2002). Hierarchical Linear Models (Second Edition). Thousand Oaks: Sage Publications.

Krull, J. L., & MacKinnon, D. P. (2001). Multilevel modeling of individual and group level mediated effects. *Multivariate Behavioral Research, 36,* 249-277.

Kuo, C. L., Huang,C. M., Gottlieb,N. H., Holahan,C. K., Huang,P. P., & Smith,M. M.(2003). Age and Utilization of Preventive Health Services among the Elderly in Five Texas Sites.

Kyriakides, L., & Creemers, B. P. M.(2010). Meta-analysis of effectiveness studies. In B. P. M. Creemers., L. Kyriakides, & P. Sammons (Eds.), *Methodological advances in educational effectiveness research* (pp.303-323). New York, NY: Routledge.

Lee. V. E. (2000). Using hierarchical linear modeling to study social contexts: The case of school effects. *Educational Psychologist, 35,* 125-141.

Lietz, P. (2006). A meta-analysis of gender differences in reading achievement at the secondary school level. *Studies in Educational Evaluation, 32*(4), 317-344.

Luke, D. A. (2004). *Multilevel modeling.* Newbury Park, CA: Sage.

Lutz, R. S., Stults-Kolehmainen, M. A. & Bartholomew, J. B. (2010). Exercise caution when stressed: Stages of change and the stress-exercise participation relationship. *Psychology of Exercise and Sport, 11,* 560-567.

Maas, C. J. M., & Hox, J. J. (2005). Sufficient Sample Sizes for Multilevel Modeling. *Methodology: European Journal of Research Methods for the Behavioral and Social Sciences, 1*(3), 86-92.

MacKinnon, D. P.(2008). *Introduction to statistical mediation analysis.* Mahwah, NJ: Earlbaum.

MacKinnon, D. P., Warsi, G., & Dwyer, J. H. (1995). A simulation study of mediated effect measures. *Multivariate Behavioral Research, 30,* 41-62.

Madison, Conn. (1985). Creativity in middle and late school years. *International Journal of Behavioral Development, 8*(3), 329-343.

Mathieu, J., & Taylor, S. (2007). A Framework for Testing Meso-Mediational Relationships in

Organizational Behavior. *Journal of Organizational Behavior, 28*(2), 141-172.

Menard, S. (1991). *Longitudinal Research.* Newbury Park: Sage Publications, Inc. 3-11.

Mensinger, J. L. (2005). Disordered Eating and Gender Socialization in Independent-School Environment. *Journal of Ambulatory Care Manage, 28*, 30-40.

Merton, R. K., & Lazarsfeld (eds). (1950). *Continuities in social research: Studies in the scope and method of "The American Soldier."* Glencoe, IL: Free Press.

Mok, M. (1995). Sample size requirements for 2-level designs in educational research. *Multilevel Modelling Newsletter, 7*, 11-15.

Moneta, G. B., & Siu, C. M. Y. (2002). Trait intrinsic and extrinsic motivations, academic performance, and creativity in Hong Kong college students. *Journal of College Student Development, 43*(5), 664-683.

Muller, D., Judd, C. M., & Yzerbyt, V. Y. (2005). When moderation is mediated and mediation is moderated. *Journal of Personality and Social Psychology, 89*, 852-863.

Naumann, W.C., Bandalos, D.L., Gutkin, T.B. (2003). Identifying variables that predict college success for first-generation college students. *Journal of College Admission, 181*, 4-10.

Nowak, C., & Heinrichs, N. (2008). A comprehensive meta-analysis of triple P-positive parenting program using hierarchical linear modeling: Effectiveness and moderating variables. *Clinical Child and Family Psychology Review, 11*(3), 114-144.

O'Connell, A. A., & McCoach, D. B. (2008). *Multilevel Modeling of Educational Data.* Charlotte: Information Age Publishing.

Paccagnella, O. (2006). Comparing vocational training courses through a discrete-time multilevel hazard model. *Statistical Modelling, 6*(2), 119-139.

Preacher, K. J., Rucker, D. D., & Hayes, A. F. (2007). Assessing moderated mediation hypotheses: Theory, methods, and prescriptions. *Multivariate Behavioral Research, 42*, 185-227.

Preckel, F., Zeidner, M., Goetz, T., & Schleyer, E. J. (2008). Female "big fish" swimming against the tide: The "big-fish-little-pond effect" and gender-ratio in special gifted classes.

Contemporary Educational Psychology, 33(1), 78-96.

Raudenbush, S.W. & Bryk, A.S. (2002). *Hierarchical Linear Models (2nd Edition)*. Thousand Oaks: Sage Publications.

Raudenbush, S.W., & Liu, X. (2001). Effects of Study Duration, Frequency of Observation, and Sample Size on Power in Studies of Group Differences in Polynomial Change. *Psychological Methods, 6*(4), 387-401.

Robinson, W. S. (1950). Ecological correlations and the behavior of individuals. *American Sociological Review, 15*, 351-357.

Rogosa, D., Brandt, D., and Zimowski, M. (1982). A growth curve approach to the measurement of change. *Psychological Bulletin, 92*, 726-748.

Schonfeld, I. S., & Rindskopf, D. (2007), Hierarchical Linear Modeling in Organizational Research: Longitudinal Data Outside the Context of Growth Modeling, *Organizational Research Methods, 10*(3), 417-429.

Schwab, D. (2005). *Research Methods for Organizational Behavior (2ed)*. Mahwah, NJ: Lawrence Erlbaum Associates.

Shalley, C. E., & Perry-Smith, J. E. (2001). Effects of social-psychological factors on creative performance: The role of informational and controlling expected evaluation and modeling experience. *Organizational Behavior and Human Decision Processes, 84,* 1-22.

Shapley, K.S., Sheehan, D., Maloney, C., & Caranikas-Walker, F. (2010). Evaluating the Implementation Fidelity of Technology Immersion and its Relationship with Student Achievement. *Journal of Technology, Learning, and Assessment, 9*(4).

Shay, Sally A. & Gomez, Joseph J. (2002). *A Growth Curve Analysis of Achievement. Washington*, D.C.

Shin, J., Espin, C. A., Deno, S. L., & McConnell, S. (2004). Use of hierarchical linear modeling and curriculum-based measurement for assessing academic growth and instructional factors for students with learning difficulties. *Asia Pacific Education Review, 5*.

Skibbe, L., Connor, C., Morrison, F., & Jewkes, A. (2011). Schooling effects on preschoolers' self-regulation, early literacy, and language growth. *Early Childhood Research Quarterly, 26*(1), 42-49.

Smith, G. J. W. & Carlsson, I. (1990). *The creative process: A functional model based on empirical studies from early childhood to middle age*.Psychological Issues, 57.

Smith, G., & Carlsson, I. (1985). Creativity in middle and late school years. *International Journal of Behavioral Development, 8*(3), 329-343.

Snijders, T., & Bosker, R. (1994). Modeled variance in two-level models. *Sociological methods and research, 22*(3), 342-363.

Snijders, T., & Bosker, R.(1999). *Multilevel analysis*. Thousand Oaks,CA:Sage.

Sobel, M. E. (1982). *Asymptotic confidence intervals for indirect effects in structural equation models*. In S. Leinhardt (Ed.), Sociological Methodology (pp. 290-312). Washington, DC: American Sociological Association.

Steelman, L.A., Levy, P.E., & Snell, A.F. (2004). The feedback environment scale: Construct definition, measurement and validation. *Educational and Psychological Measurement, 64*(1), 165-184.

Talarico, J. M. & Rubin, D. C. (2007) Flashbulb memories are special after all; In phenomenology, not accuracy. *Applied Cognitive Psychology, 21*, 557-578.

Tasa, K., Tagger, S., & Seijts, G. H. (2007). The Development of Collective Efficacy in Teams: A Multilevel and Longitudinal Perspective, *Journal of Applied Psychology, 92*(1), 17-27.

Van der Leeden, R. & Busing, F. (1994). *First Iteration versus IGLS/RIGLS Estimates in Two-level Models: A Monte Carlo Study with ML3*. Department of Psychometrica and research Methodology, Leiden University, Leiden.

Von Secker, C. & Lissitz, R. W. (1997). *Estimating School Value-Added Effectiveness: Consequences of Respecification of Hierarchical Linear Models*. AERA, Chicago, Ill.

Wang, C., & Horng, R. (2002). The effects of creative problem solving training on creativity, *cognitive type and R&D performance*.R&D Management, 32*(1), 35-45.

Wang, S. Y., & Rauno Parrila, Y. C. (2011). Examining the effectiveness of peer-mediated and video-modeling social skills interventions for children with autism spectrum disorders: A meta-analysis in single-case research using HLM. *Research in Autism Spectrum Disorders, 5*, 562-569.

Ward, J., Thompson-Lake, D., Ely, R., & Kaminski, F. (2008). Synaesthesia, creativity and art: What is the link? *British Journal of Psychology, 99*, 127-141.

Wegge, J., R., Dicj, G. K., Fisher, M. A., & Dawson, J. D.(2006). A test of basic assumptions of affective event theory(AET) in call centre work. *British Journal of Management, 17*, 237-254.

Witziers, B., Bosker, R.J., & Kruger, M.L.(2003). Educational leadership and student achievement : The elusive search for an association. *Educational Administration Quarterly, 39*(3), 398-425.

Woodworth, R.S.(1928). *Dynamic psychology. In C. Murchison(ed.), Psychologies of 1925.* Worcester, MA: Clark University Press.

Wu, Y.-W. B., & Wooldridge, P. J. (2005). The Impact of Centering First-Level Predictors on Individual and Contextual Effects in Multilevel Data Analysis. *Nursing Research, 54*(3), 212-216.

Xiao, J. (2002). Determinants of salary growth in Shenzhen, China: an analysis of formal education, on-the-job training, and adult education with a three-level model. *Economics of Education Review, 21*, 557-577.

Xing, X. (2008). 論漢字輸入如何有效促進識字教學。**電化教育研究**，7，28-30。

Yuan, Y., & MacKinnon, D. P.(2009). Bayesian mediation analysis. *Psychological Methods, 14*(4),301-322.

Zaccarin, S., & Rivellini, G. (2002). Multilevel analysis in social research: An application of a cross-classified model. *Statistical Methods and Applications, 11*, 95-108.

Zeidner, M., & Schleyer, E. J. (1999). The big-fish-little-pond effect for academic self-concept, test anxiety, and school grades in gifted children. *Contemporary Educational Psychology, 24*, 305-329.

Zohar, D., & Luria, G.(2005). A multilevel model of safety climate: cross-level relationships between organization and group-level climates. *Journal of Applied Psychology, 90*, 616-628.

方杰、張敏強、邱皓政（2010）。基於階層線性理論的多層級中介效應。心理科學進展，18(8)，1329-1338。

王文中、吳齊殷（2003）。縱貫性研究中度量化的一些議題：以症狀檢核表SCL-90-R為例。**中華心理衛生學刊**，**16**(3)，1-30。

王文科（2000）。**教育研究法**。臺北市：五南。

石泱、連綠蓉（2006）。家庭與學校對青少年偏差行為影響之研究——國一至國三的縱貫性研究。**兒童及少年福利期刊**，**10**，51-76。

全國法規資料庫（2006）。行政法規。2011年12月26日，取自http://ppt.cc/PEnK。

何希慧、劉怡彣、吳佩真（2010年，1月）。美國加州大學洛杉磯校區（UCLA）高等教育研究機構（CIRP）執行美國大學生學習成效問卷調查之經驗分享。**評鑑雙月刊**，**23**。取自http://epaper.heeact.edu.tw/archive/2010/01/01/2317.aspx

余麗樺、陳幼梅、黃惠滿、蘇貞瑛、蕭美玉、阮慧沁、劉家壽（2001）。認知教育對腦中風患者身體功能及疾病知識影響之縱貫性研究，**榮總護理**，**18**(1)，38-52。

吳政達、陳芝仙（2006）。國內有關國中小校長教學領導研究之後設分析。**教育學刊**，**26**，47-83。

吳璧如（2005）。教師效能感的縱貫性研究：以幼教職前教師為例，**教育與心理研究**，**28**(3)，383-408。

周汎澔、郭詩憲、王瑞霞（2008）。A Longitudinal Study of Nausea and Vomiting, Fatigue and Perceived Stress in, and Social Support for, Pregnant Women through the Three Trimesters.**高雄醫學科學雜誌**，**24**(6)，306-314。

周志偉（2007）。**目標導向對創造力訓練效果之縱貫性研究：階層線性模式的分析**。國立中正大學成人及繼續教育研究所碩士論文，未出版，嘉義縣。

周繡玲、朱基銘、唐婉如（2008）。肺癌病人化學治療期間疲憊型態——縱貫性研究，**腫瘤護理雜誌**，**8**(2)，33-43。

林生傳（2003）。**教育研究法―全方位的統整與分析**。臺北市：心理。

林季玲、楊淑晴（2009）。生死態度之教學成效的後設分析。**課程與教學季刊，12**(3)，107-128。

林偉文（2006）。學校創意守門人對創意教學及創造力培育態度與教師創意教學之關係。**教育學刊，27**，69-92。

林偉文（2007）。教學創新的梅迪奇效應：以英國創意伙伴計畫為例。**教育研究月刊，157**，31-41。

林淑卿（2007）。**已婚職業婦女在職進修壓力源及其因應策略之研究**。國立高雄師範大學成人教育研究所碩士論文，未出版，高雄市。

林鉦棽（2004）。休閒旅館業從業人員的組織公正、組織信任與組織公民行為關係：社會交換理論觀點的分析。**中華管理學報，5**(1)，91-112。

林鉦棽、彭台光（2008）。關係人口學與組成人口學觀點下的多樣性研究：跨層次分析。**組織與管理，1**(2)，61-88。

洪素蘋、黃宏宇、林珊如（2008）。重要他人回饋影響創意生活經驗？：以模式競爭方式檢驗創意自我效能與創意動機的中介效果。**教育心理學報，40**(2)，303-322。

秦夢群、吳勁甫（2013）。校長轉型領導與教師組織承諾之關係研究：多層次取向之後設分析。**教育學刊，41**，1-48。

高松景、晏涵文、劉潔心（2004）。臺北市中小學「兩性平等教育」評量之縱貫性研究，**臺灣性學學刊，10**(2)，1-17。

高新建（1999）。階層線性模式在教育縱貫研究上的應用。**臺北市立師範學院學報，30**，127-148。

高毓秀、黃奕清、陳惠燕（2001）。排灣族學童體重及身體質量指數之縱貫性研究——以屏東縣力里國小學童為例，**衛生教育學報，15**，45-58。

張佳琪（2008）。Comparing longitudinal effects of an intervention by different statistical approaches.**健康管理學刊，6**(1)，17-22。

張萬烽、鈕文英（2010）。美國身心障礙學生考試調整策略成效之後設分析。**特殊教育研究學刊，35**(3)，27-50。

張賢鏸（2008）。乳癌病患化學治療期間的疲憊程度與睡眠品質之縱貫性研究。私立臺北醫學大學護理學研究所碩士論文，未出版，臺北市。

張馨仁（2007）。從跨領域追蹤研究看資優教育追蹤研究之未來。**資優教育季刊，105**，22-30。

陳正昌（2006）。**教育基礎的兩個量化基礎─資料庫及統計**。發表於高雄師範大學教育研究理論與實務之整合學術研討會。

陳玉樹、周志偉（2009）。目標導向對創造力訓練效果之影響：HLM成長模式分析。**課程與教學季刊，12**(2)，19-46。（TSSCI）

陳佑淵（2006）。**國小退休教師社會參與及生活品質之相關研究**。國立中正大學高齡者教育所碩士論文，未出版，嘉義縣。

陳宏梅（2005）。**慢性C型肝炎患者接受干擾素合併Ribavirin治療遵從行為及其相關因素探討──縱貫性研究**。國立臺灣大學護理學研究所碩士論文，未出版，臺南市。

陳明志、蔡俊章（2004）。家庭暴力受虐者之縱貫性研究，**警學叢刊，35**(2)，69-97。

陳嬿先（2009）。**高雄市退休公務員生涯規劃與學習需求關係之研究**。國立高雄師範大學成人教育研究所碩士論文，未出版，高雄市。

彭若瑄（2005）。**以問題行為理論探討高中職學生吸菸行為之相關因素**。國立成功大學護理學研究所碩士論文，未出版，臺南市。

黃秀霜（1997）。兒童早期音韻覺識對其三年後中文認字能力關係之縱貫性研究。**臺南師院學報，30**，263-288。

黃淑貞、洪文綺、殷蘊雯（2003）。大學生身體意象之長期追蹤研究：性別差異的影響，**學校衛生，43**，24-41。

楊建民、朱文禎（2002）。軟體再用效益演變之探討，**資訊管理展望，4**(2)，59-78。

楊秋月（2007）。**多重角色婦女之健康促進生活、社會支持對其角色壓力與身心健康關係的影響**。國立臺灣大學護理學研究所博士論文，未出版，臺北市。

楊惠貞、范錚強（2004）。以縱貫性研究探討學生學習焦崩及電腦學習成效之因

素──以資管學生為例。**資訊管理學報，11**(4)，77-104。

楊雅玲（2005）。**健康相關生活品質模式之建立─子宮切除婦女為例之縱貫性研究**。國立臺灣大學護理學研究所博士論文，未出版，臺南市。

溫淑盈（2004）。家庭結構、家庭功能、自我控制與兒童問題行為之縱貫性研究。**犯罪與刑事司法研究，3**，151-200。

溫福星（2006）。**階層線性模式：原理、方法與應用**。臺北市：雙葉書廊。

溫福星、邱皓政（2009）。組織研究中的多層次調節式中介效果：以組織創新氣氛、組織承諾與工作滿意的實證研究為例。**管理學報，26**(2)，189-211。

詹定宇、蔡穎吉（2004）。臺灣西藥市場通路發展之縱貫性研究，**中國行政評論，13**(3)，161-184。

廖卉、莊璦嘉（2008）。多層次理論模型的建立及研究方法。載於陳曉萍、徐淑英、樊景立、鄭伯壎（主編），組織與管理研究的實證方法（p.381-410）。臺北市：華泰文化。

劉子鍵、陳正昌（2003）。**階層線性模式理論**。載於陳正昌、程炳林、陳新豐、劉子鍵著，多變量分析方法─統計軟體應用（頁423-452）。臺北市：五南。

劉仿桂（2010）。**臺灣兒童與青少年人際關係團體輔導成效之後設分析研究**。諮商輔導學報，**22**，69-121。

劉梅英（2009）。**安寧共同照顧對癌末病人症狀控制與家屬照顧負荷之影響**。私立長庚大學護理學研究所碩士論文，未出版，臺北縣。

潘淑滿（2003）。**質性研究理論與應用**。臺北市：心理出版社。

蔡孟燁（2008）。**國小低年級兒童音韻覺識、詞素覺識發展及其對讀寫能力預測之縱貫研究**。國立臺南大學教育學系課程與教學研究所碩士論文，未出版，臺南市。

蔡嘉韓、王佳惠、郭乃文（2006）。醫院品質管理活動數量與績效關係之研究，**北市醫學雜誌，3**(5)，480-489。

鄭伯壎、樊景立、徐淑英、陳曉萍（2008）。**組織與管理研究的實證方法**。臺北市：華泰。

謝小岑（2001）。**臺灣地區教育與地位取得之貫時性研究**。行政院國家科學委員會補助專題研究計劃成果報告。

國家圖書館出版品預行編目資料

多層次分析理論與HLM操作實務：含縱貫性研
究與創造力應用／蕭佳純著. －－初版.－－
臺北市：五南, 2020.07
　面；　公分
ISBN 978-986-522-007-5（平裝）

1.社會科學　2.研究方法

501.28　　　　　　　　　　109005820

1H2M

多層次分析理論與HLM操作實務
含縱貫性研究與創造力應用

作　　者 ― 蕭佳純

發 行 人 ― 楊榮川

總 經 理 ― 楊士清

總 編 輯 ― 楊秀麗

主　　編 ― 侯家嵐

責任編輯 ― 侯家嵐、李貞錚

文字校對 ― 陳俐君、黃志誠

封面設計 ― 王麗娟

出 版 者 ― 五南圖書出版股份有限公司

地　　址：106台北市大安區和平東路二段339號4樓

電　　話：(02)2705-5066　　傳　　真：(02)2706-6100

網　　址：http://www.wunan.com.tw

電子郵件：wunan@wunan.com.tw

劃撥帳號：01068953

戶　　名：五南圖書出版股份有限公司

法律顧問　林勝安律師事務所　林勝安律師

出版日期　2020年7月初版一刷

定　　價　新臺幣380元

經典永恆‧名著常在

五十週年的獻禮——經典名著文庫

五南，五十年了，半個世紀，人生旅程的一大半，走過來了。

思索著，邁向百年的未來歷程，能為知識界、文化學術界作些什麼？

在速食文化的生態下，有什麼值得讓人雋永品味的？

歷代經典‧當今名著，經過時間的洗禮，千錘百鍊，流傳至今，光芒耀人；

不僅使我們能領悟前人的智慧，同時也增深加廣我們思考的深度與視野。

我們決心投入巨資，有計畫的系統梳選，成立「經典名著文庫」，

希望收入古今中外思想性的、充滿睿智與獨見的經典、名著。

這是一項理想性的、永續性的巨大出版工程。

不在意讀者的眾寡，只考慮它的學術價值，力求完整展現先哲思想的軌跡；

為知識界開啟一片智慧之窗，營造一座百花綻放的世界文明公園，

任君遨遊、取菁吸蜜、嘉惠學子！